Annegret Reisner

Organisationskultur und Produktive Organisationale Energie

Maecenata Schriften

Herausgegeben von
Dr. phil. Rupert Graf Strachwitz,
Dr. sc. Eckhard Priller und
Christian Schreier

Band 14

Annegret Reisner

Organisationskultur und Produktive Organisationale Energie

Energiequellen in Nonprofit-Organisationen

DE GRUYTER
OLDENBOURG

ISBN 978-3-11-055306-2
e-ISBN (PDF) 978-3-11-055527-1
e-ISBN (EPUB) 978-3-11-055319-2
ISSN 1866-122X

Library of Congress Control Number: 2018946341

Bibliografische Information der Deutschen Nationalbibliothek
Die Deutsche Nationalbibliothek verzeichnet diese Publikation in der Deutschen Nationalbibliografie; detaillierte bibliografische Daten sind im Internet über http://dnb.dnb.de abrufbar.

Druck und Bindung: CPI books GmbH, Leck

www.degruyter.com

Vorwort

In der Hoffnung, dass die vorliegende Studie weiteren Forschenden, Praktikern und letztlich der Arbeit in Nonprofit Organisationen zu Gute komme, habe ich mich doch noch zur Veröffentlichung meiner Dissertation entschlossen. Diese habe ich im Jahr 2009 an der Universität St. Gallen eingereicht. Die gesamte Untersuchung war für mich eine «Forschungsreise» in unbekannte Gefilde, die ich ohne Begleitung nicht hätte durchführen können. Für die wertvolle vielfältige Unterstützung möchte ich mich bei allen «Reisebegleitern» nochmals sehr herzlich bedanken. Ohne sie wäre meine Reise wohl auf unwegsamer Strecke zu Ende gegangen! Großer Dank geht an die Caritas Schweiz und das Schweizerische Rote Kreuz Kanton St. Gallen. Die durch viel Offenheit geprägten Gespräche und Eindrücke vor Ort bildeten das Fundament meiner empirischen Untersuchung und stellten gleichzeitig Höhepunkte der Forschungsreise dar. Die zwei Organisationen haben sich seit 2009 weiterentwickelt. Sie haben zum Teil Führungswechsel hinter sich oder sind stark gewachsen – eine Analyse der Organisationalen Energie ergäbe heute in den gleichen Organisationen vermutlich andere Resultate. Dennoch bin ich der Überzeugung, dass die Ergebnisse meiner Dissertation dadurch nicht geschmälert werden: Sie zeigen exemplarisch anhand der damaligen Situation Ausprägungen der Organisationalen Energie auf, so wie sie eingebettet in eine spezifische Organisationskultur auch in anderen Organisationen vorkommen können.

Größter Dank geht schließlich an Jorge Tamayo für seine liebevolle Gegenwart auf der ganzen Forschungsreise. Er hat mich durch die Höhen und Tiefen des Wegs mit großer Geduld und Zuversicht begleitet. Ihm ist dieses Buch gewidmet.

Zürich, Sommer 2018 — Annegret Reisner

https://doi.org/10.1515/9783110555271-001

Inhalt

Abbildungsverzeichnis

https://doi.org/10.1515/9783110555271-002

Tabellenverzeichnis

https://doi.org/10.1515/9783110555271-003

Abkürzungsverzeichnis

A.d.A.	Anmerkung der Autorin
DEZA	Direktion für Entwicklung und Zusammenarbeit
et al.	et alii / et aliae («und andere»)
etc.	et cetera («und die Übrigen»)
Hrsg.	Herausgeber / in(nen)
I	Ausschnitt aus Interview
NGO / NGOs	Nongovernmental organization(s) / Nichtregierungsorganisation(en)
NPO / NPOs	Nonprofit organization(s) / Nonprofit Organisation(en)
P	Praktikum, Ausschnitt aus Forschungstagebuch
POE	Produktive Organisationale Energie
SRK	Schweizerisches Rotes Kreuz
SRK-SG	Schweizerisches Rotes Kreuz Kanton St. Gallen
usw.	und so weiter
vgl.	vergleiche

https://doi.org/10.1515/9783110555271-004

1 Einleitung

1.1 Heranführung an die Thematik

> «They [Development Nongovernmental Organizations] are innovative, nimble, and flexible; adjust quickly to change and to local differences; and operate close to those they wish to benefit (because they are able to listen and interested in listening). Their services (when they provide them) are lower in cost and more cost effective, their staffs and leaders are highly motivated and altruistic, and their independence of commercial and governmental interests puts them in position to put pressure for change on those interests.»
>
> (Dichter 1999: 43)

Innovationsfähigkeit, Flexibilität, Wandlungsfähigkeit, Effizienz und hohe Motivation der altruistisch orientierten Organisationsmitglieder werden im einleitenden Zitat als Merkmale von nicht staatlichen Organisationen (*nongovernmental organizations*) aus dem Bereich der Entwicklungszusammenarbeit aufgezählt. In ähnlicher Weise wird auch ein organisationales Phänomen beschrieben, welches seit einiger Zeit als Organisationale Energie in Unternehmen untersucht wird (zum Beispiel Bruch & Ghoshal 2003; Dutton 2003; Spreitzer & Sonenshein 2003; Bruch & Vogel 2009). Darunter wird der Aktivierungsgrad der menschlichen, kollektiven Energien verstanden, die das Unternehmen im Hinblick auf die Erreichung seiner Unternehmensziele zu mobilisieren im Stande ist. Wird diese aktivierte Energie auf die Organisationsziele fokussiert, sind die Unternehmen dazu in der Lage, Spitzenleistungen zu erbringen, innovativ auf veränderte Umstände zu reagieren und neue Herausforderungen erfolgreich zu meistern. Bruch und Vogel sprechen dann von einem Zustand Produktiver Organisationaler Energie (2005: 59 ff.).

Mit dem einleitenden Zitat werden grundlegende Fragen angesprochen, die am Anfang dieser Untersuchung standen und mich dazu bewogen, mich auf meine «Forschungsreise» zu machen: Insbesondere beschäftigte mich, ob Nongovernmental (NGOs) beziehungsweise Nonprofit Organisationen (NPOs) tatsächlich prädestiniert sind für ein besonders hohes zielgerichtetes Aktivierungsniveau, so wie dies Dichter (1999) zum Ausdruck bringt und wie dies auch die Ergebnisse des Johns Hopkins Comparative Nonprofit Sector Project – bezüglich überdurchschnittlich hoher Qualität, Innovationsfähigkeit und schnellem Reaktionsvermögen im Nonprofit Sektor – vermuten lassen (Salamon, Hems & Chinnocks 2000). Wissen wollte ich auch, ob sich die Produktive Organisationale Energie (POE) in ihren Ausprägungen in NPOs von derjenigen in anderen Organisationsformen unterscheidet.

Bedeutend ist dies insbesondere vor dem Hintergrund, dass der private Nonprofit Sektor seit den 1990er Jahren in den Marktwirtschaften Europas, Nordamerikas und dem asiatisch-pazifischen Raum markant gewachsen ist und heute in den OECD Ländern durchschnittlich sechs Prozent der gesamten Beschäftigung ausmacht (Anheier & List 2005: xvii). Außerdem werden die eigenständigen und vielfältigen

https://doi.org/10.1515/9783110555271-005

Rollen dieses Sektors – zum Beispiel die komplementäre Bereitstellung von sozialen Dienstleistungen, die Markt und Staat nicht zu liefern im Stande sind, die zivile Partizipation und Kontrolle im demokratischen Staat, aber auch die Bildung von Sozialkapital – zunehmend anerkannt. Die erfolgreiche Zielerreichung von NPOs ist daher unabdingbar für das Funktionieren moderner Gesellschaften.

Mit der altruistisch orientierten Werthaltung der Organisationsmitglieder ist ein weiterer Themenbereich angesprochen, der in dieser Studie intensiv erforscht wurde: Interessiert hat mich dabei besonders, ob die stark ausgeprägten individuellen altruistischen Werte – überspitzt das so genannte «Helfersyndrom» – auch die gemeinsam geteilten Grundannahmen und Werte der NPOs, sprich deren Organisationskultur, prägen. Und schließlich wollte ich der Frage nachgehen, ob die POE von den kulturellen Eigenheiten einer NPO beeinflusst wird und wenn ja, welche Wirkungsmechanismen in dieser Beziehung eine Rolle spielen.[1]

1.2 Forschungslücken

Die Energie von Organisationen, die beflügelt, inspiriert und welche die Organisationen zu Höchstleistungen befähigt, ist seit einiger Zeit ins Blickfeld der betriebswirtschaftlichen Forschung gerückt. Umschrieben wird sie auch als «Produktive Organisationale Energie» (Bruch & Vogel 2005), «Vitalität» (Levy & Merry 1986: 113), «Antriebskraft» (Dutton 2003: 7) oder «Momentum» (Jansen 2004). Wenn diese Energie vorhanden ist, dann zeigt sich das in Begeisterung und Motivation der Organisationsmitglieder sowie in einer hohen Vitalität, Intensität und Geschwindigkeit der Arbeits-, Wandlungs- und Innovationsprozesse der Organisation (Levy & Merry 1986: 113). Diese Energie gilt als wesentliche Ursache für Spitzenleistungen der Organisation (Bruch & Vogel 2005: 67; Spreitzer & Sonenshein 2003; Levinson 1972). Außerdem zählt sie zu den zentralen Erfolgsfaktoren für Wandlungsprozesse (Vaill 1982: 26; Nelson & Burns 1984: 275 f.; Brown & Covey 1987: 76) beziehungsweise für Anpassungsprozesse an veränderte Umweltbedingungen (Dutton 2003: 15).

Obwohl im Arbeitsalltag und in der Wissenschaft von der Energie von Organisationen gesprochen wird, ist immer noch schwer fassbar, was damit genau gemeint ist (Cross, Baker & Parker 2003: 51). In der vorliegenden Studie steht die kollektive menschliche Energie im Vordergrund, mit der in einer Organisation Arbeit geleistet werden kann. Organisationale Energie sind die Dynamiken und Synergien, die durch die menschlichen Interaktionen im Arbeitsalltag in der Organisation entstehen (Bruch & Ghoshal 2003; Cross, Baker & Parker 2003; Losada & Heaphy 2004;

1 Aus Gründen der Lesbarkeit werden bei allgemeinen Aussagen im folgenden Text immer nur die weiblichen Formen verwendet, in welche die männlichen eingeschlossen sind.

Dutton & Heaphy 2003). Dieses für die Organisationale Energie charakteristische zwischenmenschliche Zusammenspiel unterscheidet sich von der Energie einer einzelnen Person (vgl. dazu zum Beispiel Marks 1977; Thayer 1989, 1996; Dutton 2003; Ryan & Frederick 1997). Die Organisationale Energie ist aber auch nicht die Summe der individuellen Energien (Bruch, Vogel & Cole 2006: 5), sondern sie umfasst diese zwischenmenschlichen Synergien und bildet dadurch ein kollektives Konstrukt (Kozlowski & Klein 2000).

Die Organisationale Energie kann unterschiedliche Ausprägungen aufweisen, je nach Intensität und Qualität der Energie. Die Intensität der Organisationalen Energie umschreibt, wie viel der Energie tatsächlich mobilisiert ist, die Qualitätsdimension beschreibt die Ausrichtung der Energie. Eine positive Qualität weist die Energie im Organisationskontext dann auf, wenn sie auf die Organisationsziele ausgerichtet ist. Sie kann aber auch negativ ausgeprägt sein, wenn die kollektiven Energien für Intrigen, Machtkämpfe oder private Angelegenheiten eingesetzt werden (Nelson & Burns 1984: 267; Bruch & Vogel 2005: 55). Die positive und intensive Organisationale Energie wird als Produktive Organisationale Energie (POE) definiert (Bruch & Vogel 2005; Bruch & Vogel 2006). Die POE steht im Zentrum der vorliegenden Studie, weil dieser Energiezustand aufgrund der Ausrichtung auf die Organisationsziele am engsten mit dem Erfolg der Organisation in Verbindung steht (Bruch & Vogel 2005: 71).

Bei der POE ist die kollektive Energie der Organisation mobilisiert und auf die Organisationsziele ausgerichtet. Die Aktivierung geschieht nicht nur, wie in der individuellen Energieforschung beschrieben, auf der emotionalen Ebene (Collins 1990; Quinn & Dutton 2005; Thayer 1989), sondern gleichzeitig auch auf der kognitiven und der handlungsbezogenen Ebene (Bruch & Vogel 2005). Emotionale Aktivierung zeigt sich zum Beispiel in Freude, Inspiration und Begeisterung für die Arbeit. Diese positiven Emotionen wirken «ansteckend», das heißt sie übertragen sich vom Einzelnen auf die Gruppe oder die Organisation und erweitern die kreativen Denk- und Handlungsräume (Fredrickson 2003). Auf der kognitiven Ebene bedeutet die Aktivierung einerseits eine Wachsamkeit und Aufmerksamkeit in Bezug auf die Umwelt, aber andererseits auch die Fähigkeit, über längere Zeit aktiv nach Lösungsmöglichkeiten zu suchen, ohne sich ablenken zu lassen (Lykken 2005: 331). Auf der kollektiven Ebene entstehen Kognitionen aus sozialen Interaktionsprozessen, in denen Ideen verschiedener Gruppenmitglieder interpretiert, evaluiert und integriert werden, so dass schließlich eine gemeinsame Entscheidungs- und Handlungsgrundlage entsteht (Gibson 2001). Die Aktivierung auf der kognitiven Ebene bedeutet beispielsweise, dass eine Gruppe den Status Quo hinterfragt oder dass sie neue Möglichkeiten erkundet (Bruch & Vogel 2006). Die Gruppe oder die Organisation sind im Zustand produktiver Energie auch auf der handlungsbezogenen Ebene aktiviert, damit es überhaupt zu bewusstem, auf die Organisationsziele ausgerichtetem Handeln kommen kann (Bandura 2001).

Die POE wird als kollektiver Zustand (*emerging state*; Marks, Mathieu & Zaccaro 2001: 357) verstanden, welcher aus den Interaktionen zwischen den Organisationsmitgliedern aus Bottom-up-Prozessen entsteht und somit ein eigenständiges Merkmal einer Organisation darstellt (Bruch, Vogel & Cole 2006; Bruch & Vogel 2009). Der Energiezustand ist wie viele andere Eigenschaften eines Kollektivs dynamisch und wird von Kontextfaktoren, Inputs, Prozessen und auch den Folgen, die auf den Energiezustand zurückwirken, bestimmt (Marks, Mathieu & Zaccaro 2001: 357). So stehen die Interaktionen in der Gruppe und der Energiezustand in ständiger Wechselwirkung. Festzustellen sind Änderungen des Energiezustands jedoch auch durch Inputs wie neue Bedrohungssituationen oder Führungsinterventionen (Bruch & Vogel 2005: 32, 86 ff.; Bruch & Ghoshal 2004).

In Bezug auf dauerhafte Kontextfaktoren, welche auf die POE einwirken, lässt sich eine Forschungslücke feststellen, obwohl der Kontext den Energiezustand der Organisation wesentlich beeinflussen kann. Morgeson und Hofmann (1999) weisen darauf hin, dass das Verständnis von Kontextfaktoren zentral in der Erforschung kollektiver Konstrukte ist, da das Umfeld den Rahmen für die Interaktionsprozesse definiert, durch welche dieses kollektive Phänomen entstehen kann. Durch die Berücksichtigung der Einflüsse der Kontextfaktoren können somit unter anderem die Struktur und die Grenzen der Entstehungsprozesse geklärt werden (Morgeson & Hofmann 1999: 257 f.). In Bezug auf die POE wird davon ausgegangen, dass die Organisationskultur zu den maßgeblichen Einflussfaktoren der POE gehört, weil sie die Denk- und Verhaltensweisen der Organisationsmitglieder beeinflusst, sei es auf individueller Ebene (Spreitzer et al. 2005) oder auch auf kollektiver Ebene (Bruch & Vogel 2005: 36; Ackerman Anderson 1998: 139 f.). Als Organisationskultur werden gemäß dem Dreiebenenmodell von Schein (1992) die geteilten, tief verinnerlichten Grundannahmen, die gemeinsamen Werte und Überzeugungen sowie die davon geprägten Artefakte verstanden. Zum Ausdruck kommt die Organisationskultur jedoch insbesondere durch Interpretations- und Verhaltensweisen, die von den tief verinnerlichten Grundannahmen oder Erwartungsmustern ausgehen und die auf diejenigen beschränkt werden, die sich in der Vergangenheit bewährt haben (Schwartz & Davis 1981). Unterschiedliche Sets an erwünschten Verhaltensweisen können somit förderlich oder behindernd auf die POE wirken (Bruch & Vogel 2009).

Bruch und Ghoshal (2004) vermuten in diesem Zusammenhang, dass eine Organisationskultur innovations- und handlungsorientiert sein müsse, damit sie die POE positiv beeinflusse. Im Gegensatz zu den inhaltlichen kulturellen Merkmalen, die von Bruch und Ghoshal (2004) mit der POE in Verbindung gesetzt werden, argumentieren Chatman und Eunyoung Cha (2003), dass Kulturen mit einer großen Wertübereinstimmung ihrer Mitglieder, so genannte «starke» Kulturen (Deal & Kennedy 1982), die Organisationsmitglieder «energetisieren» und zu Höchstleistungen motivieren. Die prägende Wirkung auf die Handlungsweisen der Organisationsmitglieder sei durch den Appell an ihre hohen Ideale und Werte bei einer starken Kultur besonders groß (Chatman & Eunyoung Cha 2003: 21). Bruch und Vogel stimmen mit dieser Einschätzung nicht uneingeschränkt überein. Sie weisen darauf hin, dass starke Kulturen sich nicht zwingend zu Gunsten der POE auswirken, da sie Veränderungen behindern und eine Organisation sogar lähmen können (2005: 233).

Vermutlich bestehen auch umgekehrte Wirkungszusammenhänge, wie von Dutton (2003) festgehalten wird. Sie weist darauf hin, dass sich ein Zustand produktiver Energie langfristig auch auf die Organisationskultur auswirken könne, denn die intensive Interaktion und Kooperation zwischen Mitarbeitenden fördere die Verbreitung organisationaler Werte beziehungsweise präge wiederum die Verhaltensmuster der Organisationsmitglieder (2003: 15). Da in der Literatur jedoch mehr Hinweise auf die Wirkung der Organisationskultur auf die POE zu finden sind, wird im Rahmen dieser Untersuchung der umgekehrte Wirkungszusammenhang vernachlässigt und nicht weiter untersucht.

Zusammenfassend kann gesagt werden, dass die Organisationskultur zwar vermutlich einen maßgeblichen Einfluss auf die POE ausübt, aber dass diesbezüglich eine Forschungslücke besteht. Es bleibt bislang wie dargestellt unklar, *wie* sich die Grundannahmen eines Kollektivs genau auf die POE auswirken und *welche Wirkung* bestimmte geteilte Werte auf die Denk- und Verhaltensweisen der Organisationsmitglieder haben (siehe auch Forschungsfragen, Kapitel 1.4)

Eine zweite Forschungslücke in der Erforschung der Organisationalen Energie beziehungsweise der POE lässt sich in Bezug auf die untersuchten Organisationen feststellen. Bislang wurde dieses Konstrukt vor allem in privatwirtschaftlichen Organisationen, nicht aber in Nonprofit Organisationen (NPOs) untersucht. Als NPO wird hier eine private, dauerhaft angelegte Organisation verstanden, die nicht primär auf die Erzielung monetärer Ziele, sondern auf religiöse, politische, humanitäre und moralische Werte ausgerichtet ist. Das kollektive Phänomen der Organisationalen Energie ist nicht an den gewinnorientierten Organisationstyp gebunden – entscheidend sind vielmehr die interpersonellen Dynamiken eines Arbeitsumfelds, aus denen POE in Organisationen aller Art entstehen kann.

Allerdings könnten sich die Ausprägungen der Organisationalen Energie im Nonprofit Bereich in gewissen Aspekten von denjenigen in Unternehmen unterscheiden. Denkbar ist eine unterschiedliche Ausprägung der POE insbesondere in Bezug auf die spezifische Zielausrichtung und aufgrund der Zieleigenschaften der NPOs. James weist beispielsweise darauf hin, dass ein Großteil aller NPOs vor einem religiösen (oder ideologischen) Hintergrund gegründet wurde (1987: 397). Sie schließt aus dem Beispiel der religiösen Organisationen, dass NPOs bestrebt sind, durch ihre Tätigkeit religiöse Werte zu verbreiten und Anhänger zu gewinnen (James 1987) beziehungsweise nicht-monetäre Werte zu maximieren (Rose-Ackerman 1996). Wenngleich die missionarische Verbreitung religiöser Werte wohl nicht für alle NPOs gilt, insbesondere nicht in Bereichen wie Umweltschutz, Kultur oder Sport, verdeutlichen diese Erkenntnisse, dass NPOs in einem bestimmten ideologischen, religiösen oder philosophischen Umfeld entstehen und die Verbreitung der damit verbundenen Werte zugleich die Existenzgrundlage wie auch die Zielgröße dieser Organisationen darstellen. Gleichzeitig wird auch klar, dass diese Ziele häufig vage und außerdem meist ein unerreichbarer Idealzustand sind. Da für die Aktivierung der vorhandenen produktiven Energien die Fokussierung auf konkrete Zielgrößen eine zentrale Rolle spielt (Bruch & Ghoshal 2003), könnte die POE in NPOs anders als in Unternehmen ausgeprägt sein.

Unterschiedliche Ausprägungen der POE könnten sich aber auch daraus ergeben, dass die Organisationsmitglieder von NPOs eine besonders hohe Grundmotivation für ihre Arbeit mitbringen. Diese Motivation kann empirisch in Bezug auf die bezahlten Arbeitskräfte daran festgemacht werden, dass die bezahlten Mitarbeitenden im Vergleich zum privatwirtschaftlichen und staatlichen Sektor niedrigere Löhne für ihre Arbeit akzeptieren, weil die Tätigkeit selbst sie intrinsisch motiviert (Mirvis & Hackett 1983; Handy & Katz 1998) beziehungsweise weil sie damit ihre ideologischen Ziele verfolgen können (Rose-Ackerman 1996). Gleichermaßen sind auch die freiwilligen Mitarbeitenden der NPOs stark intrinsisch, also durch ihr freiwilliges Engagement selber, motiviert (Brown 1999). Zentral ist für die freiwilligen Mitarbeitenden außerdem die altruistische Motivation, also der Wunsch anderen helfen zu wollen – auch wenn diese Motivationen nicht nur uneigennützig, sondern auch egoistischer Natur sind (Stebbins 1996; Clary, Snyder & Stukas 1996). Obwohl diese Autoren hier die individuelle Motivation der Organisationsmitglieder in NPOs charakterisieren, wird das kollektive Phänomen der POE durch die individuelle Motivation und Begeisterung geprägt (Bruch, Vogel & Cole 2006: 5). Es könnte dadurch ein besonders hohes Niveau der POE entstehen, wenn die anderen Organisationsmitglieder von dieser Motivation durch emotionale oder mentale Spiraleffekte (Barsade 2002) «angesteckt» werden.

Obwohl in Bezug auf mögliche Unterschiede in den Ausprägungen der POE in NPOs eine Forschungslücke festzustellen ist, wird der Nonprofit Bereich nicht nur deswegen als Forschungsbereich für die vorliegende Untersuchung gewählt. Vielmehr scheint ein hohes Niveau an POE besonders häufig in NPOs vorzukommen. So haben Salamon, Hems und Chinnocks (2000) im Rahmen des Johns Hopkins Comparative Nonprofit Sector Project belegt, dass im Nonprofit Sektor die Dienstleistungen überdurchschnittlich häufig mit jenem Mehrwert erbracht werden, der den NPOs immer wieder zugeschrieben wird (zum Beispiel Dichter 1999: 43). Der «Mehrwert» sind typischerweise hohe Qualität und niedrigere Kosten (Salamon, Hems & Chinnocks 2000: 20; Billis & Glennerster 1998) beziehungsweise mehr Flexibilität, ein besseres Reaktionsvermögen (*responsiveness*) und eine höhere Innovationsfähigkeit (Salamon, Hems & Chinnocks 2000: 25; Beveridge 1948: 301; Douglas 1987). Schließlich wird in Übereinstimmung damit, wie Ouchi und Price (1978) den «Clan»-Organisationstyp charakterisiert haben, in der Literatur auch immer wieder darauf verwiesen, dass die Wertübereinstimmung zwischen den NPOs und den Organisationsmitgliedern so groß ist, dass die Organisationsmitglieder die Ziele der Organisation mit besonders viel Überzeugung und Engagement vorantreiben (zum Beispiel Handy & Katz 1998; Schuppert 1995; Egri & Herman 2000).

Auch hinsichtlich des vermuteten Zusammenhangs zwischen Organisationskultur und der POE stellen NPOs aufgrund ihrer nicht marktorientierten Wertausrichtungen und der andersartigen Organisationskulturen ideale Forschungsobjekte dar. Auf die Andersartigkeit der Nonprofit Organisationskulturen haben verschiedene Autoren hingewiesen (zum Beispiel Lewis 1998: 143; Dichter 1999: 47). Insbesondere der Wert der Gleichheit wurde seit den 1970er Jahren mehrfach in NPOs untersucht (Kanter & Zurcher 1973; Rothschild-Whitt 1979; zum Beispiel sehr ausgeprägt bei den Anonymen Alkoholikern, siehe Borkman 2006). Im organisationalen Verhalten findet dies in den Bestrebungen Ausdruck, Macht zu teilen und Entscheidungen über partizipative Prozesse zu fällen. Diese Egalitätsneigung kann auch Konfliktpotenzial beinhalten und Zauner vermutet einen schwierigen Umgang mit Machtphänomenen in NPOs (2002: 163). Jaskyte (2004) hat in ihrer empirischen Untersuchung eine «starke» Kultur in NPOs festgestellt, die von Stabilität, Teamarbeit, Detail- und Mitarbeiterorientierung geprägt war. Hinweise aus der Praxis lassen ferner vermuten, dass die Kultur von NPOs durch Personalisierungstendenzen charakterisiert wird, also durch die Neigung, Personen für strukturelle Probleme verantwortlich zu machen (Zauner 2002). Zudem scheint eine ausgeprägte Harmonieneigung häufig dazu zu führen, dass Konflikte verdrängt werden. Außerdem wird eine Informalitätstendenz in der Führung dieser Organisationen beschrieben (Zauner 2002: 162 f.; Zauner & Simsa 2002: 443). Paton (1996) führt schließlich aus, dass Konflikte rund um Wertfragen gerade in NPOs häufiger und dann sehr intensiv auftreten, da deren vage Organisationsziele, die viel Interpretationsspielraum lassen, sowie ausgeprägte informelle und partizipative Prozesse solchen Auseinandersetzungen zuträglich sind.

In Bezug auf die Organisationskultur in NPOs ist eine dritte Forschungslücke auszumachen. Im Gegensatz zu der Erforschung der Organisationskultur in Unternehmen wurde diese in NPOs bisher wenig systematisch untersucht (Lewis 2002: 68). Dies lässt sich mit einer bisher weit verbreiteten Ablehnung von Managementinstrumenten (aus der Privatwirtschaft) im Nonprofit Bereich erklären. Allerdings wird auch anerkannt, dass diese – falls nicht einfach unkritisch übertragen – das Management der NPOs bereichern können (Lewis 2003). Insgesamt wird ein erheblicher wissenschaftlicher Nachholbedarf zur Frage, wie NPOs funktionieren, festgestellt (Anheier 2005: 115 f.; Lewis 2003: 341) und dazu gehört auch, welche Merkmale Nonprofit Organisationskulturen haben (Lewis 2002).

Die Entscheidung für den Forschungsbereich der NPOs kann als Wahl eines Extremfalls verstanden werden, was beim «theoretischen Sampling» (Glaser & Strauss 1998; siehe dazu Kapitel 3.3.3.1) immer dann gerechtfertigt ist, wenn dadurch besonders breite und reichhaltige Erkenntnisse generiert werden können, welche die entstehende gegenstandsbezogene Theorie erweitern (Eisenhardt 1987: 537). Im vorliegenden Forschungsprojekt wird davon ausgegangen, dass die (wenigen) Hinweise über die spezifischen Nonprofit Organisationskulturen ein besonders breites

Spektrum an kulturellen Ausprägungen erwarten lassen, welches wiederum interessante Rückschlüsse auf die produktiven Energien zulässt.

1.3 Forschungsziele und Relevanz

Aus der bisherigen Literaturdiskussion werden drei Forschungslücken sichtbar, zu deren Schließung in der vorliegenden Studie Beiträge geleistet werden sollen. *Erstens* wurde eine Forschungslücke in Bezug auf den Zusammenhang zwischen Organisationskultur und POE deutlich. Die bestehende Literatur zeigt aber zugleich die Relevanz dieser Beziehung auf. Zahlreiche Studien bestätigen seit den 1980er Jahren den zentralen Einfluss der Organisationskultur auf die Handlungsweisen der Organisationsmitglieder und damit auf die Entwicklung der Organisationen. Die Erkundung der Auswirkung der Organisationskultur auf die POE kann einen bedeutsamen Beitrag für die Energieforschung leisten, denn es geht darum, den Einfluss der kulturellen Merkmale einer Organisation auf die POE aufzuzeigen. Eine Organisationskultur mit ihren implizierten Grundannahmen und Werten kann einen relativ stabilen Rahmen für die Verhaltensweisen der Organisation zu einem bestimmten Zeitpunkt abstecken und somit auch das Ausmaß der möglichen Aktivierung der Organisationsmitglieder in diesem Moment beeinflussen. Denkbar wäre auch, dass gewisse Kulturdimensionen die Intensität weiterer Beziehungen zwischen der POE und ihren Treiberfaktoren, wie kollektive Handlungsbefähigung (*collective empowerment*), transformationale Führung (*transformational leadership*) oder das Zusammengehörigkeitsgefühl der Gruppe oder der Organisation (*cohesion*) (Bruch & Vogel 2006; Bruch, Vogel & Cole 2006) beeinflussen. Ein vertieftes Verständnis dieser Zusammenhänge erweitert die theoretischen Kenntnisse über die POE maßgeblich. Sie haben insbesondere auch praktische Relevanz, da die POE vor dem Hintergrund der jeweiligen Organisationskultur umfassender beurteilt und die Organisationskultur aktiv beeinflusst und verändert werden kann, um diese Energiequelle auszuschöpfen.

Die *zweite* Forschungslücke besteht darin, dass POE bislang nur in Unternehmen untersucht wurde. Die Untersuchung der Beziehung zwischen Organisationskultur und POE in NPOs bietet auch die Möglichkeit, die theoretischen Erkenntnisse über die POE zu erweitern. Das relativ junge Konstrukt der POE, welches in enger Beziehung zu zentralen Performancegrößen wie Spitzenleistungen, Wandlungs- und Innovationsfähigkeiten steht, kann durch dieses Forschungsprojekt weiter entwickelt werden, indem einzelne Aspekte des Konstruktes (zum Beispiel die Ausprägungen der POE hinsichtlich der Ziele und Zieleigenschaften der Organisation oder das Zusammenspiel der POE mit individueller Motivation) verfeinert und differenziert werden.

Der Entscheidung für die Durchführung der Untersuchung in NPOs liegt die Annahme zugrunde, dass POE dort besonders häufig vorzukommen scheint und die

Organisationskultur besonders reichhaltige Erkenntnisse in Bezug auf die Wirkungen auf die POE zulässt. Die NPOs und die Unternehmen unterscheiden sich zwar in gewissen Aspekten (zum Beispiel Tätigkeitsfelder, Werte, Freiwilligenarbeit), trotzdem haben diese Organisationstypen aber bezüglich der wichtigsten Managementfunktionen viele Gemeinsamkeiten – zumindest im westlichen Kultur- und Wirtschaftsraum. So geht es unabhängig vom Organisationstyp auch für NPOs darum, das interne und externe Umfeld für ein wirkungsvolles Management zu berücksichtigen (Lewis 2003: 340). Außerdem muss die Organisation konzeptionell ausgerichtet, das spezifische technische Wissen aufgebaut, erhalten sowie schließlich die Mitarbeitenden in die Arbeit der Organisation einbezogen und auch dafür motiviert werden (Dichter 1989: 392). Das Management der POE steht in engem Zusammenhang mit diesen grundlegenden (Management-)Zielen jeder Organisation, auch der NPOs. Es ermöglichet einerseits die Aktivierung für –, andererseits die Ausrichtung der POE auf die organisationsspezifischen Ziele. In dieser Hinsicht ist es gerechtfertigt, die Beziehung zwischen Organisationskultur und der POE nicht nur im privatwirtschaftlichen Kontext, sondern im Nonprofit Bereich zu untersuchen. Umgekehrt sind die Ergebnisse dann aber auch für Unternehmen wiederum bedeutsam, zum einen in Bezug auf kulturelle Ausprägungen, die ebenso in der Privatwirtschaft vorkommen, zum anderen in Bezug auf kulturelle Dimensionen, in denen die NPOs möglicherweise als Pioniere fungieren können. Denkbar ist dies beispielsweise bei der ausgeprägt partizipativen Organisationskultur in NPOs, deren Auswirkungen und Verwirklichungsmöglichkeiten für Unternehmen in der theoretischen Diskussion seit längerer Zeit umstritten sind (zum Beispiel Rothschild 2000; Harrison & Freeman 2004; Kerr 2004), zu denen aber bisher eindeutige empirische Erkenntnisse fehlen.

In Bezug auf die *dritte* Forschungslücke wurde deutlich, dass zwar einiges über die Nonprofit Organisationskulturen bekannt ist und dieser Forschungsbereich für die Energieforschung sehr spannend ist, dass die Grundannahmen und die geteilten Werte aber insgesamt doch wenig systematisch und empirisch erforscht worden sind. Hier kann die Untersuchung einen empirischen Beitrag leisten, indem an konkreten Fallbeispielen die kulturellen Ausprägungen und zugrunde liegenden Annahmen herausgearbeitet werden. Für die Erforschung betriebswirtschaftlicher Zusammenhänge in NPOs ist die vorliegende Forschungsarbeit in zweierlei Hinsicht relevant. Einerseits wird die Bedeutung der Organisationskultur auch für NPOs immer mehr und in unterschiedlichen Zusammenhängen anerkannt. So ziehen beispielsweise Salamon, Hems und Chinnock (2000) unter anderem die Organisationskultur und die Werte der NPOs als mögliche Erklärungsvariabel für Performanceunterschiede heran. Andererseits wird die Andersartigkeit der Organisationskulturen in NPOs auch für die Schwierigkeiten bei der Zusammenarbeit zwischen NPOs und Unternehmen (Lewis 1998: 143; Parker & Selsky 2004) und NPOs und staatlichen Partnern (Dichter 1999: 47) mitverantwortlich gemacht. Schließlich zeigt sich auch bei Umstrukturierungsprozessen in NPOs, dass diese daran scheitern können, wenn die Veränderungsmaßnahmen nicht in der Organisationskultur verankert werden, also gemeinsame Werte und Handlungsweisen nicht verändert werden (DiBella 1992: 64).

Ebenso bedeutsam ist aus der Perspektive der NPOs aber auch die Verbindung der Organisationskultur mit der POE, denn damit wird ein Managementinstrument erforscht, bei welchem die Aktivierung der Organisationsmitglieder für die Organisationsziele im Zentrum steht und welches in sehr engem Zusammenhang mit der Innovations- und Wandlungsfähigkeit der Organisationen steht. Dies gewinnt im sich kontinuierlich wandelnden Umfeld der NPOs an Bedeutung. Durch die Zunahme an NPOs in den letzten Jahrzehnten haben sich die öffentlichen Finanzmittel verknappt, so dass die NPOs bei einem gleich bleibenden privaten Spendenmarkt vermehrt unter Druck kommen (unter anderem Fowler 1998; Jonsson 1998; Dichter 1999). Folgen davon sind steigende Konkurrenz im Spendenmarkt, Wettbewerb um Projekte, um Aufmerksamkeit und um Einfluss sowie letztlich die Professionalisierung der NPOs (Dichter 1999: 52 f.; Frumkin & Andre-Clark 2000; Degebol-Martinussen & Engberg-Pedersen 2003: 143 ff.). Gleichzeitig hat die Globalisierung zur Internationalisierung einiger NPOs, aber auch zu Rollenverschiebungen beziehungsweise Spezialisierungen zwischen NPOs im so genannten Süden (Entwicklungsländer) und jenen im so genannten Norden (Industriestaaten) geführt (Brown 1991; Lawrence & Hardy 1999; Brown & Kalegaonkar 2002; Dichter 1999: 39). Diese Arbeitsteilung zwischen den NPOs wird auch durch die Auflagen der Geldgeber verstärkt, die eine Fokussierung auf Kernkompetenzen fordern (Degenbol-Martinussen & Engberg-Pedersen 2003: 159). Anpassungen und Neuausrichtung an ein verändertes Umfeld – letztlich verbunden mit der Sicherung des Überlebens – sind die Herausforderungen, vor denen NPOs heute stehen. Die Erforschung der Faktoren, welche entscheidenden Einfluss auf Wandlungs- und Innovationsprozesse sowie auf die Zielerreichung in NPOs ausüben, ist aus dieser Perspektive unerlässlich. Nicht zuletzt deshalb sollen die theoretischen Erkenntnisse auf ihre praktische Bedeutung für das Management von NPOs hin analysiert werden. Zu diesem Zweck wird beabsichtigt, Steuerungsansätze, wie durch die Gestaltung der Organisationskultur auf die POE eingewirkt werden kann, zu formulieren.

Zusammenfassend kann gesagt werden, dass mit der Erforschung des Zusammenhangs zwischen der Organisationskultur und der POE in NPOs verschiedene Forschungsziele theoretischer und praktischer Art verfolgt werden. Das Hauptziel dieses Forschungsvorhabens ist es, die Auswirkungen von spezifischen Ausprägungen einer Nonprofit Organisationskultur auf die produktive Energie der jeweiligen NPO theoretisch zu erfassen und damit einen Beitrag zur Energieforschung zu leisten. Das Forschungsprojekt stellt auch in Bezug auf die NPO-Forschung einen wichtigen Beitrag dar, da die Erforschung der «Blackbox» NPO bislang vernachlässigt wurde. In diesen Organisationen wurden weder die Organisationskultur noch die POE umfassend untersucht. Die aktuellen Herausforderungen, vor denen die NPOs stehen, machen eine vertiefte Auseinandersetzung mit grundlegenden Managementthemen, namentlich der Organisationskultur, jedoch dringend erforderlich (Lewis 2002: 68). Deshalb werden aus den Ergebnissen des Forschungsprojekts abschließend Handlungsempfehlungen für die Praxis in NPOs abgeleitet.

1.4 Forschungsfragen und Aufbau der Untersuchung

Aus der bisherigen Diskussion der Forschungslücken und der Ziele dieser Studie können vier Forschungsfragen abgeleitet werden:
- Welche spezifischen Ausprägungen hat die POE in NPOs?
- Welche Ausprägungen haben die Organisationskulturen der untersuchten NPOs?
- Wie wirkt die Organisationskultur auf die POE?
- Warum wirken bestimmte kulturelle Merkmale förderlich und andere behindernd auf die POE von NPOs?

Zur Beantwortung der aufgeworfenen Fragen werde ich zunächst im Kapitel 2 mein konzeptionelles Vorverständnis bezüglich der drei thematischen Eckpfeiler darstellen. Es wird dazu nochmals vertieft auf das zentrale Konstrukt, die POE, den untersuchten Einflussfaktor auf die POE, also die Organisationskultur, und den für diese Untersuchung gewählten Forschungsbereich, die NPOs, eingegangen. Damit soll mein konzeptioneller «Rucksack» verdeutlicht werden, mit dem ich meine «Forschungsreise» antrat.

Kapitel 3 soll dem Leser das methodische Vorgehen im Forschungsprojekt verdeutlichen. Methodische Klarheit ist in einer qualitativen Studie von besonderer Wichtigkeit, da häufig kritisiert wird, bei solchen Forschungsprojekten würde allein nach subjektivem Gutdünken und ohne systematisches Vorgehen gearbeitet (Goulding 2002: 18; Suddaby 2006: 640). Daher sollen vorab Qualitätskriterien definiert werden, mit denen versucht wird, dieser Kritik entgegenzutreten. Sodann soll die verwendete Methode der Grounded Theory detailliert vorgestellt und deren Anwendung im Forschungsprojekt erklärt werden. Es werden insbesondere die Fallauswahl, die Datenerhebung und der Prozess der Datenkodierung und Kategorisierung synthetisiert dargestellt.

In Kapitel 4 werden die empirischen Resultate beziehungsweise die Entwicklung der gegenstandsbezogenen Theorieelemente dargestellt. Die Glaubwürdigkeit der entwickelten Theorieelemente ergibt sich weitgehend daraus, dass die theoretischen Erklärungen nachvollziehbar dargelegt werden. Die Ergebnisse aus den Daten werden außerdem im Lichte bestehender Literatur diskutiert, um damit den Prozess der Theoriebildung zusätzlich zu bereichern.

In Kapitel 5 sollen die Forschungsergebnisse im Hinblick auf ihren Beitrag in der Forschung, aber auch ihre Konsequenzen für die Praxis betrachtet werden. Es werden Handlungsempfehlungen entwickelt, wie POE durch die Gestaltung der

Organisationskultur beeinflusst, im besten Fall gefördert werden kann. Es wird aber auch auf die Gefahren hingewiesen, die im Umgang mit der POE und der Organisationskultur bestehen. Abschließend sollen in einem Rückblick die Stärken und Grenzen der Studie gewürdigt werden. In einem Ausblick sollen sodann offene Fragen aufgezeigt und damit Impulse für weitere Forschungsarbeiten gegeben werden.

2 Konzeptionelle Grundlagen

Obwohl es bei der verwendeten Forschungsmethode der Grounded Theory wichtig ist, sich bei Untersuchungsbeginn von vorgefertigten Konzepten und Modellen zu lösen, um möglichst offen ins Forschungsgebiet eintauchen zu können (Glaser & Strauss 1998: 47), warnt beispielsweise Suddaby davor, dies als Aufforderung zu verstehen, ohne jegliches Vorverständnis ins Feld zu gehen oder bisherige Erkenntnisse auszublenden (2006: 634 f.; so auch Dey 2007: 176 f.). Vielmehr weist er auf die nötige Balance zwischen Offenheit und einem theoretischen Vorverständnis hin:

> «None of these approaches justifies ignorance of existing literature or knowledge. The reality of grounded theory research is always one of trying to achieve a practical middle ground between a theory-laden view of the world and an unfettered empiricism.» (Suddaby 2006: 635)

2.1 Produktive Organisationale Energie

2.1.1 Energie als Potenzial oder als Zustand?

Die Energiekonzepte im westlichen Kulturraum gehen vorwiegend auf die Energiekonzepte der Physik zurück. Dort ist Energie in allgemeiner Form als ein gespeichertes Potenzial eines Systems definiert, mit welchem Arbeit geleistet werden kann. Die Übertragung dieser Definition auf das Phänomen der Organisationalen Energie ist zwar intuitiv eingängig, allerdings lassen sich die physikalischen Gesetzmäßigkeiten der Energie nur sehr begrenzt auf den Organisationskontext übertragen. Allenfalls kann die Idee übertragen werden, dass dieses Potenzial der Organisation wie in der Physik unterschiedlichen Ursprungs sein kann. In der mechanischen Physik ist das Potenzial Arbeit zu leisten entweder in der Bewegung eines Systems gegenüber einem anderen (kinetische Energie) oder in der Lage eines Systems innerhalb eines Kraftfelds, zum Beispiel dem Gravitationsfeld der Erde (potenzielle Energie), gespeichert (Jammer 1967: 226).

Auch in Bezug auf Organisationen kann die Energie in verschiedenen Faktoren enthalten sein. Beispielsweise liegt gemäß Ackerman Anderson (1998) eine organisationale Energiequelle in den inhärenten Polaritäten einer Organisation, zum Beispiel in den Dimensionen langfristig vs. kurzfristig, Wandel vs. Stabilität, Freiräume vs. Kontrolle. Im Spannungsfeld dieser Begriffspaare muss sich eine Organisation ständig neu definieren, da sich die Kräfteverhältnisse zwischen diesen Extrema permanent verändern. Dadurch bleibt auch die Organisation in Bewegung und verändert sich laufend (Ackerman Anderson 1998: 139). Gerade diese kontinuierliche Bewegung und ein hohes Aktivitätsniveau sind kennzeichnend für die POE. Auch Brown und Gibson weisen darauf hin, dass die Diskussion von unterschiedlichen,

https://doi.org/10.1515/9783110555271-006

insbesondere widersprüchlichen Einschätzungen der organisationalen Situation oft Organisationale Energien für Veränderungen schafft (1987: 76).

Als eine weitere Quelle der Organisationalen Energie gelten zwischenmenschliche Interaktionen im Arbeitsumfeld (Dutton 2003; Cross, Baker & Parker 2003; Dutton & Heaphy 2003; Bruch, Vogel & Cole 2006). So gehen beispielsweise Cross, Baker und Parker (2003) davon aus, dass aus positiven Interaktionen ein subjektives Gefühl von Energetisierung und Vitalität entstehen kann, aus welchem sich dann Organisationale Energie im jeweiligen sozialen Netzwerk bildet. Diesbezüglich weist Dutton darauf hin, dass gute zwischenmenschliche Beziehungen deshalb Energiequellen in Organisationen sein können, weil die entstehende Energie «ansteckend» wirke (2003: 7), das heißt sich durch positive emotionale Spiraleffekte in der Organisation ausbreite (Fredrickson 2003).

Die Analogie zur Physik ist darüber hinaus eher verwirrend, da gerade der Begriff des physischen Potenzials nach der heutigen Verwendung nicht mit der Terminologie der Energieforschung übereinstimmt. Als Potenzial eines Systems werden in der Physik (und in der Alltagssprache) all jene Gestaltungsmöglichkeiten bezeichnet, die für dieses System hypothetisch möglich sind. Dementsprechend wäre die Organisationale Energie im Sinne eines Potenzials als hypothetische Aktivitätsmöglichkeit für diese spezifische Organisation zu interpretieren. Damit hätte die Organisationale Energie allerdings eine passive Qualität. Das Konzept der Organisationalen Energie lehnt sich aber vielmehr an eine in den Naturwissenschaften bis ins 13. Jahrhundert verbreitete Interpretation des aristotelischen Energiebegriffs *Energeia* an. Geprägt durch Aristoteles Vorstellungen wurde Energie als eine gebündelte Kraft verstanden, die einerseits Bewegung oder Tätigkeit auslösen, aber andererseits auch deren Eigenschaften, zum Beispiel die Dauer oder Intensität der Bewegung, bestimmen kann (Jammer 1967: 226). Diese Kraft, von Aristoteles als *Dynamis* – Potenz – bezeichnet, wurde so interpretiert, dass sie auf eine Tätigkeit hin strebt und dabei der Wirkgrund in der Tätigkeit selbst ist (Jammer 1967: 226). Diese Potenz «ist zwar nicht die wirkliche Tat, auf die hin sie ein Vermögen ist», aber «mit ihr ist das Tun wie eine noch ausstehende Möglichkeit verbunden» (Schlüter 1971: 136). Mit dieser aktiven Qualität kommt sie der Vorstellung einer treibenden Kraft nahe, welche die Organisation in Bewegung setzt. Diese Interpretation der Organisationalen Energie, als dem realen Vermögen etwas zu tun, nicht als hypothetische Möglichkeit, liegt dem Begriff der POE hier zu Grunde. Da dieses Vermögen etwas zu tun ein Merkmal der Organisation beschreibt, kann deshalb von einem Energiezustand gesprochen werden, welcher die Prozesse innerhalb der Organisation beeinflusst. Der Energiezustand von Organisationen kann unterschiedliche Ausprägungen hinsichtlich Intensität und Qualität haben und kann sich auch über die Zeit hinweg verändern, zum Beispiel bei Veränderungen in den zu Grunde liegenden Interaktionen oder aufgrund externer Einflüsse.

2.1.2 Intensive, positive Organisationale Energie (POE)

Bruch und Ghoshal haben in ihren Untersuchungen vier verschiedene Energiezustände identifiziert – Produktive Organisationale Energie, Angenehme Trägheit, Resignative Trägheit und Korrosive Energie – die sich jeweils in Intensität und Qualität der Energien unterscheiden (Bruch & Ghoshal 2003; 2004). Mit der Intensität wird das Ausmaß der emotionalen, kognitiven und handlungsbezogenen Mobilisierung (von niedrig bis hoch) ausgedrückt. Mit der Qualitätsdimension wird dagegen zum Ausdruck gebracht, ob diese Aktivierung auf die Erreichung zentraler Organisationsziele ausgerichtet ist – dann wird von positiver Energie gesprochen – oder ob die Organisationale Energie zerstörerisch wirkt oder auf anderweitige Aktivitäten ausgerichtet ist – dies bezeichnet man dann als negative Organisationale Energie (Bruch & Vogel 2005: 41).

Die Produktive Organisationale Energie (POE), auf die sich diese Studie beschränkt, entsteht aus der Kombination von intensiver, positiver Energie. Dieser Energiezustand ist gekennzeichnet durch ausgeprägte positive Emotionen wie Begeisterung und Freude an der Arbeit. Charakteristisch ist für die POE außerdem die Fähigkeit zu organisationalen Veränderungen, die mit Handlungswille, einem hohen Wachsamkeits- und Aktivitätsniveau und einer Fokussierung auf die Organisationsziele verbunden ist. Der Zustand intensiver, positiver Energie kann damit von Energiezuständen abgegrenzt werden, die ein niedriges Aktivitätsniveau sowie schwache positive oder negative emotionale Spannungen aufweisen (zum Beispiel Angenehme oder Resignative Trägheit [Bruch und Ghoshal 2003; 2004; Kotter & Cohen 2002]). Organisationen mit niedrigem Energieniveau gelingt es insbesondere nicht, aus dem Status Quo heraus zu kommen, denn die Organisationsmitglieder nehmen nur mit wenig Aufmerksamkeit und Wachheit am Organisationsgeschehen teil oder zeigen sich den Organisationszielen gegenüber sogar indifferent (Jansen 2004: 277; Bruch & Vogel 2005: 43, 51). Abgrenzbar ist die POE auch von negativen Energiezuständen, die von negativen Emotionen wie Angst und Frustration geprägt sind und in denen die Organisationalen Energien deshalb nicht für die Erreichung der Organisationsziele kanalisiert und darauf ausgerichtet werden (zum Beispiel Korrosive Energie [Bruch & Ghoshal 2003; 2004]). Bruch, Vogel und Cole konkretisieren das Konstrukt der POE insofern, als sie davon ausgehen, «that while POE may be related to constructs of low or negative energy, we assume that it is a distinct positive intense psychological state which is not simply the opposite of constructs that describe the lack of energy or destructive forms of energy» (2006: 6).

Der in dieser Untersuchung gewählte Fokus auf den Zustand positiver, intensiver Organisationaler Energie hat mehrere Gründe: Die POE ist als wichtiger erfolgsrelevanter Einflussfaktor zu verstehen, der für die Praxis große Wichtigkeit hat. Es wird davon ausgegangen, dass die POE im Vergleich zu den anderen Energiezuständen am engsten mit Spitzenleistungen (Spreitzer & Sonenshein 2003; Bruch & Ghoshal 2003; 2004; Vaill 1982) sowie Wandlungs- und Innovationsfähigkeit verbunden ist (Bruch & Ghoshal 2003; 2004; Dutton 2003; Jansen 2004). Hinsichtlich der Spitzenleistungen wird dies von ersten empirischen Ergebnissen von Bruch und Vogel untermauert, welche die direkte Beziehung zwischen der POE und positiven finanziellen Unternehmensergebnissen bei Klein- und Mittelunternehmen bestätigt finden (2005: 71).

Allerdings steckt die Erforschung Organisationaler Energie noch in ihren Anfängen. Insbesondere für positive Phänomene in Organisationen lässt sich aber ein wachsendes Forschungsinteresse feststellen, da diese bisher in der betriebswirtschaftlichen Forschung vernachlässigt wurden (siehe zum Beispiel Cameron & Caza [2004] zur «*Positive Organizational Scholarship*»). Wohl auch deshalb ist die POE der Energiezustand, welcher am weitesten erforscht und am klarsten definiert ist (Bruch & Ghoshal 2003; 2004; Bruch, Vogel & Cole 2006; Bruch & Vogel 2009). Er eignet sich darum besonders gut als Ausgangsbasis für dieses Forschungsprojekt. Durch die Beschränkung auf nur einen einzigen Energiezustand lassen sich außerdem Resultate generieren, welche besser vergleichbar sind, da sie sich auf die gleiche Dimension beziehen. Dies bedeutet, dass die Auswirkungen der Organisationskultur dahingehend untersucht werden, ob sie zu höheren oder niedrigeren Niveaus produktiver Energie führen.

2.1.3 Kollektives Energiekonstrukt

Individuelle und kollektive Phänomene stehen in Organisationen in ständiger gegenseitiger Beeinflussung. So wird das individuelle Handeln durch den Kontext, das heißt insbesondere auch durch den organisationalen Kontext, geprägt. Daneben entstehen aus den persönlichen Eigenschaften von Personen, ihren Wahrnehmungen, Emotionen und den zwischenmenschlichen Interaktionen auch kollektive Phänomene, welche zu einer eigenständigen Eigenschaft des Kollektivs werden können (Kozlowski & Klein 2000: 15 ff.). Um das Verständnis von POE zu erweitern, ist die Unterscheidung zwischen individuellem und kollektivem Phänomen notwendig. Mit dieser Multiebenen-Betrachtung (zum Beispiel Kozlowski & Klein 2000; Morgeson & Hofmann 1999) soll einerseits das Zusammenspiel zwischen diesen Ebenen genauer erklärt und andererseits der Fokus der Studie auf die kollektive Energie festgelegt werden. Das dazu gewählte Vorgehen entspricht den Anweisungen von Morgeson und Hofmann, welche die Beschreibung und Abgrenzung der verschiedenen Ebenen eines Phänomens anhand des Vergleichs der Funktion (das heißt der Ergebnisse oder der Wirkung des Phänomens) und der Entstehungsstruktur des Phänomens auf der individuellen und der kollektiven Ebene empfehlen (1999: 259).

Die POE unterscheidet sich von individuellen Energiekonzepten, welche wie das kollektive Phänomen auch als Vitalität (Ryan & Frederick 1997) oder als «prächtig gedeihen» (*thriving*; Spreitzer et al. 2005) bezeichnet werden. Die individuelle Energie wird dabei als subjektives Gefühl empfunden «to be eager to act and capable of action» (Dutton 2003: 6). Sie wirkt sich positiv auf die individuelle Gesundheit, auf das Wohlbefinden sowie auf die persönliche Entwicklung aus (zum Beispiel Ryan & Frederick 1997; Spreitzer et al. 2005). Ein hohes individuelles Energieniveau führt im Arbeitskontext auch zu mehr Engagement, mehr Einsatzwille für die zu erfüllenden Aufgaben (Dutton 2003) und besseren Leistungen (Cross, Baker & Parker 2003). Durch die mit der hohen individuellen Energie verbundenen positiven Emotionen fällt es energetisierten Personen auch leichter zu lernen und kreativ zu sein (Dutton 2003), da sie die emotionalen Handlungsspielräume und die mentalen Denkräume vergrößern (Fredrickson 2003). Die Konzeption individueller Energie von Spreitzer und Kollegen (2005) beinhaltet neben einem subjektiven Energiegefühl einen bewussten Lernprozess. Ein Individuum wird im Arbeitsalltag individuelle Energie demnach als Referenzgröße nehmen und die Arbeits- und Verhaltensweisen daran ausrichten beziehungsweise daran anpassen (2005: 545). Es entsteht ein Lern- beziehungsweise Anpassungsprozess, der die persönliche Entwicklung unterstützt.

Vergleichbare Wirkungen entstehen durch hohe produktive Energie auch auf der kollektiven Ebene beispielsweise in Gruppen oder Organisationen. So erleichtert ein hoher produktiver Energiezustand die Zusammenarbeit im Arbeitskontext in Organisationen und fördert die Koordination zwischen den Organisationsmitgliedern durch die zu Grunde liegenden positiv geprägten und tragfähigen zwischenmenschlichen Beziehungen (*high-quality connections*; Dutton 2003) beziehungsweise durch energetisierende verbale und schriftliche Interaktionen (Quinn & Dutton 2005; Losada & Heaphy 2004). Diese stark positiv geprägten Beziehungen speichern einerseits organisationales Wissen, erleichtern es andererseits aber auch, Verhaltensweisen zu überwinden (wie beispielsweise überwiegend negatives Feedback), die ein Kollektiv von effektivem Handeln abhalten. Damit wird die Fähigkeit organisationalen Lernens gestärkt (Dutton 2003; Losada & Heaphy 2004). Außerdem wirkt sich die POE aufgrund der Begeisterung der Mitarbeitenden und der guten zwischenmenschlichen Beziehungen zwischen den Organisationsmitgliedern positiv auf die Innovations- und Wandlungsfähigkeit aus (Dutton 2003; Bruch & Ghoshal 2003; Jansen 2004). Durch den Einklang von Emotionen, den geteilten Wahrnehmungen und einem hohen Aktivitätsniveau der Organisationsmitglieder werden durch hohe POE schließlich Spitzenleistungen ermöglicht (Bruch & Ghoshal 2003; Bruch & Vogel 2009; Vaill 1982).

Im Gegensatz zur Energie auf individueller Ebene, welche das Resultat von Aktivität und physiologischer Prozesse einer Person ist (Marks 1997), basiert die Entstehung der POE auf einer anderen Struktur. Wie schon in der Beschreibung der Auswirkungen der POE angedeutet, entsteht dieses Phänomen aus zwischenmenschlichen Interaktionen und Dynamiken. Besonders relevant sind hierbei emotionale und kognitive Emergenzprozesse, durch welche die kollektive Energie entstehen kann. Die positiven Emotionen wie Begeisterung und Freude, welche bei individueller Energie empfunden werden, überträgt sich über die Mimik, nonverbale Gestik und Sprechweise auf eine andere Person oder eine Gruppe. Diese «primitiven, emotionalen Ansteckungsprozesse» (Hatfield, Cacioppo & Rapson 1994), welche Stimmungen und Emotionen auf ein Kollektiv übertragen, spielen sich unbewusst und automatisch ab und wurden bereits mehrfach empirisch bestätigt (zum Beispiel Barsade 2002; Bartel & Saavedra 2000). Die emotionale Aktivierung der Gruppe, also deren Energiezustand, kann selbstverstärkend wirken (so genannte Spiraleffekte), da die positiven Emotionen über die Zeit zu mehr guten zwischenmenschlichen Beziehungen führen, welche solche Emotionen wiederum besonders leicht übermitteln (Fredrickson 2003).

Auch kognitive «Ansteckungsprozesse» können der Entstehung von POE zu Grunde liegen. Die Energetisierung des Kollektivs entsteht dabei über bewusster ablaufende Prozesse als die obig beschriebenen: Prozesse emotionalen Vergleichs (*emotional comparison processes*; Bartel & Saavedra 2000) oder soziale Informations-Verarbeitungsprozesse (*social information processing*; Salancik & Pfeffer 1978). Im ersten Fall werden Emotionen auf weitere Personen ausgedehnt, wenn sich ein Individuum an den emotionalen Reaktionen von anderen orientiert, um daraufhin emotional so zu reagieren, wie es angemessen erscheint (Bartel & Saavedra 2000; Barsade 2002). Salancik und Pfeffer (1978) beschreiben ähnliche Prozesse auch in Bezug auf eine geteilte kognitive Einschätzung des Arbeitsumfelds: Individuen beziehen in ihre eigenen Interpretationen das mit ein, was andere denken, um zu sozial akzeptierten Auffassungen zu gelangen. Weick (1995) weist darauf hin, dass in Organisationen – durch die sozialen Interaktionen – fortlaufend Sinngebungsprozesse (*sensemaking*) stattfinden, aus denen sich geteilte Auffassungen beziehungsweise kollektives Wissen in Bezug auf die Organisation und ihr Umfeld entwickeln. Es wird davon ausgegangen, dass dieses geteilte Wissen (Kognition) die Grundlage für kollektives Handeln zur koordinierten Erreichung der kollektiven Ziele ist (zum Beispiel Klimoski & Mohammed 1994; Hutchins 1991; Gibson 2001).

Obwohl Quinn und Dutton (2005) nicht explizit den Begriff der kollektiven produktiven Energie verwenden, beschreiben diese Autoren zwischenmenschliche Interaktionen, bei welchen Energie entsteht. Sie weisen darauf hin, dass die Beteiligten bei verbalen oder schriftlichen Interaktionen ständig die Energie der einzelnen Aussagen interpretieren, wodurch sich ihr eigenes, subjektives Energieniveau fortlaufend verändert. Ist der Kommunikationsprozess für die Gesprächs- beziehungsweise Kommunikationspartner von positiver Energie geprägt, ist dies eine kollektive Erfahrung, die bewirkt, dass Koordinationsprozesse besser gelingen und die getroffene Übereinkunft mit mehr Engagement umgesetzt wird. Über die beschriebene kurzfristige kollektive Energetisierung hinaus gehen Quinn und Dutton jedoch davon aus, «that this short-lived affective experiences [will] continue having impact long after the experience has ended» und zwar einerseits auf den Einsatz, der für die Umsetzung einer getroffenen Abmachung aufgewendet wird, aber andererseits auch auf folgende Interaktionen zwischen den Beteiligten (2005: 53). Deutlich wird hier einerseits der emotionale Emergenzmechanismus, durch den positive

Emotionen im Gespräch auf mehrere Personen ausgedehnt werden, aber auch die kognitive Annäherung, wenn es zu einer Übereinkunft kommt, die danach als Handlungsgrundlage dient. Die entstandene kollektive Energie wirkt außerdem auf die zukünftigen Interaktionen.

Solch fortlaufende Energetisierungsprozesse und Interaktionszyklen können als Entstehungsstrukturen von kollektiven Konstrukten betrachtet werden, da sich daraus eine relativ stabile Eigenschaft der Organisation entwickelt (*emerging state*; Morgeson & Hofmann 1999: 252; Marks, Mathieu & Zaccaro 2001: 357). Das bedeutet, dass dieser Energiezustand eigenständig fortdauert, spätere Interaktionen beeinflusst und nicht durch eine individuelle Betrachtung erfasst werden kann. Allerdings kann dieser Energiezustand variieren, wenn sich die zu Grunde liegenden Interaktionsprozesse aufgrund interner oder externer Faktoren verändern (Marks, Mathieu & Zaccaro 2001: 357). Die Interaktionsprozesse und der Energiezustand stehen also in ständiger Wechselwirkung zueinander.

In der vorliegenden Studie wird die Energie in Organisationen mit dem kollektiven Konstrukt der POE untersucht. Im Vordergrund stehen also nicht die Energie von Individuen, sondern die Entstehung und das Wirken der kollektiven Energie innerhalb und auf Organisationen. Individuelle Energie wird nur insoweit berücksichtigt, als diese auf das kollektive Phänomen wirkt.

Von diesen Überlegungen zu unterscheiden ist die Ebene, auf der dieses kollektive Konstrukt erhoben wird. So basieren die Aussagen über die POE auf aggregierten individuellen Interviewdaten, welche die Energie auf Organisations- beziehungsweise Teamebene beschreiben (siehe Kapitel 3.3.2).

2.1.4 Drei Energiedimensionen

Der von Quinn und Dutton (2005) beschriebene Interaktionsprozess (auf welchen im vorangegangenen Kapitel eingegangen wurde) lässt erkennen, dass die POE emotionale, aber auch kognitive und handlungsbezogene Komponenten hat. Einerseits wirken die in den Aussagen und in der nonverbalen Kommunikation enthaltenen Energien aufeinander ein und führen zu einer gemeinsamen Aktivierung auf der emotionalen Ebene. Andererseits kann durch diesen Kommunikationsprozess eine kognitive Übereinstimmung beziehungsweise kognitive Mobilisierung entstehen – nämlich dann, wenn es zu einer Übereinstimmung kommt –, die den Handlungswillen und das daraus folgende Handeln der Kommunikationspartner beeinflusst. POE liegt immer dann vor, wenn die Organisationsmitglieder zugleich auf der emotionalen, der kognitiven und der handlungsbezogenen Ebene – zumindest teilweise – aktiviert sind (Bruch & Ghoshal 2003; Bruch, Vogel & Cole 2006; Bruch & Vogel 2009). Eine solche dreidimensionale Konzeption ist auch bei energieverwandten Konstrukten zum Beispiel in Bezug auf das individuelle Engagement für die Arbeitstätigkeit (Kahn 1990; May, Gilson & Harter 2004) und in der Burnout-Forschung verwendet worden (Pines & Arson 1988).

Im Energiekonstrukt von Bruch und Ghoshal (2003; Bruch & Vogel 2009) zeigt sich der Zustand produktiver Energie auf der emotionalen Ebene durch gemeinsam empfundene positive Emotionen wie Begeisterung, Freude und Inspiration, welche die Organisationsmitglieder in Bezug auf arbeitsbezogene Tätigkeiten aktiviert. Diese intensiven, positiven Emotionen sind vergleichbar mit der hohen Aktivierung, welche auch Larsen und Diener (1992) festgestellt haben. Fredrickson (2003) hat darauf hingewiesen, dass positive Emotionen Kreativität und Flexibilität bei der Suche nach neuen Lösungen fördern. Fredrickson und Branigan (2005) haben diesen Zusammenhang empirisch bestätigt.

Auf der kognitiven Ebene bedeutet die kollektive Aktivierung, dass intensiv und mit viel Ausdauer nach Lösungen und Lösungsalternativen hinsichtlich der Organisationsziele gesucht wird (Bruch & Ghoshal 2003; Bruch & Vogel 2009; so auch Lykken 2005). Das Hinterfragen des Status Quos ist dabei ein zentrales Merkmal der hohen Aktivierung, wodurch die gemeinsame Entwicklung von Innovationen und/oder neuer strategischer Ziele außerhalb der bestehenden Lösungen ermöglicht wird (Bruch & Vogel 2006). Barr, Stimpert und Huff (1992) bestätigen in Bezug auf Strategieprozesse, dass diese nur dann neu ausgerichtet werden können, wenn mentale Modelle infrage gestellt werden. Die hohe kognitive Aktivierung kennzeichnet sich gemäß Bruch und Ghoshal (2003) außerdem durch eine hohe geteilte Wachsamkeit (Zaheer & Zaheer 2001) in Bezug auf mögliche Veränderungen im Umfeld der Organisation. Weick und Roberts (1993) beschreiben Interaktionsprozesse, durch die sich eine vergleichbare kollektive, kognitive Aktivierung herausbildet, wenn die zwischenmenschlichen Interaktionen durch Achtsamkeit (*heedfulness*) geprägt sind. Dann entsteht ein geteiltes Verständnis (*collective mind*) darüber, wie ein gemeinsam angestrebtes Ziel erreicht werden kann beziehungsweise was von jedem Einzelnen – im Zusammenspiel mit den anderen Organisationsmitgliedern – dafür unternommen werden muss. Im Gegensatz zum Energiekonstrukt von Bruch und Ghoshal (2003; Bruch & Vogel 2009) vernachlässigen Weick und Roberts (1993) jedoch weitgehend die emotionale und die handlungsbezogene Aktivierungsebene der Organisationsmitglieder, obwohl auch diese maßgeblichen Einfluss auf die Fähigkeit zur Zielerreichung des Kollektivs haben.

Die handlungsbezogene Dimension der POE besteht aus kollektivem Handlungswillen und Handlungsvermögen. Obwohl letztlich die einzelnen Organisationsmitglieder tätig werden, sind die kollektiven Handlungen als die vereinten, koordinierten Anstrengungen zur Umsetzung der gesetzten, vor allem aber auch der gemeinsam entwickelten Ziele, zu verstehen (Bruch & Ghoshal 2004). Die handlungsbezogene Aktivierung des Kollektivs zeigt sich beispielsweise durch großen Leistungswillen und die Bereitschaft, sich über die Arbeitspflicht hinaus für die Zielerreichung einzusetzen (Bruch, Vogel & Cole 2006). Ähnliche Effekte beschreibt Bandura im Zusammenhang mit kollektivem agentischen Handeln (*agentic behavi-*

or), das heißt, wenn die Handelnden davon ausgehen, dass sie willentlich Einfluss auf das Umfeld nehmen beziehungsweise, dass sie beabsichtigt, vorausschauend und an ihren moralischen Maßstäben orientiert, handeln können (2001). Bandura nimmt im Gegensatz zum Energiekonstrukt von Bruch und Ghoshal (2003; Bruch & Vogel 2009) jedoch vordringlich die handlungsbezogene Ebene der individuellen und kollektiven Aktivierung ins Blickfeld.

Der maximale Zustand kollektiver, produktiver Energie liegt vor, wenn es gelingt, die Organisationsmitglieder auf allen drei Ebenen, also in Bezug auf ihre Emotionen, ihre Wahrnehmungen und Aufmerksamkeit sowie ihren Handlungswillen, gänzlich zu aktivieren. Falls die Organisationsmitglieder nur teilweise auf einer der drei Ebenen mobilisiert sind, also beispielsweise wenn die Organisationsmitglieder einer NPO zwar von der Sache begeistert sind, sie aber kein gemeinsames Verständnis über das Vorgehen zur Zielerreichung erlangen können, ist die Organisation nicht vollständig aktiviert. Oder auch wenn die Mitarbeitenden eines Betriebs zwar vom Ziel überzeugt sind, sie auch wissen, was zu tun wäre, um es zu erreichen, sie aber physisch völlig erschöpft und somit nur begrenzt leistungsfähig sind, ist die POE nicht vollständig verwirklicht. Es gibt also, je nach Ausmaß der Aktivierung auf den drei Ebenen, Zustände niedriger und hoher POE.

2.1.5 Arbeitsdefinition der POE

Die vorangegangenen Überlegungen lassen sich in Anlehnung an das Energiemodell von Bruch und Ghoshal (2003; Bruch & Vogel 2009) zu einer Arbeitsdefinition der POE zusammenfassen: Unter Produktiver Organisationaler Energie (POE) wird hier ein kollektiver – auf die gesetzten, insbesondere aber auch auf die gemeinsam entwickelten Ziele der Organisation ausgerichteter – Aktivierungszustand verstanden, der gleichzeitig von intensiven positiven Emotionen, geteilten Wahrnehmungen sowie Handlungswillen und Handlungsvermögen charakterisiert ist.

2.2 Einflussfaktor: Organisationskultur

2.2.1 Kulturverständnis

In der vorliegenden Studie wird die Wirkung der Organisationskultur – eines bisher vernachlässigten Einflussfaktors in Bezug auf die POE – vertieft untersucht. Was jedoch genau unter Organisationskultur verstanden wird, ist bei den zahlreichen Definitionen nicht ohne weiteres klar (zum Beispiel Six & Felfe 2004: 635). Häufig ungeklärt bleiben auch die Grundannahmen des Begriffs der Kultur im Kontext von Organisationen (Smircich 1983: 341).

Das hier verwendete Kulturverständnis entspricht zunächst demjenigen der Kultur als einer internen Variable, welche direkt auf andere Organisationsvariablen einwirkt (zum Beispiel auf die Performance Deal & Kennedy 1982; oder auf die Effektivität Denison & Mishra 1995; allgemein Smircich 1983). Das bedeutet, dass die Ergründung der kausalen Beziehungen zwischen der Organisationskultur und kritischen Erfolgsgrößen im Vordergrund steht. Letztlich hat diese Forschungsrichtung das Management der Organisationskultur zum Ziel. Bei einem so gefassten Kulturbegriff wird die Existenz einer objektiven Wirklichkeit vorausgesetzt und die Kulturdiagnose kann aus einer Außensicht (*etic perspective;* Fetterman 1989: 32) ermittelt werden, da die jeweiligen (internen oder gesellschaftlichen) kulturellen Werte an den Verhaltensmustern der Organisationsmitglieder zu erkennen sind. Abgegrenzt werden kann der hier verwendete Kulturbegriff deshalb von einem Verständnis, in dem Kultur als externe Variable, zum Beispiel als (nationaler) kultureller Hintergrundfaktor (zum Beispiel Hofstede et al. 1990) verstanden wird.

Wenn Kultur nur als interne Variable betrachtet wird, werden damit wesentliche Bestandteile – das heißt die subjektive, kognitive Seite – jeder Kultur ausgeblendet. Stehen beispielsweise das gemeinsame kulturelle Wissen (Goodenough 1981) oder geteilte Bedeutungssysteme und Symbole (Geertz 1973; Pettigrew 1979) im Vordergrund, dann bezeichnet Smircich (1983) das Kulturverständnis als Wurzel-Metapher für Organisationen. Aus dieser Perspektive hat die Organisation nicht eine Kultur, sondern sie *ist* eine Kultur. Die Wurzel-Metapher lässt sich dabei so verstehen, dass damit all das gemeint ist, was unter der Oberfläche, in den subjektiven Wahrnehmungen und Bedeutungen der Organisationsmitglieder, liegt. In der Kultur kommen daher bestimmte Aspekte menschlichen Bewusstseins zum Ausdruck. Mit einem solchen Kulturverständnis geht es bei der Kulturforschung darum, die zu Grunde liegenden subjektiven Interpretationen zu ergründen. Die Idee einer einzigen, objektiven Wirklichkeit wird damit aufgegeben (Fetterman 1989: 27), denn die individuellen Wahrnehmungen stellen subjektive Realitäten dar. Daraus resultiert ein besonderes Interesse für das Wissen der Insider (*emic perspective;* Fetterman 1989: 30), das heißt, wie die Mitglieder der Organisation die Welt und ihre Erfahrungen deuten und wie ihre Interpretationen zu bestimmten Handlungsweisen führen (Smircich 1983: 350).

Obwohl hier von Kultur als einer organisationsinternen Variable ausgegangen wird, soll dieses Kulturverständnis durch die Berücksichtigung der subjektiven Bedeutungen für die Organisationsmitglieder ergänzt werden. So wie Lewis und Grimes (1999) vorschlagen, soll dabei das kreative Potenzial der zwei gleichwertigen, aber limitierten Kulturbegriffe für ein vertieftes, ganzheitlicheres Verständnis dieses organisationalen Phänomens genützt werden. Die verschiedenen Sichtweisen – die auch unterschiedliche paradigmatische Hintergründe haben (Smircich 1983) – sollen jedoch nicht in einer noch abstrakteren Synthese vereint werden, sondern sie sollen dazu dienen, paradigmatische Unterschiede, Gemeinsamkeiten und die sie verbindenden Beziehungen innerhalb der «interpretativ-funktionalistischen Transitionszone» zu ergründen (Gioia & Pitre 1990: 592).

Dies bedeutet für die vorliegende Studie, dass die Organisationskultur als organisationsinterne Variable mit dem Dreiebenenmodell von Schein (1992) erfasst wird (siehe dazu das folgende Kapitel). Um darüber hinaus auch die subjektiven Aspekte der Organisationskultur zu erfassen, werden die Kulturen der zwei untersuchten NPOs außerdem unter der Differenzierungs- beziehungsweise der Fragmentierungssicht gemäß Martin (1992) betrachtet (siehe dazu Kapitel 2.2.1.2).

2.2.1.1 Dreiebenenmodell nach Schein (1992)

Als Kern von Organisationskulturen werden allgemein geteilte Grundwerte (zum Beispiel Deal & Kennedy 1982; O'Reilly, Chatman & Caldwell 1991; Chatman & Eunyoung Cha 2003) oder auch tief verinnerlichte Grundannahmen (Schein 1992) verstanden, die sich in Symbolen, Geschichten, Ritualen, Handlungsmustern und Routinen etc. des organisationalen Alltags manifestieren. Klarer als andere bringt Schein (1992) die einzelnen Kulturausprägungen in einen Modellrahmen (siehe Abbildung 2-1), welcher trotz allem offen für eine unvoreingenommene Annäherung an die untersuchten Kulturen ist.

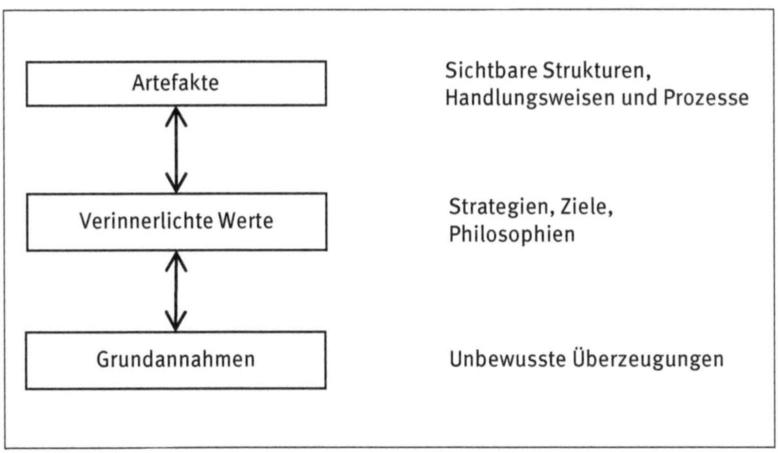

Abb. 2-1: Organisationskultur Dreiebenenmodell (Quelle: eigene Darstellung angelehnt an Schein 1992: 17)

Schein siedelt die kulturellen Merkmale einer Organisation auf drei Ebenen an: Die Ebene der Artefakte umfasst leicht sichtbare organisationale Prozesse, Verhaltensweisen der Organisationsmitglieder, Strukturen, Symbole, aber auch die physischen Eigenheiten der Organisation. Trotzdem sind die Elemente dieser Ebene schwer zu deuten und ohne zusätzliche Hinweise nicht zu entziffern, da sie mehrdeutig und nicht von zufälligen Phänomenen zu unterscheiden sind, die in keinem direkten Zusammenhang mit der Kultur der Organisation stehen.

Auf der zweiten Ebene des Dreiebenenmodells werden gemeinsame Werte und Annahmen verortet, die sich in der Vergangenheit für die Organisation bewährt haben. Die Organisationsmitglieder sind sich dieser Werte bewusst, sie zeigen sich beispielsweise in Strategien, Organisationszielen, aber auch in offiziell verkündeten Leitbildern oder der Philosophie der Organisation. Da die kulturellen Elemente dieser Ebene widersprüchlich zueinander sein können oder Differenzen zwischen verkündeten und gelebten Werten möglich sind, muss bei einer Kulturanalyse auch die tiefste Ebene der Grundannahmen berücksichtigt werden (Schein 1992: 21).

Die dritte Ebene jeder Organisationskultur bilden die gemeinsamen Grundannahmen. Diesen Kern der Organisationskultur umschreibt Schein als:

> «(...) ein Muster gemeinsamer Grundprämissen, das die Gruppe bei der Bewältigung ihrer Probleme, externer Anpassung und interner Integration erlernt hat, das sich bewährt hat und somit als bindend gilt und das daher an neue Mitglieder als rational und emotional korrekter Ansatz für den Umgang mit diesen Problemen weitergegeben wird.» (Schein 1995: 25)

Diese Grundannahmen haben sich so oft bewährt, dass sie tief in der Organisation verankert und den Organisationsmitgliedern nicht mehr bewusst sind. Im Gegensatz zu Werten auf der zweiten Ebene werden sie nicht mehr diskutiert, sondern unhinterfragt als Realität akzeptiert. Die Grundannahmen jeder Kultur umfassen thematisch, so Schein (1992), die essentiellen Probleme jeder Gruppe. Auf der einen Seite sind dies Grundprobleme in Bezug auf das Überleben der Gruppe in ihrer Umwelt (externe Anpassung) und auf der anderen Seite bezüglich ihrer internen Ordnung (interne Integrationsprozesse) (Schein 1992: 51 ff.). Sie umfassen Annahmen über Zeit, Raum, Wahrheit, Natur des Menschen, menschliche Beziehungen, Wichtigkeit von Familie, Arbeit, Selbstverwirklichung und Geschlechterrollen (siehe dazu Kapitel 2.2.6).

Gemäß Schein (1992) stimmen die Organisationsmitglieder in Bezug auf die Grundannahmen überein, denn andere Grundannahmen würden das menschliche Bedürfnis nach Sicherheit gefährden und werden darum vermieden. Dies ist als menschlicher Abwehrmechanismus zu verstehen, um Stabilität zu schaffen. Der Stabilität und Sicherheit schenkende Charakter der Organisationskultur ergibt sich für die Organisationsmitglieder auch daraus, dass die kulturellen Ausprägungen einer Organisation relativ konstant über die Zeit sind (vgl. zum Beispiel Schwartz & Davis 1981: 33; Trice & Beyer 1993: 18). Veränderungen der Organisationskultur sind möglich, sind aber langsame soziale Anpassungs- beziehungsweise Lernprozesse (Schein 1992: 5). Führungspersonen spielen in diesem Zusammenhang eine wichtige Rolle, denn nicht nur im Entstehungsprozess der Organisation werden organisationale Werte vom Gründer geprägt. Ganz allgemein können Führungspersonen durch die Vermittlung ihrer Werte, Ziele und Grundannahmen sowie ihrem eigenen Verhalten die Organisationskultur zumindest teilweise beeinflussen (Schein 1992).

2.2.1.2 Drei Perspektiven auf die Organisationskultur nach Martin (1992)

Was das Dreiebenenmodell von Schein (1992) weitgehend ausschließt, ist die Organisationskultur aus der Sicht der Organisationsmitglieder, insbesondere auch die unterschiedlichen, teilweise sogar widersprüchlichen Bedeutungen, die diese den einzelnen Ereignissen, Grundannahmen oder auch Symbolen beimessen. Während Scheins Modell auf übereinstimmenden Grundannahmen und Werten beruht, die eine organisationsweite, einheitliche Organisationskultur bilden, weisen Martin und Meyerson darauf hin, dass durch die von Konsens geprägte Konzeption der Kultur (Integrationssicht) zentrale Ausschnitte der Organisationskultur aus der Betrachtung ausgeschlossen werden (Martin 1992: 174; Meyerson 1991: 260). Wenn die Organisationsmitglieder in einer Abteilung beispielsweise die Grundannahmen anders interpretieren, sich dort also eine so genannte Subkultur herausgebildet hat, können damit Verhaltensweisen verbunden sein, die widersprüchlich in Bezug zur Organisationskultur in den anderen Abteilungen sind. Schein schließt zwar nicht aus, dass es auf der Ebene der Verhaltensweisen und Artefakte zu Widersprüchen kommen kann, allerdings vertritt er die Ansicht, dass diese immer vor dem Hintergrund der zu Grunde liegenden Annahmen geklärt und aufgelöst werden können.

Um die subjektiven Bedeutungen innerhalb der Organisationskultur zu untersuchen, schlägt Martin (1992) deshalb vor, die Integrationssicht durch die Differenzierungs- sowie die Fragmentierungssicht zu ergänzen. Dazu wird die vorher beschriebene Innensicht (*emic view*) eingenommen, so dass die verschiedenen Bedeutungen für die Organisationsmitglieder innerhalb der Organisation aufgedeckt werden können. Bei der Differenzierungssicht wird gewöhnlich kein kultureller Konsens auf der organisationsweiten Ebene festgestellt, sondern nur innerhalb kleinerer Gruppen, seien das Abteilungen oder auch Minderheiten. Es bilden sich Subkulturen, die im Konflikt zueinander stehen können, weil sie die kulturellen Ausprägungen im Organisationsalltag gegensätzlich interpretieren (so auch Sackmann 1992). Anhand der Differenzierungssicht tritt somit das Ausmaß des kulturellen Konsenses innerhalb der gesamten Organisation klarer zu Tage.

Was aber weder von der Integrations- noch der Differenzierungssicht berücksichtigt wird, sind Vieldeutigkeiten und Unklarheiten der Organisationskultur. Gerade darauf fokussiert die Fragmentierungssicht. Gemäß Martin (1992) gibt es für gewisse kulturelle Aspekte im organisationalen Alltag keinen Konsens, weder auf der organisationsweiten Ebene noch in Subkulturen. In dieser Perspektive spiegelt sich die Komplexität und die Unbeständigkeit der sozialen Wirklichkeit im größeren gesellschaftlichen Umfeld wider. Daraus entstehen Unklarheiten, in welche die Interpretationen der Organisationsmitglieder eingebettet sind (vgl. Martin 1992: 130 ff.). Insbesondere die Fragmentierungssicht zeigt die Grenzen der *steuerbaren, kontrollierbaren* Organisationskultur auf, da sie eine alleingültige Interpretationswahrheit verneint und verschiedene Stimmen, hinter denen auch verschiedene Interessen stehen können, zulässt (Meyerson 1991: 260). Diese Perspektive ermöglicht es deshalb, die Gültigkeitsgrenzen der gegenstandsbezogenen Kausalbeziehungen zwischen der Organisationskultur und beispielsweise der POE darzustellen.

2.2.2 Konstruktebene und Analyseebenen

Im hier zu Grunde liegenden Kulturverständnis wird von einem kollektiven Konstrukt ausgegangen, da sich spezifische Grundannahmen, Werte und Handlungsmuster aus den Interaktionen der Organisationsmitglieder herausbilden – möglicherweise stark geprägt durch den Einfluss einzelner Organisationsmitglieder. Obwohl die Organisationen selber – wie von Stackman, Pinder und Conner (2000) richtigerweise bemerkt – keine eigenen Werte haben, sind diese geteilten Grundannahmen und Werte der Organisationsmitglieder doch eng mit der Organisationsgeschichte sowie den jeweiligen Organisationszielen verbunden. Denn gemäß Schein (1992) entsteht die Organisationskultur aus erfolgreichen Verhaltensstrategien der Organisationsmitglieder für die verschiedenartigen Probleme im Organisationsalltag. Die tief verankerten Grundannahmen des Kollektivs, welche aus diesen gemeinsamen Erfahrungen entstehen, bestimmen so die als «richtig» erachteten Handlungsweisen in dieser Organisation. Zum Ausdruck kommt das kollektive Phänomen auf verschiedenen Ebenen, sei dies auf der Ebene der Artefakte, der geteilten Überzeugungen oder der in einem Leitbild beinhalteten Werte.

Unabhängig davon können die zentralen Elemente jeder Kultur – wie zum Beispiel die Grundannahmen und Werte – auf unterschiedlichen Ebenen, insbesondere auf der individuellen, der organisationalen oder auch auf der gesellschaftlichen Ebene, betrachtet werden (zum Beispiel Chao 2000; Lytle et al. 1995). Chao (2000) weist darauf hin, dass unterschiedliche Analyseebenen bei der Untersuchung von Kulturen beziehungsweise von Werten unterschiedliche Ergebnisse hervorbringen und somit für unterschiedliche Fragestellungen geeignet sind. Wenn eine Organisationskultur als Kontextfaktor oder im Hinblick auf ihre Treiberwirkung auf individuelles oder kollektives Handeln untersucht wird, ist die Betrachtung auf der kollektiven Ebene sinnvoll, da dann beispielsweise die mit der Organisationskultur verbundenen Mechanismen der soziale Kontrolle erfasst werden können. Werden Werte dagegen auf der individuellen Ebene untersucht, können damit Bedeutungsvariationen innerhalb der jeweiligen Kultur aufgedeckt (Chao 2000: 319) oder Zusammenhänge auf der individuellen Ebene, zum Beispiel der Zusammenhang zwischen persönlichen Werten und der Entscheidung, warum gearbeitet wird oder warum ein bestimmter Beruf gewählt wird (Stackman, Pinder & Conner 2000: 51), analysiert werden (auch Earley 1993).

Bei der vorliegenden Untersuchung der Organisationskultur steht im Vordergrund, wie die geteilten Überzeugungen die Verhaltensweisen der Organisationsmitglieder im Organisationsalltag beeinflussen. Dies bedeutet, dass die kollektive Analyseebene sinnvoll ist. Dennoch ist es nötig, auch die individuelle Ebene zu untersuchen beziehungsweise die Daten auf der individuellen Ebene zu erheben (siehe Kapitel 3.3.2). Denn nur durch die Analyse der individuellen, subjektiven Bedeutungen der Ereignisse für die Organisationsmitglieder kann die Übereinstimmung der Grundannahmen und Werte (beziehungsweise die Bedeutungsunterschiede) ermittelt werden, die dann Aussagen über die Organisationskultur und gegebenenfalls auch über ihre Subkulturen, zulassen.

2.2.3 Organisationskultur – Organisationsklima

Organisationskultur und Organisationsklima werden hier als gleichbedeutende Begriffe verwendet. Dies, obwohl das Organisationsklima jahrzehntelang parallel und unabhängig von der Kulturforschung in Organisationen untersucht wurde. Organisationsklima wird teilweise als individuelle (zum Beispiel Jackofsky & Slocum 1988), meistens jedoch als kollektive Wahrnehmung (zum Beispiel Joyce & Slocum 1984; Ashforth 1985; Malloy & Agarwal 2001) des Arbeitsumfelds oder der Organisation verstanden. Trennend zwischen den beiden Forschungsströmungen standen lange hauptsächlich paradigmatische Differenzen, da viele Forscherinnen mit der Organisationskultur die subjektive Seite des organisationalen Lebens qualitativ untersuchen und dadurch mit dem vorherrschenden positivistischen Forschungsverständnis brechen wollten (Meyerson 1991). Dagegen war die Erforschung des Organisationsklimas seit den Experimenten mit künstlich erzeugten sozialen Klimata (Lewin, Lippitt & White 1939) von Anfang an von quantitativen Herangehensweisen und einer Außenperspektive der Forscherin (*etic view*) geprägt (Denison 1996).

Erst seit den 1990er Jahren wurden vermehrt auch die konzeptionellen und methodischen Gemeinsamkeiten in den beiden Forschungsströmungen herausgearbeitet (Schneider 1990). Denison (1996) weist insbesondere darauf hin, dass sowohl die Organisationskultur als auch das Organisationsklima durch menschliche Interaktionsprozesse entstehen und gleichzeitig als Kontextfaktor prägenden Einfluss auf das individuelle Handeln in Organisationen ausüben. Diese Wechselwirkung versuchen beide Forschungsrichtungen zu erfassen. Ebenso führt er an, dass in Bezug auf die Organisationskultur wie auf das Organisationsklima angestrebt wird, die zu Grunde liegenden Dimensionen von den oberflächlichen Manifestationen zu unterscheiden. Weiter stellt er fest, dass in beiden Forschungsströmungen von einem ganzheitlichen, nahezu allumfassenden Phänomen ausgegangen wird, welches je nach Forscherin mit verschiedenen Inhalten gefüllt wird. Diese umfassen, zumindest teilweise, vergleichbare Kultur- beziehungsweise Klimadimensionen (siehe dazu Übersicht Denison 1996: 631). Schließlich verweist Denison (1996) auf mehrere Studien, die einerseits Organisationsklima mit qualitativen, andererseits Organisationskulturen mit quantitativen Methoden untersucht haben und die so die methodischen Unterschiede zwischen den Konstrukten aufweichen.

Organisationskultur und Organisationsklima befassen sich also beide mit «the internal social psychological environment as a holistic, collectively defined social context» (Denison 1996: 627). Die beiden Konstrukte stellen daher zwei sich ergänzende Perspektiven desselben Phänomens dar (Denison 1996; Schneider 2000; Ashkanasy, Wilderom & Peterson 2000: 7; anderer Meinung Glisson & James 2002; Schein 2000). Die eine legt das Schwergewicht auf den Entstehungs- und Entwicklungsprozess dieses sozialen Kontexts und ist eher mit der traditionellen Kulturforschung verbunden. Die andere fokussiert auf die Wirkung dieser geteilten Wahrnehmungen auf das Handeln, Fühlen und Denken – diese Perspektive ist stärker mit der bisherigen Erforschung des Organisationsklimas verbunden (Denison 1996: 644).

In dieser explorativen Studie werden mehrere Forschungsfragen bearbeitet, welche beide Perspektiven benötigen. Einerseits geht es darum, die Organisationskulturen in zwei NPOs zu erkunden und ein vertieftes Verständnis über die jeweiligen kulturellen Eigenheiten zu entwickeln. Die Grundannahmen, die mit der Geschichte der entsprechenden Organisation verknüpft sind, ermöglichen es, die Organisationskultur als Ganzes beziehungsweise als kollektives Bedeutungssystem zu verstehen. Andererseits steht die Frage nach der Wirkung verschiedener Wertdimensionen auf die POE im Zentrum. Ziel ist hier die Entwicklung abstrakter Theorieelemente, die künftig generalisiert und überprüft werden können.

Zusammenfassend kann gesagt werden, dass Organisationskultur und Organisationsklima in dieser Studie als zwei Perspektiven auf den sozialen Kontext in Organisationen verstanden werden: Einerseits der Blickwinkel auf die Entstehung, andererseits die Wirkung der Organisationskulturen auf das individuelle beziehungsweise kollektive Handeln. Die Begriffe Organisationskultur und Organisationsklima könnten daher gleichbedeutend für diesen kollektiven, sozialen Organisationskontext gebraucht werden. Da das Konstrukt der Organisationskultur heute in der betriebswirtschaftlichen Organisationsforschung dominiert (Denison 1996: 646), wird im Folgenden nur der Begriff der Organisationskultur verwendet.

2.2.4 Arbeitsdefinition der Organisationskultur

Die hier verwendete Kulturdefinition umfasst die kollektiv geteilten Grundannahmen, welche in der Organisation aus erfolgreichen Interaktionsmustern hervorgegangen sind. Die Organisationskultur kommt auf verschiedenen Ebenen in übereinstimmenden Grundannahmen, Werten, Normen, Organisationszielen und der Philosophie der Organisation, aber auch durch die Verhaltensweisen, Strukturen, Routinen, Symbole, Rituale etc. zum Ausdruck. Die Organisationskultur wirkt auf das individuelle und kollektive Handeln der Organisationsmitglieder ein.

Die Kulturdefinition beruht also auf einem Verständnis der Kultur als organisationsinterne Variable, deren kausale Wirkung auf eine andere Organisationsgröße, die POE, untersucht wird. Dennoch werden auch die kognitiven Aspekte der Organisationskultur, insbesondere die geteilten Bedeutungen und die Interpretationen der Insider, also der Organisationsmitglieder, in diese (multiparadigmatische) Analyse einbezogen. Durch diese «paradigmatische Klammer» (Lewis & Grimes 1999: 673) soll einerseits der Theoriebildungsprozess bereichert, andererseits sollen so die Grenzen der emergierenden Kausalbeziehungen aufgezeigt werden.

2.2.5 Vorverständnis über die Wirkungsmechanismen der Organisationskultur auf die POE

2.2.5.1 Sinngebungsprozesse

Ein möglicher Wirkungszusammenhang zwischen der Organisationskultur und der POE besteht über Sinngebungsprozesse und über die Vermittlung von emotionalen Bedeutungen. Die Interpretation von kulturellen Ausdrucksformen in einer Organisation wird als Sinnermittlung (*sense making*) bezeichnet (Trice & Beyer 1993: 80). Diese Suche nach der Bedeutung von Symbolen und Ereignissen findet auf zwei Ebenen statt: Auf der individuellen Ebene entspringt die Sinnermittlung dem menschlichen Bedürfnis die Welt zu verstehen, um daraus Erwartungen über die Zukunft zu bilden und Unsicherheiten zu verringern. Die Organisationskultur unterstützt diese Sinnermittlung, indem die von der Gruppe geteilten Grundannahmen die Bandbreite akzeptierter Auslegungen des Organisationsgeschehens abstecken (Trice & Beyer 1993). Beispielsweise wird durch die Grundannahmen über die Zeit bestimmt, wie viel Verspätung noch als pünktlich betrachtet wird und was für Konsequenzen mit einer Überschreitung dieses Grenzwertes verbunden sind. In diesem Zusammenhang haben Symbole und symbolisches Handeln, also kulturelle Artefakte, eine große Bedeutung, da sie immer eine Vielzahl an Deutungsmöglichkeiten beinhalten. Das bedeutet, dass mit einem Symbol auf viele Ideen und Assoziationen hingewiesen werden kann. Gerade dadurch können somit komplexe Phänomene und Werte der Organisation auf einfache Weise zum Ausdruck gebracht werden (Pfeffer 1981). Auch die Komplexität der Umwelt kann damit leichter gedeutet werden (Beyer 2003: 107). Aus den kollektiven Sinngebungsprozessen können also kulturell bedingte Verhaltensmuster entstehen, die gewisse Unsicherheiten zumindest teilweise reduzieren, indem sie implizite Handlungsanweisungen – auch in unvorhergesehenen Situationen – geben (Beyeler 2003: 124).

Auf der kollektiven Ebene findet Sinnermittlung vorwiegend in Gesprächen statt, in denen routinisierten Alltagssituationen und kulturellen Ausdrucksformen Bedeutungen zugewiesen werden. Ein gemeinsamer Hintergrund und geteilte Erfahrungen spielen bei der Interpretation dieser Situationen eine große Rolle. Die gemeinsamen Grundannahmen könnten auf der kollektiven Ebene so wirksam werden, dass ein Interpretationsrahmen entsteht, welcher definiert, was beispielsweise als wichtig gilt oder was zu erwarten ist. Amburgey und Miner argumentieren in

Bezug auf träge Energie beziehungsweise Momentum, dass solche Interpretationsrahmen oder Ideologien die Wahrnehmung der Umwelt eingrenzen und dass dadurch in der Folge auch die in Erwägung gezogenen Handlungsoptionen eingeschränkt werden (1992: 336). Die Organisationskultur könnte die POE also auf der kognitiven Ebene über geteilte Interpretationsrahmen beeinflussen. Denkbar wäre dabei, dass geteilte Einschätzungen entweder zur kreativen Lösungssuche anregen und damit die POE fördern, aber umgekehrt auch, dass dadurch Alternativen außerhalb der bisherigen Muster verunmöglicht werden und somit die Aktivierung der Organisationsmitglieder eingeschränkt wird. In ähnlicher Weise könnten die kulturellen Verhaltensmuster die POE auf der handlungsbezogenen Ebene durch implizierte Handlungsmuster positiv oder negativ beeinflussen.

Ein anderer Aspekt der Wirkungskraft von Symbolen und symbolischem Handeln auf die POE könnte die von einigen Autoren erwähnte starke emotionale Aktivierungskomponente sein (Ashforth & Humphrey 1995). Auch Pettigrew (1979) hebt hervor, dass durch Symbole Emotionen geschaffen werden können, in denen ein großes Potenzial zu aktivem Handeln liegt. Dies sei insbesondere dann der Fall, wenn das Bewusstsein für soziale Missstände aktiviert werde (Pettigrew 1979: 575). Durch die symbolischen Komponenten des Sinngebungsprozesses könnte die POE also möglicherweise auch auf der emotionalen Ebene aktiviert werden. Dagegen argumentiert beispielsweise Beyeler, dass kollektive Gefühle, welche durch Rituale hervorgerufen wurden, die individuellen und die kollektiven Emotionen auch dämpfen können, da im Ritual auf bestimmte vorgegebene Verhaltensweisen zurückgegriffen wird (2003: 124). Dies könnte darauf verweisen, dass kulturelle Symbole oder symbolisches Handeln die emotionale Aktivierung – und somit die POE der Organisationsmitglieder – positiv wie auch negativ beeinflussen können.

2.2.5.2 Soziale Kontrolle und «starke» Kulturen

Die POE wird vermutlich auch über den Wirkungsmechanismus der sozialen Kontrolle geprägt. Letztere wird als Effekt der Organisationskultur beschrieben: Die geteilten Werte und Grundannahmen äussern sich in zahlreichen kulturell bedeutungsvollen Praktiken, aus denen sich unter anderem auch bestimmte Verhaltenserwartungen herausbilden. Damit wird in der Organisationskultur ein Normensystem aufgebaut, welches klar ausdrückt, was für ein Verhalten in unterschiedlichen Situationen angemessen oder inakzeptabel ist. Schwartz und Davis weisen in ihrer Kulturdefinition auf diese Dimension der Organisationskultur hin. «Die Grundannahmen und Erwartungen schaffen mächtige Normen, die das Verhalten Einzelner oder von Gruppen prägen» (1981: 35). Um in der Gruppe akzeptiert zu werden, versuchen die Organisationsmitglieder im Allgemeinen, diesen Normen zu entsprechen. Organisationskultur ist damit auch ein System sozialer Kontrolle, denn abweichendes Verhalten wird von allen anderen Organisationsmitgliedern wahrgenommen und auch bestraft (O'Reilly & Chatman 1996; Deal & Kennedy 1982;

O'Reilly 1989; Trice & Beyer 1993). In ebendiesem Zusammenhang sind auch die Überlegungen von Ouchi und Prices (1978) zum Sozialisierungsprozess in Clans zu sehen: Sie argumentieren, dass diese Prozesse in Organisationen, welche weder dem Staat noch der Privatwirtschaften zuzuordnen sind, also zum Beispiel in NPOs, besonders übereinstimmende Verhaltenserwartungen und damit sehr wirkungsvolle (soziale) Kontrollsysteme erzeugen.

Wie stark die Normen das Verhalten der Organisationsmitglieder beeinflussen, hängt gemäß O'Reilly (1989) einerseits davon ab, welche Wichtigkeit und Bedeutung konformem oder abweichendem Verhalten in einer konkreten Situation beigemessen wird, und anderseits, inwieweit über die eigentliche Norm ein kollektiver Konsens besteht. Diese beiden Dimensionen werden im ersten Fall als Intensität, im zweiten Fall als Konsens mit der Norm bezeichnet (O'Reilly 1989: 13). Wenn normenkonformem Handeln eine große Bedeutung zukommt und diese Norm von den meisten Organisationsmitgliedern geteilt wird, besteht eine starke Organisationskultur, die dem Verhalten der Organisationsmitglieder eine klare Richtung geben kann. Chatman und Eunyoung Cha gehen davon aus, dass starke Kulturen die Organisationsmitglieder besonders intensiv zum Handeln aktivieren (2003: 21) und so die POE auf der handlungsbezogenen Ebene fördern. Allerdings könnten gerade auch starke Organisationskulturen, die sich aus einer langen Erfolgsperiode der Organisation herausgebildet haben, die Wandlungsfähigkeit der Organisation schwächen. Die POE würde behindert, wenn in der bisherigen Organisationskultur neue Handlungsweisen undenkbar wären (Schein 1992: 321 f.).

Der Wirkungsmechanismus der sozialen Kontrolle könnte sich möglicherweise nicht nur auf die Aktivierung der Organisationsmitglieder auf der handlungsbezogenen Ebene beziehen, sondern auch auf die Mobilisierung emotionaler Energien. So geht zum Beispiel aus Suttons (1991) Studie in einer Inkassofirma hervor, dass sich organisationale Normen auch auf das emotionale Verhalten der Organisationsmitglieder beziehen können (so auch Hochschild 1983). Ashforth und Humphrey vermuten, dass es in jeder Organisation «Gefühlsnormen» gibt, die einerseits vorgeben, welche Emotionen gezeigt werden dürfen, und andererseits bestimmen, in welcher Intensität und Dauer dies erwünscht ist (1995: 107). Wenn in jeder Organisationskultur Gefühlsnormen beinhaltet wären, könnten diese die POE entsprechend fördern oder auch maßgeblich behindern. Denn für die Aktivierung auf der emotionalen Ebene müssen positive Emotionen möglich sein.

Die Beschreibung der Prozesse sozialer Kontrolle zeigt, dass die POE dadurch möglicherweise maßgeblich beeinflusst werden könnte. Offensichtlich wird jedoch auch, dass die Wirkungen, wahrscheinlich je nach Grundannahmen, Werten und Normen, entweder positiv oder negativ die POE und die Zielerreichung beeinflussen können.

2.2.6 Vorverständnis über kulturelle Treiber der POE

Für die Erkundung der unterschiedlichen kulturellen Ausprägungen und deren mögliche förderlichen oder hinderlichen Auswirkungen auf die POE sind die von Schein (1992) und anderen Autoren beschriebenen Themenbereiche, zu denen in jeder Organisation Grundannahmen gebildet werden, der Ausgangspunkt (zum Beispiel auch Kluckhohn & Strodtbeck 1961; Reynolds 1986; Dyer 1985). Die thematischen Eingrenzungen Scheins wurden bei der Kulturdiagnose, wie von ihm empfohlen als «Checkliste» beziehungsweise Richtschnur verwendet (1992: 143), ermöglichten aber auch, weitgehend unvoreingenommen für die konkreten inhaltlichen Ausprägungen in die Organisationskulturen einzutauchen. Diese Offenheit war insbesondere deshalb angemessen, weil es über die Kultur von NPOs, aber auch über die Wirkung bestimmter kultureller Dimensionen auf die POE bislang wenig gesicherte Erkenntnisse gibt (siehe Kapitel 1.2 und 2.3.2).

2.2.6.1 Grundannahmen über die Beziehung zur Umwelt

Zentrale Grundannahmen werden in jeder Organisation in Bezug auf die Beziehung zwischen der Organisation und ihrer Umwelt gebildet. Dies betrifft zunächst einmal die geteilten Annahmen darüber, ob die Organisation die Umwelt dominieren und kontrollieren kann, oder aber, ob die Umwelt die Organisation beherrscht und ob eine harmonische Beziehung zwischen der Organisation und der Umwelt möglich ist (Kluckhohn & Strodbeck 1961; Dyer 1986; Hofstede et al. 1990). Außerdem werden Grundannahmen darüber gebildet, welche Mission die Organisation verfolgt, welche Strategien sie dafür einsetzt und welche konkreten Ziele erreicht werden sollen. Diese Grundannahmen machen die «Identität», also die überdauernden, charakteristischen Grundzüge der Organisation aus (Albert & Whetten 1985) und definieren gleichzeitig die Vorstellungen, wie und mit welchen Mitteln das Überleben der Organisation im jeweiligen Umfeld gesichert werden soll (Schein 1992: 52). Meist sind diese Grundannahmen stark von Führungskräften, insbesondere auch von den Gründern der Organisationen, geprägt (Schein 1992: 52 ff.).

Denison und Mishra (1995) leiten aus ihrer qualitativen Untersuchung ab, dass die Mission einer Organisation dazu beiträgt, Ziel und Zweck dieser Organisation auszudrücken und die erforderliche Handlungsrichtung aufzuzeigen. Sie weisen daraufhin einen positiven Zusammenhang zwischen dieser Kulturdimension und der Effektivität (*effectiveness*) der Unternehmen nach. Analog dazu könnte vermutet werden, dass Grundannahmen, welche den langfristigen Visionen zu Grunde liegen und welche deren Bedeutung aufzeigen, die kognitiven und die handlungsbezogenen Dimensionen der POE aktivieren und dass so das produktive Energieniveau gesteigert werden kann.

Grundannahmen und die damit verbundenen Werte, welche die Anpassungs- beziehungsweise Wandlungsfähigkeit der Organisation beeinflussen, stehen vermutlich in einem sehr engen positiven Zusammenhang mit der POE, denn der Zustand produktiver Energie zeichnet sich durch eine hohe Wandlungsfähigkeit aus (zum Beispiel Bruch & Ghoshal 2003). Eine von Stabilität geprägte Organisationskultur, welche Jaskyte (2004) in NPOs feststellte, könnte dagegen abträglich für die POE sein, denn diese kulturelle Ausprägung wirkte sich negativ auf die Innovationsfähigkeit und die damit verbundene Wandlungsfähigkeit der untersuchten Organisationen aus.

2.2.6.2 Grundannahmen über die interne Integration

Grundannahmen jeder Organisation betreffen deren interne Integration, das heißt die zwischenmenschlichen Beziehungen und das Zusammenspiel der Organisationsmitglieder innerhalb der Organisation. Zentral ist hierfür eine gemeinsame Sprache, aber noch mehr ein geteiltes Verständnis über die Bedeutungen von Begriffen, Konzepten, Geschehnissen (Schein 1992). Es entwickeln sich außerdem Annahmen über die Art der Beziehungen zwischen den Organisationsmitgliedern. Sie umfassen unter anderem die Vorstellungen zu Hierarchie, Machtverteilung, Geschlechterrollen oder beeinflussen, ob sich die Organisationsmitglieder als unterstützende Arbeitskollegen oder als Konkurrenten sehen (Schein 1992; Reynolds 1986; Dyer 1985). Auch den Vorstellungen, wie die besten Leistungen erzielt werden können, ob von einem Individuum oder durch ein Team, liegen Grundannahmen über die zwischenmenschlichen Beziehungen zu Grunde (Detert, Schroeder & Mauriel 2000). Damit verbunden sind außerdem die geteilten Annahmen, welche Leistungen – ob vom Einzelnen oder eines Teams – in welcher Form angemessen honoriert werden können (Schein 1992).

Teil der internen Integration sind auch Annahmen darüber, wie zentralisiert Entscheidungen getroffen werden (Reynolds 1986). Denison und Mishra (1995) haben festgestellt, dass sich partizipative Entscheidungsprozesse positiv auf die Effektivität auswirken. Dies begründen sie damit, dass sich die Organisationsmitglieder durch ihr Mitwirken stärker den Zielen und der Organisation verpflichtet fühlen. Es könnte vermutet werden, dass ein ähnlicher Zusammenhang auch in Bezug auf die POE wirksam wird, wenn durch eine partizipative Organisationskultur der Handlungswille der Organisationsmitglieder zur Erreichung der Organisationsziele gestärkt wird.

Ein anderer möglicher Zusammenhang im Bereich der Grundannahmen über die interne Integration könnte aus Jaskytes (2004) Resultat geschlossen werden: Ihre Untersuchung ergab, dass sich eine stark auf Teamarbeit und Mitarbeiterorientierung ausgerichtete Organisationskultur negativ auf die Innovationsfähigkeit von NPOs auswirkte. Gleichermaßen könnte vermutet werden, dass es zwar ein Zusammengehörigkeitsgefühl für die Entstehung von POE braucht (Bruch & Vogel 2006), dass aber eine Organisationskultur mit ausgeprägter Teamorientierung, in welcher abweichende Meinungen nur begrenzt zum Ausdruck gebracht werden, die Organisationsmitglieder nur mangelhaft aktiviert und somit die POE sinkt.

2.2.6.3 Grundannahmen über Wirklichkeit, Wahrheit, Zeit und Raum

Die Grundannahmen über Wirklichkeit, Wahrheit, Zeit und Raum vertiefen einzelne Aspekte der zuvor dargestellten Themenbereiche. Annahmen über die Wahrheit umfassen zum Beispiel die Fragen, ob eine Entscheidung auf wissenschaftlichen Erkenntnissen, auf der Meinung des Verantwortlichen oder auf einer kollektiven Entscheidung beruhen muss, um als «richtig» oder «wahr» zu gelten (Dyer 1985), oder welche Informationen für eine Entscheidung benötigt werden (Schein 1992). Zentral für das Zusammenspiel in einer Organisation sind geteilte Grundannahmen über die Zeit, denn sie definieren, welche Rolle Zeit (zum Beispiel Pünktlichkeit) in der Organisation spielt, ob Aufgaben nacheinander oder gleichzeitig erledigt werden können. Und sie bestimmen den Zeithorizont, auf welchen die Organisation sich ausrichtet (Kluckhohn & Strodtbeck 1961). Reynolds beschreibt die Vorstellungen bezüglich des Zeithorizonts mit dem Gegensatzpaar Ad-hoc-Herangehen vs. langfristige Planung (Reynolds 1986).

Die Grundannahmen in Bezug auf den Raum betreffen die geteilten Vorstellungen über Nähe und Distanz sowie die Raumverteilung. Sie kommen in der physischen Einrichtung und der Architektur zum Ausdruck und haben auch symbolische Bedeutung (Schein 1992).

Aus diesem Themenbereich könnten insbesondere die geteilten Grundannahmen und die davon geprägten Werte über die Zeit, beispielsweise wie schnell gearbeitet werden soll oder ob die Organisation auf die Gegenwart beziehungsweise auf die Zukunft ausgerichtet ist, für die Aktivierung der Organisationsmitglieder relevant sein. Denn einerseits ist das Aktivitätsniveau bei einem Zustand produktiver Energie besonders hoch (zum Beispiel Bruch & Ghoshal 2003; Bruch & Vogel 2009), andererseits bedeutet die kollektive Aktivierung auf der kognitiven Ebene Wachsamkeit in Bezug auf sich abzeichnende Herausforderungen (Bruch & Vogel 2006). Diese Aspekte werden auch im NPO-Sektor immer wichtiger, beispielsweise hinsichtlich der zunehmenden Konkurrenz zwischen NPOs um Spenden und öffentliche Gelder.

2.2.6.4 Grundannahmen über die Natur des Menschen, menschliche Aktivität und Beziehungen

Auch die Grundannahmen über die Natur des Menschen, menschliche Aktivität und zwischenmenschliche Beziehungen sind die Basis von verschiedenen geteilten Auffassungen über die interne Integration und die externe Anpassung der Organisation an die Umwelt. Im Zentrum stehen Vorstellungen, was das Menschsein ausmacht, ob zum Beispiel von der Annahme ausgegangen wird, die menschliche Natur sei gut, böse oder grundsätzlich keines von beiden (Kluckhohn & Strodtbeck 1961; Dyer

1985) oder ob der Mensch als entwicklungs- und lernfähig verstanden wird (Schein 1992). Dazu gehören auch geteilte Annahmen darüber, ob die Menschen sich intrinsisch motivieren können oder sich als *homo oeconomicus* allein über monetäre Anreize motivieren lassen (Schein 1992). Die Grundannahmen zur Beziehung der Organisation zur Umwelt knüpfen an die geteilten Annahmen über die Beziehung zwischen Individuum und Umwelt an. Auch diesbezüglich können verschiedene Vorstellungen dominieren: Der Mensch, welcher die Kontrolle über die Natur besitzt, oder umgekehrt der Mensch, welcher der Umwelt ausgeliefert ist, oder aber eine harmonische Beziehung. Je nachdem werden daraus unterschiedliche Annahmen über das angemessene Maß an Aktivität beziehungsweise Passivität gebildet (Schein 1992). Schließlich werden die menschlichen Interaktionen von Grundannahmen, wie die zwischenmenschlichen Beziehungen aussehen sollen, geprägt. Dabei können verschiedene geteilte Vorstellungen hinsichtlich Macht, Zusammenarbeit, Konkurrenz, Individualität oder Konformität innerhalb der Organisation sowie der Bedeutung des Kollektivs in den Vordergrund treten (Reynolds 1986; Schein 1992; Kluckhohn & Strodtbeck 1961). Dazu gehören auch Annahmen, wie emotional die Beziehungen gestaltet werden oder ob alle Personen der Organisation nach den gleichen Maßstäben beurteilt werden sollen (Dyer 1985).

Die Organisationskulturen von NPOs scheinen immer wieder stark von der Annahme der Gleichheit der Menschen geprägt zu sein, was zum Beispiel in partizipativen Entscheidungsprozessen zum Ausdruck kommt (zum Beispiel Kanter & Zurcher 1973; Borkman 2006). Wie oben ausgeführt (siehe Kapitel 2.2.6.2) könnten sich diese partizipativen Prozesse positiv auf die Aktivierung der Organisationsmitglieder auswirken, wenn dadurch ein stärkeres kollektives Gefühl der Mitverantwortung entsteht (Denison & Mishra 1995). Allerdings könnte aufgrund der Feststellung Zauners (2002) auch vermutet werden, dass der Gleichheitsgedanke zu Konflikten im Umgang mit Macht führt und dass diese Grundannahme sowie die damit verbundenen Werte und Verhaltensweisen daher die POE senken.

Spreitzer und Kollegen (2005) vermuten, dass ein positiver Zusammenhang zwischen einer von Vertrauen und Respekt gekennzeichneten Organisationskultur und individueller Energie im Arbeitsumfeld besteht. Diese kulturellen Ausprägungen könnten möglicherweise auch auf der kollektiven Ebene die POE fördern, wenn durch Vertrauen und Respekt die emotionale Dimension der POE aktiviert wird. Wenn die positiven Emotionen sich jedoch nur auf die Arbeitskollegen und die Organisation und nicht auch auf die Organisationsziele beziehen würden, wäre eine negative oder neutrale Wirkung auf die POE denkbar.

2.3 Forschungsbereich: Nonprofit Organisationen

2.3.1 Definition

Wie schon in den bisherigen Ausführungen angedeutet, stehen in dieser Studie die Organisationskulturen von NPOs im Vordergrund. Die ungeheure Vielfalt des so genannten «Dritten Sektors» sowie die unterschiedlichen Bezeichnungen der zugehörigen Organisationen als Nonprofit Organisationen (*nonprofit organizations*) oder als Nichtregierungsorganisationen (*nongovernmental organizations*) machen auch hier eine Darstellung des Vorverständnisses der Forschungsarbeit notwendig.

Zum Dritten Sektor werden all jene Organisationen gezählt, die weder zum Staat noch zur Wirtschaft gehören. Seit den 1990er Jahren ist die Bedeutung des Dritten Sektors in mehrfacher Hinsicht gestiegen: Einerseits ist dieser Sektor in vielen Ländern Europas, Amerikas sowie Asiens enorm gewachsen (Anheier & List 2005: xvii). Andererseits werden die vielfältigen und eigenständigen Rollen dieses Sektors vermehrt wahrgenommen und anerkannt. Dies gilt insbesondere in Bezug auf die komplementäre Bereitstellung von sozialen Dienstleistungen, die Markt und Staat nicht zu liefern im Stande sind (vgl. zum Beispiel Weisbrod 1988) sowie für die Funktionen der zivilen Partizipation und Kontrolle im demokratischen Staat (vgl. zum Beispiel Warren 2004), und schließlich auch hinsichtlich der Bildung von Sozialkapital (Putnam & Goss 2001), das heißt sozialem Zusammenhalt und Vertrauensbeziehungen, welche für das Funktionieren moderner Gesellschaften unabdingbar sind.

Da es keine gebräuchliche Positivdefinition für die teilweise sehr unterschiedlichen Organisationen des Dritten Sektors gibt, werden sie mittels Negativdefinition von anderen Organisationen abgegrenzt (Schwarz et al. 2005: 20). Der Begriff der Nichtregierungsorganisation (*nongovernmental organization*, NGO) umfasst zum Beispiel Umweltschutzgruppen, Solidaritätsgruppen, private Entwicklungshilfeorganisationen, Bürgerinitiativen, Hilfswerke, Selbsthilfegruppen, Parteien, Interessensgruppen, Fussballvereine etc. Im Vordergrund steht hier die Abgrenzung dieser Organisationen gegenüber dem Staat. Über den Organisationszweck oder die Organisationsform ist damit, wie im Folgenden auch bei den NPOs, nichts gesagt.

Im Gegensatz zu den NGOs werden NPOs jedoch durch das Kriterium definiert, dass sie kein monetäres Profitziel verfolgen. Auch diese Definition umfasst die oben genannten NGOs, aber ebenso können dazu öffentliche Bildungsinstitutionen, Altersheime und die staatliche Entwicklungszusammenarbeit etc. gezählt werden, wenn diese nicht auf Gewinnmaximierung ausgerichtet sind (Horak & Heimerl 2002: 4). Damit wird deutlich, dass der Nonprofit Sektor sehr breit und heterogen ist und dass die Begriffe NGO und NPO nur teilweise die gleichen Organisationen ins Blickfeld nehmen (siehe Abbildung 2-2).

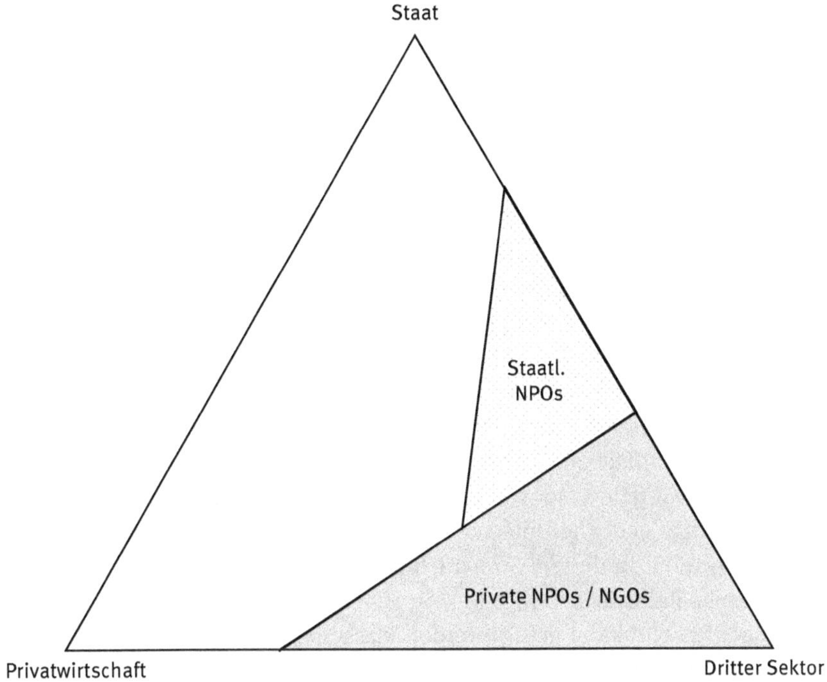

Abb. 2-2: Abgrenzung der Organisationstypen (Quelle: eigene Darstellung)

Im Folgenden wird die Untersuchung auf private NPOs, gemäß der Definition aus dem Johns Hopkins Comparative Nonprofit Sector Project (Salamon & Anheier 1992), beschränkt. Von einer NPO wird in diesem Zusammenhang dann gesprochen, wenn folgende Kriterien erfüllt sind:

- Formale Organisation, die auf Dauer angelegt ist;
- Private Organisationsform, also weder dem Staat noch der Wirtschaft zuzuordnen;
- Organisation ist selbstverwaltet und autonom;
- Organisation mit Nonprofit Orientierung beziehungsweise welche gemäß dem Nichtausschüttungsgrundsatz (*nondistribution constraint*) keine erwirtschafteten Überschüsse an die Eigner auszahlt;
- Beinhaltet Freiwilligkeit in Form von ehrenamtlichem Engagement oder einem freiwilligen finanziellen Beitrag (Anheier & List 2005: 182).
- Innerhalb dieser Kriterien werden in dieser Studie jedoch grundsätzlich all jene Organisationen von der Untersuchung ausgeschlossen, die zur Gewaltausübung aufrufen oder ein autoritäres Weltbild propagieren.

Die Heterogenität der NPOs kann in Bezug auf unterschiedliche Fragestellungen weitere Kategorisierungen nahe legen, zum Beispiel nach ihren Funktionen (Brown 1991; Dichter 1999), nach ihren Einflussstrategien (Simsa 2001), nach ihrer Nähe zu Verwaltung, Wirtschaft oder gesellschaftlicher Basis (Zauner 2002), nach Tätigkeitsfeldern (Lawrence & Hardy 1999) oder nach dem Grad an freiwilligen Mitarbeitenden (Smith 1999; 2000). Für die vorliegende Studie ist diese letzte Unterscheidung, nach dem Grad freiwilliger Mitarbeit, von Bedeutung. Es wird davon ausgegangen, dass zwischen NPOs mit fast ausschließlich bezahlten Mitarbeitenden (*paid-staff nonprofit organizations*) und reinen Freiwilligenorganisationen (*all-volunteer groups*) die größten Unterschiede bezüglich interner Strukturen und Prozesse bestehen (Smith 1999: 111; 2000: 69; ähnlich auch Schuppert 1995: 184 f.). Wenngleich die Paid-staff-NPOs und die Freiwilligenorganisationen sich wenig in ihren spezifischen Weltbildern unterscheiden, stellen sie gemäß Smith (2000) die Enden eines Kontinuums hinsichtlich Hierarchie, Formalität/Professionalität, aber auch hinsichtlich der individuellen Motivationsstrukturen der Organisationsmitglieder dar. Damit sind also maßgebliche Unterschiede in Bezug auf einige kulturelle Grundannahmen zu erwarten (in diesem Sinn auch Borzaga & Tortia [2006] zu Motivationsunterschieden im italienischen NPO-Sektor; allgemein auch Theuvsen [2004]).

Zusammenfassend kann gesagt werden, dass hier daher private, auf Dauer angelegte Organisationen (NPOs) untersucht werden, die keine Gewinnerzielung anstreben beziehungsweise keine Überschüsse an die Kapitaleigner ausschütten und an die, in unterschiedlichem Ausmaß, freiwillige Leistungen erbracht werden.

2.3.2 Unterschiede und Gemeinsamkeiten zwischen NPOs und privaten Unternehmen

Die strukturell-operationale Definition der NPOs, welche im vorangegangenen Kapitel eingeführt wurde, streicht insbesondere zwei gemeinsame Merkmale dieses Organisationstyps heraus, welche ihn am deutlichsten von anderen Wirtschaftssubjekten unterscheiden: die nicht gewinnorientierten Ziele und die Freiwilligkeit. Allerdings lassen sich trotz wesentlicher Unterschiede auch Gemeinsamkeiten zwischen NPOs und privaten Unternehmen in Bezug auf das Management feststellen. Beides soll im Folgenden skizziert werden.

Bei den NPOs stehen im Gegensatz zu Unternehmen keine wirtschaftlichen Ziele wie Rentabilität, Liquidität und Sicherheit im Vordergrund, sondern sie verfolgen primär humanitäre, gesellschaftliche und ökologische Sachziele (zum Beispiel Drucker 1990). Diese müssen sie allerdings unter Berücksichtigung wirtschaftlicher Zielgrößen erbringen (Eichhorn 2001: 46 ff.). Der Erfolg einer NPO lässt sich dementsprechend nicht ausschließlich über eine einzelne finanzielle Messgröße definieren, sondern im Zusammenhang mit diesen unterschiedlichen Zielgrößen wird von einer «multiple bottom line» der NPOs gesprochen (Strachwitz 2004: 107). Wenn doch Überschüsse erwirtschaftet werden, dann werden diese gemäß dem Nichtausschüttungsgrundsatz (*nondistribution constraint*) nicht an die Eigner oder Kapitalgeber der Organisation ausgeschüttet, sondern wiederum in unterschiedlichen Formen für die Organisationsziele eingesetzt (Anheier & List 2005: 181; Strachwitz 2004: 99).

Die Ziele sind für die NPOs, gerade wegen ihrer ideologischen Ausrichtung, von großer Bedeutung, denn darüber kommt der Entstehungsgrund sowie der Sinn und Zweck der Organisation zum Ausdruck und damit können neue Geldgeber und Mitarbeitende gewonnen werden (Minkoff & Powell 2006). Aus der Sicht der Geldgeber und der Organisationsmitglieder bedeuten diese humanitären, religiösen oder ökologischen Ziele denn auch die Möglichkeit, die eigenen Ideale durch die geleistete Spende oder Arbeit zum Ausdruck zu bringen (Frumkin & Andre-Clark 2000). Im Gegensatz zum Personal in Unternehmen engagieren sich die Organisationsmitglieder also unter anderem wegen dieser ideologischen Ziele in den NPOs und sind deshalb stärker intrinsisch motiviert (Mirvis & Hackett 1983).

Die Freiwilligkeit in Form von ehrenamtlichem oder finanziellem Engagement ist ein Merkmal der NPOs, das in dieser Form in privaten Firmen nicht vorkommt (Billis & Glennerster 1998). Die Bedeutung der Freiwilligkeit spiegelt sich darin, dass die NPOs insbesondere im englischen Sprachraum vielfach als Freiwilligenorganisationen (*voluntary organizations*) bezeichnet werden. Das Kriterium der Freiwilligkeit ist genauso bei Stiftungen erfüllt, die sich durch gestiftetes Kapital finanzieren, wie bei Organisationen mit ehrenamtlichen Führungsgremien oder bei Basisorganisationen (*grassroots organizations*), die ihre Tätigkeiten fast ausschließlich durch Freiwillige ausführen (Anheier & List 2005: 281). Freiwilligkeit bedeutet in Bezug auf NPOs ferner auch, dass die freiwillige Komponente nicht erzwungen oder von Rechtes wegen vorgeschrieben sein darf, wie das zum Beispiel bei der Mitgliedschaft in Gewerkschaften teilweise der Fall ist (Anheier 2005: 49).

Lewis (1998) und Dichter (1999) weisen auf Unterschiede der Organisationskulturen in NPOs und privaten Firmen hin, die sich insbesondere an den Schwierigkeiten in der Zusammenarbeit zwischen diesen Organisationstypen zeigen. Hervorgehoben wird von beiden Autoren, dass die Organisationskultur in NPOs stark von den ideellen Zielen geprägt wird, wogegen in Unternehmenskulturen typischerweise kommerzielle Werte wie Effizienz und Kundenzufriedenheit stärker im Vordergrund stehen. Dichter (1999) stellt aber auch eine Tendenz der NPOs fest, sich den Unternehmenskulturen anzunähern. Seiner Auffassung nach leiden darunter insbesondere das Gefühl einer moralischen Verpflichtung gegenüber der Umsetzung der Organisationsziele und die ethischen Vorstellungen der Organisationsmitglieder, wie diese Ziele erreicht werden sollen. Die bisherigen geteilten Grundannahmen werden teilweise zu Gunsten von Verhandlungs- und Vertragsdenken aufgegeben (Dichter 1999: 54 f.). Da sich aber neben den unklaren Grenzen zwischen den Kulturen der beiden Organisationstypen auch die Organisationskulturen der einzelnen NPOs (Smith 1999; 2000; Lewis 2002), ebenso wie diejenigen der einzelnen Unternehmen, unterscheiden, sind generalisierte Aussagen über die kulturellen Unterschiede zwischen den Organisationstypen schwierig.

Da NPOs teilweise neben privaten und staatlichen Anbietern in den gleichen Märkten (zum Beispiel im Gesundheitsbereich) agieren, stellt sich schließlich auch die Frage nach den komparativen Vorteilen der NPOs. Es wird davon ausgegangen, dass die NPOs aufgrund komparativer Vorteile ihre Dienstleistungen in einer besseren Qualität, zu niedrigeren Preisen sowie stärker und flexibler auf die Bedürfnisse der Zielgruppen ausgerichtet erbringen können (Salamon, Hems & Chinnock 2000). Diese komparativen Vorteile verwirklichen sie insbesondere dann, wenn sie über flexible Organisationsstrukturen verfügen und die Bedürfnisse der Begünstigten gut kennen (Billis & Glennerster 1998). Gemäß Hansmann (1980) haben die NPOs einen weiteren komparativen Vorteil gegenüber den privaten Unternehmen in Situationen, in denen die Geldgeber die Leistungserbringung nicht direkt beurteilen und kontrollieren können. Dies wird damit begründet, dass die Geldgeber den NPOs deshalb mehr Vertrauen entgegenbringen, weil sie vermuten, dass die Geschäftsführer der NPOs aufgrund des Nichtausschüttungsgrundsatzes keinen Anreiz haben, die Mittel zweckentfremdet zu verwenden und sich selbst zu bevorteilen. Obwohl durch den Nichtausschüttungsgrundsatz auch Ineffizienzen entstehen können, da die Anreize entfallen, möglichst kostengünstig zu produzieren, vertritt Hansmann die Auffassung, dass die positive Wirkung des Vertrauensvorschusses die möglichen Ineffizienzen überwiegt (1987: 29).

Trotz der aufgezeigten Unterschiede zwischen den NPOs und den privaten Unternehmen sind auch Gemeinsamkeiten zwischen diesen beiden Organisationstypen vorhanden. Dichter argumentiert, dass drei grundlegende Managementfunktionen in privaten Firmen wie auch in NPOs erforderlich sind (1989: 390 f.). Erstens müssen die Tätigkeiten in jedem Fall geplant werden, sei das beispielsweise im Bereich des Marketing, der Budgetprozesse oder des Personals. Dazu braucht es die Fähigkeit des Managements, die Umwelt zu analysieren und die richtigen Folgerungen daraus zu ziehen. Zweitens muss in NPOs und in Unternehmen das spezifische Wissen über ein Produkt oder eine Dienstleistung aufgebaut und erhalten werden. Und drittens muss in beiden Organisationstypen das Personal in die Tätigkeiten der Organisation einbezogen und dafür motiviert, ausgebildet und belohnt werden (ähnlich auch Lewis 2003). Auch Steinberg (1987) vertritt die Meinung, dass beispielsweise die Marketingaktivitäten eines Unternehmens mit dem Fundraising in NPOs verglichen werden können. Steinberg (1987) weist außerdem darauf hin, dass es keine allgemeingültige Theorie über das Verhalten von NPOs geben kann, da das Verhalten jeder einzelnen Organisation maßgeblich von der Wettbewerbssituation (zwischen NPOs und Unternehmen, zwischen NPOs und staatlichen Organisationen, aber auch zwischen den verschiedenen NPOs) und den gesetzlichen Regulierungen im jeweiligen Tätigkeitsfeld bestimmt wird.

Aus dieser Darstellung der wichtigsten Unterschiede zwischen NPOs und Unternehmen werden nochmals die Gründe für die Wahl des Forschungsbereichs sichtbar. Zum einen gibt es Hinweise darauf, dass im Nonprofit Sektor POE besonders häufig vorkommt, wenngleich damit noch keine Aussage zum konkreten Energiezustand einer einzelnen Organisation gemacht ist. Zum anderen lassen die wenigen Hinweise auf die Organisationskultur in NPOs einen sehr interessanten und reichhaltigen Rahmen für die Untersuchung der Beziehung zwischen Organisationskultur und POE erwarten. Schließlich werden NPOs auch deshalb als Forschungsgegenstand gewählt, weil bezüglich der POE, aber auch in Bezug auf die Organisationskultur in NPOs, Forschungslücken bestehen. Die Feststellung, dass NPOs und Unternehmen jedoch hinsichtlich der grundsätzlichen Managementaufgaben Gemeinsamkeiten aufweisen, rechtfertigt die Entscheidung, das Konstrukt der POE auf den Nonprofit Sektor zu übertragen und seine dortigen Ausprägungen vertieft zu untersuchen. Die Untersuchungsergebnisse sind dann sowohl für den Nonprofit- als auch für den Unternehmensbereich relevant.

3 Methodische Grundlagen

3.1 Methodenwahl

Die genannten Forschungsfragen, welche darauf abzielen, sowohl die POE und die Organisationskultur in den untersuchten NPOs herauszuarbeiten als auch Erklärungsansätze für die bislang unklaren Beziehung(en) zwischen Organisationskultur und POE zu entwickeln, werden mit der Methode der Grounded Theory nach Glaser und Strauss (1998) bearbeitet. Die grundlegende Idee dieser Methode besteht darin, Daten systematisch zu sammeln, auszuwerten und eine Theorie über das untersuchte Phänomen aus den Daten herauszuarbeiten. Die Forschungsmethode der Grounded Theory ist somit nicht darauf ausgerichtet, bestehende logiko-deduktive Theorien quantitativ zu testen, sondern das Ziel ist, neue Theorien induktiv aus den Daten heraus zu generieren.

Theorien sind abstrakte, gesetzesartige Erklärungen eines Phänomens und der Beziehungen zwischen den relevanten Konzepten, welche über deren reine Beschreibung hinausgehen (zum Beispiel Sutton & Staw 1995: 378). Durch die induktive Theoriebildung aus den Daten kann eine gegenstandsbezogene Theorie entstehen, die auf das untersuchte Phänomen passt – wenn die wichtigsten Erklärungsfaktoren aufgegriffen werden – und die bestenfalls dessen weiteren Verlauf voraussagen kann (Glaser 1978: 4 f.; auch Glaser & Strauss, 1998: 50). Solange sich die Theorie nur auf den ursprünglichen Forschungsbereich bezieht, wird diese als materiale gegenstandsbezogene Theorie bezeichnet. Wird die entstandene Theorie auf weitere Anwendungs- beziehungsweise Sachbereiche übertragen, ausgedehnt und noch stärker abstrahiert, entsteht eine formale gegenstandsbezogene Theorie (Glaser & Strauss 1998).

Die Methode erscheint für die interessierenden Forschungsfragen aus zwei Gründen passend. Erstens ist die Erforschung sozialer Phänomene mit der Grounded Theory insbesondere für jene Forschungsgebiete geeignet, welche bislang wenig oder nur oberflächlich bearbeitet wurden oder in denen die Zusammenhänge zwischen den zentralen Variablen noch unklar sind (zum Beispiel Mayring 2002: 107; Goulding 2002: 55). Die in der Grounded Theory verwendeten Forschungsstrategien sind bewusst so angelegt, dass anfänglich alle möglichen Zusammenhänge zwischen den untersuchten Konzepten erkundet werden können, solange sie sich aus dem Datenmaterial ergeben. Erst wenn sich die zentralen Kategorien herausgebildet haben, wird der Fokus auf die relevanten Schlüsselkategorien gelegt. Wie in den vorangehenden Kapiteln verdeutlicht, wird dem Thema der Organisationalen Energie zwar immer mehr Beachtung geschenkt, allerdings ist über die indirekten Einflussfaktoren auf die POE, wie beispielsweise geteilte Grundannahmen und Wertvorstellungen im Organisationskontext – hier insbesondere im NPO-Bereich –,

https://doi.org/10.1515/9783110555271-007

wenig bekannt (siehe auch Kapitel 1.2). Der offene, explorative Charakter der Grounded Theory ist für die Fragen dieser Studie deshalb überaus wichtig.

Zweitens bietet sich die Grounded Theory zur Untersuchung prozessualer Betrachtungen sowie für intersubjektive Sinngebungsprozesse an (Glaser & Strauss 1998: 120; Suddaby 2006: 634). Das heißt in anderen Worten, dass sich die Forschungsanweisungen der Grounded Theory sowohl für die Theoriebildung wie auch für die Analyse und Erklärung von sozialen Interpretations- und Bedeutungssystemen eignen (Charmaz 2000; siehe beispielsweise die Studien von Gioia & Thomas 1996; Isabella 1990). Dies ist für das Forschungsprojekt insofern wichtig, als es ermöglicht, verschiedene Perspektiven auf die Organisationskultur zu werfen (siehe auch Kapitel 2.2.1.2), um die unterschiedlichen Facetten der kulturellen Ausprägungen herauszuarbeiten.

3.2 Gütekriterien

Ein qualitatives Forschungsprojekt wie das vorliegende muss sich noch in viel stärkerem Ausmaß gegen den Ruf der Unwissenschaftlichkeit und der Spekulation verteidigen als die Hypothesen testende, quantitative Forschung (Goulding 2002: 18; Suddaby 2006: 640). Allerdings eignen sich die Gütekriterien der quantitativen Forschung (Validität, Reliabilität und Objektivität) für die breit gefächerten qualitativen Forschungszielsetzungen und die dafür eingesetzten Methoden nur begrenzt (Richardson 1991; Hammersley 1998). Dies liegt daran, dass selbst in der quantitativen Testtheorie Zweifel an der Tragfähigkeit der Überprüfungsverfahren zur Messung der Validität und der Reliabilität geäußert werden, aber vor allem auch daran, dass mathematische Kennzahlen wenig geeignet zur Beurteilung qualitativer Forschung erscheinen (zum Beispiel Mayring 2002: 140 f.). Außerdem sind die standardisierten traditionellen Kriterien zu starr, um beispielsweise der Darstellung verschiedener Stimmen oder auch der expliziten Handlungsausrichtung gewisser qualitativer Forschungsrichtungen gerecht zu werden.

Immer mehr setzen sich deshalb zwei Erkenntnisse durch: Einerseits, dass im Bereich der qualitativen Forschung eigene Qualitätskriterien definiert (zum Beispiel Richardson 1991) oder zumindest jene der quantitativen Forschung angepasst werden müssen (zum Beispiel Kirk & Miller 1986; Lee 1989; Kombinationen beider Ansätze zum Beispiel Hammersley 1998; Guba & Lincoln 1989; Lincoln 1995). Andererseits bedingt dies, dass in einem konkreten qualitativen Forschungsprojekt nicht nur die Methode, sondern auch die Gütekriterien zu den Forschungsfragen und den Forschungszielen passen müssen (Flick 1987; Mayring 2002).

Zur Beurteilung von gegenstandsbezogenen Theorien beziehungsweise den in dieser Studie erarbeiteten Theorieelementen definieren die Autoren der Grounded Theory drei Kriterien (*fit, relevance, work*; Glaser 1978: 4 f.; Glaser & Stauss 1998: 50). *Fit:* Erstens muss eine gute gegenstandsbezogene Theorie aus den Daten abgeleitet worden sein, so dass die Theorie wirklich auf den Forschungsbereich passt. Die Kategorien sollten also keinesfalls theoretisch hergeleitet worden sein. *Relevance:* Außerdem sollte eine gute gegenstandsbezogene Theorie die zentralen Kategorien und Prozesse für das untersuchte Phänomen umfassen. Das gelingt wiederum, wenn sich diese Kategorien und Prozesse aus der Auswertung herausgebildet und sich als die zentralen Problemfelder im Forschungsbereich erwiesen haben. *Work:* Schließlich sollte eine gegenstandsbezogene Theorie dieses Phänomen auch erklären, so dass aus der Theorie Nutzen gezogen werden kann. Diese Forderung schließt an das zweite Kriterium an, welches verlangt, dass sich die Theorie auf eine für den Forschungsbereich relevante Frage bezieht. Die gegenstandsbezogene Theorie liefert Antworten auf diese Frage und dadurch theoretischen und praktischen Nutzen.

Um diese drei Qualitätskriterien der Ergebnisse von Glaser und Strauss zu erfüllen und gleichzeitig nachvollziehbar zu machen, wie die Forschungsresultate erlangt wurden, empfiehlt Mayring einen Forschungsprozess, der sich durch sechs Gütekriterien auszeichnet: Verfahrensdokumentation, argumentative Interpretationsabsicherung, Regelgeleitetheit, Nähe zum Gegenstand, kommunikative Validierung und Triangulation (2002: 144 ff.). Die Qualitätskriterien werden auf die Forschungsarbeit angewendet, denn sie entsprechen den Fragen und Zielen, so dass die wissenschaftliche Qualität des Projekts damit gesichert werden kann.

Tab. 3-1: Übersicht über die Umsetzung der Gütekriterien (Quelle: eigene Darstellung)

Gütekriterien	Umsetzungsmaßnahmen	Beschreibung
Verfahrensdokumentation	Detaillierte Darstellung des konzeptionellen Vorverständnisses	Kapitel 2
	Detaillierte Darstellung Forschungsverlauf	Kapitel 3.3
Argumentative Interpretationsabsicherung	Detaillierte Argumentation bei der Theorieentwicklung	Kapitel 4
Regelgeleitetheit	Anwendung der Regeln der Grounded Theory	Kapitel 3.3.3
	Sequenzieller Forschungsverlauf	Kapitel 3.3
Nähe zum Forschungsgegenstand	Feldaufenthalt in beiden untersuchten NPOs	Kapitel 3.3
	Relevante Theoriebildung für die NPOs	Kapitel 1.3
	Verabredete Gegenleistungen für die NPOs	Kapitel 3.3
Kommunikative Validierung	Feedback zum Kulturbericht der Caritas Schweiz	Kapitel 3.3
	Feedback zu Schlussfolgerungen beim SRK-SG	Kapitel 3.3
Triangulation	Verwendung von Interviewdaten, Beobachtungsdaten und Sekundärmaterial	Kapitel 3.3

Die Verfahrensdokumentation lässt sich als eine Anwendung des Kriteriums der Reliabilität, verstanden als die «Konsistenz des Verfahrens» (Hammersley 1998: 59), auf ein qualitatives Forschungsprojekt verstehen. Diese Beschreibung des Verfahrens dient dazu, den Forschungsprozess und die darin getroffenen Entscheidungen für andere nachvollziehbar zu machen (Mayring 2002: 145; Kirk & Miller 1986: 72 f.). Dies wurde in der vorliegenden Forschungsarbeit so umgesetzt, dass der Forschungsverlauf detailliert dargestellt und insbesondere das konzeptionelle Vorverständnis, das Analyseinstrumentarium sowie die Durchführung und Auswertung der Datenerhebung beschrieben werden.

Mit dem Kriterium der argumentativen Interpretationsabsicherung wird verlangt, dass die Ergebnisse für den Leser plausibel begründet werden, da grundsätzlich eine Vielzahl an Interpretationen möglich ist. Die Qualität der Forschungsarbeit wird deshalb erhöht, wenn schlüssig argumentiert werden kann, warum in diesem Fall von dieser und nicht einer alternativen Interpretationsmöglichkeit ausgegangen wird (Mayring 2002: 145). Gerade die Ausnahmen von der dominanten Interpretation im Datenmaterial können dazu beitragen, die theoretischen Erklärungen zu verfeinern oder auch zu erweitern (Eisenhardt 1989: 542). Das Kriterium der argumentativen Interpretationsabsicherung weist Parallelen mit dem traditionellen Gütekriterium der internen Validität auf, mit der das Forschungsergebnis daraufhin geprüft wird, ob tatsächlich das betrachtet wurde, was untersucht werden sollte (Eisenhardt 1989: 542). In Bezug auf die Studie bedeutet dies, dass die Entwicklung der Theorieelemente sorgfältig dargestellt und außerdem mit alternativen Interpretationsweisen oder Ergebnissen aus der Literatur konfrontiert wird, um so die Argumentation zu stärken und zu ergänzen.

Regelgeleitetheit ist die Forderung nach einem systematischen beziehungsweise einem sequenziellen Ablauf des Forschungsprozesses (Flick 1987). Allerdings wird der Forscherin dort, wo es zur Erfassung des Forschungsobjektes angemessen ist, eine gewisse Flexibilität eingeräumt, vom festgelegten Ablauf abzuweichen (Mayring 2002: 145 f.). Das Kriterium der Regelgeleitetheit wird dadurch berücksichtigt, dass den Forschungsanweisungen der Methode der Grounded Theory gefolgt wird. Dadurch ergibt sich ein sequenzieller, aber gleichzeitig itinerativer Forschungsverlauf.

Nähe zum Gegenstand bedeutet in der qualitativen Forschung zweierlei: Einerseits will diese Forschungsrichtung möglichst am natürlichen Umfeld des untersuchten Phänomens – und unter Berücksichtigung aller möglichen Einflüsse – anknüpfen (Denzin & Lincoln 2000: 10; Mayring 2002: 146). Eine geeignete Forschungsstrategie, um sich an den Forschungsgegenstand anzunähern und «die Bedeutung des Phänomens durch das eigene Erleben umfassender zu verstehen» (Belk, Wallendorf & Sherry 1989: 1; so auch Geertz 1973), ist – wie dies auch von Glaser und Strauss hervorgehoben wird – ein Aufenthalt im Feld (Glaser & Strauss 1998: 43, 187). Darüber hinaus kann die Nähe zu den Beforschten dadurch verstärkt werden, dass mit ihnen eine Interessensübereinstimmung hinsichtlich der Forschungsziele angestrebt wird (Mayring 2002: 146). Hiermit wird gefordert, dass das Forschungsprojekt auf konkrete soziale Probleme ausgerichtet wird und dass die Forschungsergebnisse auch im Forschungskontext theoretischen oder praktischen Nutzen stiften. Dies entspricht der Auffassung, wie zuvor schon angesprochen, welche der Grounded Theory zu Grunde liegt: Gute gegenstandsbezogene Theorieelemente oder Theorien sollten für die Beforschten relevant sein (Glaser 1978; Strauss & Corbin 1994). In der vorliegenden Studie wird die Nähe zum Forschungsgegenstand durch zwei Maßnahmen hergestellt: Erstens wurden in beiden NPOs Feldaufenthalte durchgeführt, so dass ich die POE und die Organisationskultur in unterschiedlichen Situationen und aus verschiedenen Perspektiven kennenlernen konnte. Zweitens wurden das Forschungsvorhaben und die Forschungsziele vor diesen Feldaufenthalten mit den zwei beteiligten Organisationen besprochen und vereinbart, in welcher Weise ihnen die Forschungsarbeit zu Gute kommen würde.

Die kommunikative Validierung kann dazu eingesetzt werden, um die Ergebnisse besser abzusichern (Mayring 2002: 147; Flick 1987: 253). Dazu werden die Ergebnisse mit Personen aus dem Forschungsbereich während oder zum Abschluss des Datenauswertungsprozesses diskutiert. Dies ist besonders sinnvoll, wenn damit überprüft wird, ob die subjektiven Bedeutungen der Beforschten mit der Rekonstruktion der Forscherin übereinstimmen. Die kommunikative Validierung ist allerdings immer nur ein Kriterium, welches in Verbindung mit anderen verwendet werden soll, da die Forschungsergebnisse über das Einzelverständnis der Beforschten hinausgehen sollen (Flick 1987: 255). In der Studie wurde die kommunikative Validierung insbesondere in Bezug auf die Organisationskultur verwendet. In beiden Organisationen wurde Feedback bei einzelnen oder mehreren Organisationsmitgliedern dazu eingeholt, ob die wichtigsten Dimensionen der Organisationskultur von mir erfasst wurden. Die Ergebnisse sind in der Folge in die Theoriebildung eingeflossen.

Indem die Ergebnisse auf verschiedenen Lösungswegen erreicht und verglichen werden, das heißt durch so genannte Triangulation, kann die Qualität des Forschungsprojekts verbessert werden (Mayring 2002: 147 f.). Die verschiedenen Annäherungen an den Gegenstand, zum Beispiel durch unterschiedliche Datenquellen oder Erhebungsmethoden, können sich ergänzen, aber auch zur Absicherung der Resultate dienen, da sie die Verzerrungen jeder Methode transparenter werden lassen (Frick 1987: 258 f.). Diesem Gütekriterium wurde in der vorliegenden Forschungsarbeit in der Form Folge geleistet, dass unterschiedliche Erhebungsmethoden (Interviews und Beobachtung) ebenso wie Sekundärmaterialien beider Organisationen in die Datenanalyse einbezogen wurden.

3.3 Forschungsverlauf

3.3.1 Übersicht über die Verfahrensschritte

Wie vom Kriterium der Regelgeleitetheit gefordert, wurde der Forschungsprozess in die von Glaser und Strauss (1998) beschriebenen Verfahrensschritte gegliedert, deren Abfolge in der Abbildung 3-1 in kondensierter Form dargestellt ist.

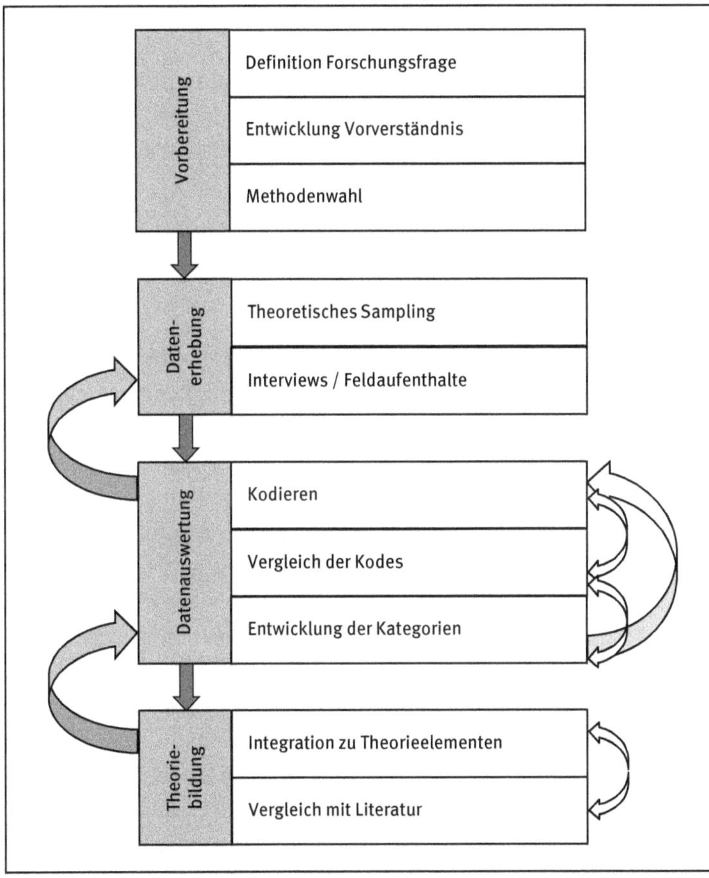

Abb. 3-1: Übersicht über Forschungsprozess (Quelle: eigene Darstellung)

Die Übersicht soll insbesondere deutlich machen, dass die verschiedenen Schritte während der Datenerhebung und der Datenauswertung itinerativ – wie das bei der Arbeit mit Grounded Theory typisch ist – durchgeführt wurden. Abgeschlossen wurde die Erhebungs- und Auswertungsphase erst, als die zentralen Kategorien herausgearbeitet waren und zu Theorieelementen integriert werden konnten.

Die einzelnen Schritte der Vorbereitung, Datenerhebung, Datenauswertung und Theoriebildung werden in den folgenden Kapiteln detailliert dargestellt.

3.3.2 Vorbereitung

Das Forschungsprojekt wurde mit dem Einlesen in das Forschungsgebiet begonnen, um einen Überblick über den Forschungsstand zu erhalten und Forschungslücken zu identifizieren. Daraus wurden die forschungsleitenden Fragen formuliert und eine geeignete Forschungsmethode für das Forschungsprojekt gewählt.

Wie von Suddaby (2006) empfohlen, wurde vor den Feldaufenthalten das konzeptionelle Vorverständnis so weit verdichtet (dargestellt in Kapitel 2), dass es als Ausgangsbasis für die Datenerhebung und Datenauswertung dienen konnte.

3.3.3 Datenerhebung

3.3.3.1 Theoretisches Sampling

Zu den wichtigsten Forschungsstrategien der Grounded Theory gehören das theoretische Sampling (*theoretical sampling*). Theoretisches Sampling bedeutet, dass die Datenerhebung von theoriebezogenen Überlegungen aktiv geleitet wird, gleichzeitig aber auf das Wesentliche fokussiert ist (Glaser & Strauss 1998: 55, 66). Zu Beginn der Forschung ist aus diesem Grund noch keineswegs klar, welche Daten erhoben werden. Erst während der Datenanalyse zeichnet sich ab, welche Informationen als nächstes gesucht werden. Die aktive Datensammlung besteht also darin, «systematisch abzuschätzen, wo eine gegebene Reihe von Ereignissen wahrscheinlich stattfinden wird» (Glaser & Strauss 1998: 66). So wurden die untersuchten Organisationen durch theoretische Überlegungen bestimmt, nicht durch die Kriterien der Repräsentativität, welche im quantitativen Forschungsdesign üblich sind.

Wie schon angesprochen, wählte ich den Forschungsbereich der NPOs für mein Forschungsprojekt, weil ich davon ausging, dass dieser Kontext in Bezug auf die Beziehung zwischen Organisationskultur und POE als «Extremfall» (Eisenhardt 1987: 537) verstanden werden kann, der besonders viele Impulse für die Theoriegenerierung liefern würde (siehe Kapitel 1.2). Ich entschied mich für die Untersuchung von zwei NPOs, um einerseits diese zwei Organisationen vertieft erforschen zu können, andererseits aber doch auch die Möglichkeiten eines (indirekten) Vergleichs zu nutzen. Durch die Analyse von Gemeinsamkeiten und Unterschieden der NPOs erhoffte ich mir eine Erweiterung meiner theoretischen Aussagen. Die zwei NPOs sollten sich deshalb in relevanten Dimensionen voneinander unterscheiden.

Die Unterscheidungsdimension, die in diesem Zusammenhang relevant war, ist die Form und das Ausmaß von Freiwilligkeit der NPOs. Smith (1999; 2000) geht davon aus, dass damit unterschiedliche Arbeitsweisen und unterschiedliche kulturelle Grundannahmen verbunden sind. Er zeichnet ein Kontinuum zwischen reinen Freiwilligenorganisationen und Paid-staff-NPOs auf, in das sich alle NPOs einordnen lassen. Für meine Untersuchung wählte ich die Caritas Schweiz als ein Beispiel einer Paid-staff-NPO und das Schweizerische Rote Kreuz Kanton St. Gallen (SRK-SG) als eine Organisation, die stark auf freiwillig geleisteter Arbeit basiert.

Letztgenannte Organisation ist ein regionaler Kantonalverband des Schweizerischen Roten Kreuzes mit einem ehrenamtlichen Vorstand, 20 Festangestellten in Teilzeitpensen und über 350 freiwilligen Mitarbeitenden. Das SRK-SG ist im Kanton St. Gallen tätig und erbringt dort unterschiedliche soziale Dienstleistungen. Außerdem engagiert sich das SRK-SG im Bereich Sozialarbeit und Integration.

Die Caritas Schweiz wird von ehrenamtlichen Gremien geführt, die operationelle Arbeit wird jedoch von rund 300 bezahlten Mitarbeitenden (200 Vollzeitstellen) erledigt. Die Caritas Schweiz ist ein Mehrspartenhilfswerk mit Projekten im Bereich Sozialarbeit und Migration / Integration in der Schweiz sowie internationalen Projekten in der Entwicklungszusammenarbeit und der Katastrophenhilfe. Die Zusammenarbeit mit der Caritas Schweiz bot sich insbesondere auch deshalb an, weil mir die Organisation aus einer vorgängig erarbeiteten Fallstudie und den in diesem Zusammenhang geführten Gesprächen mit der Geschäftsleitung, dem Gremiensekretär und einer Mitarbeiterin aus der Abteilung Katastrophenhilfe schon näher bekannt war und mir sehr geeignet für mein Forschungsprojekt schien.

Auch die Wahl der Interviewpartner und -partnerinnen erfolgte durch theoretisches Sampling. Da nur durch die Analyse der Bedeutungssysteme der Organisationsmitglieder auf unterschiedlichen Hierarchiestufen Aussagen über die Organisationskultur und mögliche Subkulturen gemacht werden können (zum Beispiel Martin 1992), wurde die Datenerhebung von der Geschäftsleitungsebene auf alle hierarchische Ebenen ausgedehnt. Ausgehend von den neun Interviews und deren Auswertung für die Fallstudie bei der Caritas Schweiz folgten dort gut ein dreiviertel Jahr später vier Gespräche mit Mitarbeitenden aus den Bereichen Kommunikation und Internationale Zusammenarbeit. Eine Gesprächspartnerin aus diesen zwei Bereichen hatte jeweils Führungsaufgaben beispielsweise auf Abteilungsebene, die andere war jeweils eine Sachbearbeiterin. Weitere Gespräche, zwei formelle und eine Vielzahl an informellen, welche im Forschungstagebuch als Beobachtungen festgehalten wurden, folgten während meines zweiwöchigen Feldaufenthalts (insgesamt 15 formelle Interviews).

Beim SRK-SG wurden die Interviews innerhalb von drei Monaten geführt, mehrheitlich jedoch während des Feldaufenthalts von einer Woche. Dort sprach ich mit allen Bereichsleiterinnen und -leitern und mindestens einem ihrer Mitarbeitenden. Diese Gespräche wurden ergänzt durch ein Interview mit der Leiterin einer Außenstelle und eines mit einer freiwilligen Mitarbeiterin. Aufgrund des wenige Monate zuvor vollzogenen Geschäftsführerwechsels schien es mir zudem sinnvoll, mich mit der vormaligen Geschäftsführerin zu unterhalten und außerdem eine übergreifende

Sichtweise des Vorstandspräsidenten einzuholen. Beim SRK-SG wurden insgesamt zwölf formelle Interviews geführt.

3.3.3.2 Interviews

Um mich meinem Forschungsthema zu nähern, führte ich zunächst semistrukturierte Interviews mit der so genannten Technik der kritischen Ereignisse (*critical incidents technique*) durch, also mittels Fragen nach besonders einschneidenden Ereignissen in Bezug auf die Forschungsfragen (Flanagan 1954). Chell umschreibt diese Fragemethode wie folgt:

> «The critical interview technique is a qualitative interview procedure which facilitates the investigation of significant occurrences (events, incidents, processes or issues) identified by the respondent, the way they are managed, and the outcomes in terms of perceived effects. The objective is to gain an understanding of the incident from the perspective of the individual, taking into account cognitive, affective and behavioral elements.» (1998: 56)

Im konkreten Fall ging es darum, Momente besonders hoher und / oder besonders tiefer POE in der Geschichte der Organisation zu identifizieren und mit den Interviewpartnerinnen im Gespräch zu vertiefen. Hierzu wurden die Interviewpartnerinnen aufgefordert, die aus ihrer Sicht wichtigsten Veränderungen der Organisation in der letzten Zeit zu nennen und dann deren Kontext, Ablauf und Konsequenzen zu erzählen. Schein hat diese Fragetechnik nach einschneidenden Ereignissen, welche die Entwicklung der untersuchten Organisation nachhaltig beeinflusst und verändert haben, auch zur Diagnose von Organisationskulturen eingesetzt (1992: 177 ff.). Fragen, mit denen die Informationen zu diesen Ereignissen gezielt vertieft werden können, sind gemäß Schein (1992: 178) die Folgenden:

- Wer war in dieses Ereignis involviert?
- Was ist genau passiert?
- Welche Probleme sind aufgetreten?
- Welche Ziele hatte man dabei?
- Wie haben Sie persönlich die Situation erlebt?
- Was hat man unternommen? Wer hat was unternommen?
- Was waren die Konsequenzen davon?
- Wie haben die Leute die Veränderungen aufgenommen?

Dahinter steht die Annahme, dass beim Erzählen von konkreten Handlungsabläufen auch unbewusste handlungsprägende Wert- und Kulturelemente beschrieben werden, die nicht durch direkte Fragen geäußert werden könnten. Die Kulturanalyse der Organisation und die Erforschung der POE kann mit dieser Fragetechnik nach einschneidenden Ereignissen verbunden werden, denn die POE kommt besonders deutlich am Aktivierungsniveau der Organisationsmitglieder in Extremsituationen zum Ausdruck (Bruch & Vogel 2005: 71). Die Fragetechnik eignete sich außerdem aus zwei weiteren Gründen für das vorliegende Forschungsprojekt: Einerseits weil sie mir ermöglichte, die erzählten Ereignisse bezüglich der POE aus der Sicht der Befragten zu verstehen und dabei die drei Energiedimensionen, die emotionalen, kognitiven und handlungsbezogenen Aspekte, berücksichtigen zu können (Chell 1998: 56). Andererseits eignet sich die Methode, da damit insbesondere wenig erforschte Phänomene exploriert sowie neue Theorien generiert werden können (Gremler 2004: 67; Chell 1998: 68 f.).

Die Interviews wurden wörtlich transkribiert und die für die Fragestellung interessanten Aussagen und Ereignisse herausgearbeitet, woraus dann neue Fragen entstanden, die ich beim nächsten Feldaufenthalt in die Gespräche einfließen ließ. So wurden die zuvor angesprochenen Themen vertieft oder durch neue Themenkomplexe ergänzt. Dieser itinerative Forschungsablauf ist typisch bei der Verwendung von Grounded Theory, bei der die Phasen der Datenerhebung und der Datenauswertung zeitlich zusammen fallen. Dieser Prozess dauerte solange an, bis kein neues Material zu den wichtigsten Kategorien, so wie sie sich herausgebildet hatten, mehr zu Tage gefördert werden konnte – man spricht in diesem Zusammenhang dann davon, dass die theoretischen Konzepte gesättigt sind (*saturation of the data*) (Glaser & Strauss 1998: 77 f.).

3.3.3.3 Beobachtungen aus den Feldaufenthalten

Die Interviewdaten wurden durch Daten teilnehmender Beobachtung aus dem Arbeitsalltag der zwei NPOs ergänzt. Durch den Einsatz verschiedener Erhebungsmethoden (Triangulation) kann das Vertrauen in die Resultate gestärkt werden (zum Beispiel Diekmann 2001: 18; Mayring 2002: 147), da sich diese auf unterschiedliche, unabhängige Erkenntnisquellen stützen. In Bezug auf die Organisationskultur ermöglicht die Methodentriangulation insbesondere auch eine Reduzierung möglicher Verzerrungen, welche durch sozial erwünschte Antworten – gerade auch innerhalb des kulturellen Kontexts – bei Interviews entstehen können. Der Zugang zu konkreten Handlungsmustern im formellen und informellen Arbeitsalltag ist dagegen durch Beobachtungsdaten leichter möglich (Meyerson 1991: 263). Auch die Daten zur POE konnten durch die Beobachtung sinnvoll ergänzt werden, da dadurch die kollektive Dimension des Konstrukts, also das Zusammenspiel der Organisationsmitglieder und deren Interaktionen bei der Aufgabenerfüllung, direkter erfasst werden konnte.

Bei der Caritas Schweiz verbrachte ich zwei Wochen, beim SRK-SG eine Woche vor Ort. Ich begleitete dabei jeweils eine Person einen Tag (manchmal auch nur einen Halbtag) durch ihren Alltag. Aufgrund der Größe der Organisation musste ich meinen Aufenthalt bei der Caritas Schweiz auf zwei Bereiche, Kommunikation und Internationale Zusammenarbeit, beschränken, da diese Bereiche selbst wieder in mehrere Abteilungen aufgeteilt sind. Beim SRK-SG dagegen konnte ich die ganze Organisation im Arbeitsalltag kennen lernen. Meine Beobachtungen von den Feldaufenthalten sind in einem Forschungstagebuch aufgezeichnet (siehe untenstehendes Beispiel). Ich habe sie gleichwertig wie die Interviewtranskripte in die formelle Datenanalyse einfließen lassen.

> E. muss die Farbversion einer Weihnachtskarte bestimmen. Geht zu ihren «Adressfrauen» und fragt sie nach ihrer Meinung. Telefoniert nachher mit der Grafikerin, diskutiert die beiden Versionen mit ihr. Sie ist überhaupt nicht zufrieden mit der neusten Variante und denkt, es liege auch am Drucker. Sie wird sich mit Drucker darum kümmern.
> Es gibt eine Person mit Behinderung im Team.
> Sortiments- / Bestandsliste von allen Verkaufsartikeln. E. soll die Artikel auf der Liste streichen, die nicht mehr aktuell sind. Liste ist ihr unklar, weil Angaben zu Karten nicht stimmen. Wir gehen zum Bestellbüro. C. versteht es auch nicht. Hat andere Liste. Unklarheit. F. kommt hinzu. E. erklärt, was sie verstanden hat. C. ist sofort sauer, dass sie nicht informiert wurde. E. meint, davon sei sie ja gar nicht betroffen. Das sieht C. anders. «Das sei wieder typisch etwas zu machen, ohne zu fragen, um dann festzustellen, dass es so nicht gehe.» E. geht zum Leiter der Abteilung Informatik mit C. und F. Weitere Frau kommt dazu, sie weist auf den Unterschied zwischen den beiden Listen hin und erklärt konkreten Hintergrund. Damit wird E. das Problem klar und damit ist das Problem gelöst. Als wir wieder im Büro von C. sind, sagt diese, dass es sonst ihre Stelle nicht mehr bräuchte, wenn es so gewesen wäre, wie sie erst verstanden hatte. Wir gehen zurück ins Büro von E., sie kann nun die Liste bearbeiten.
> G. kommt wegen der Adressbestellung. Sie hat das meiste schon gemacht, die Problemfälle lösen sie nun zusammen. T. läuft vorbei, rufen ihn wegen einer Frage. Beide finden, dass ihnen diese Adressbestellung zu spät mitgeteilt wurde.
> E. macht keine Kaffeepause. Jeder geht individuell.
> Sehr individuelle Büros: Familienbilder, Poster, Karten, Zeitungsausschnitte... Pflanzen. (Ausschnitte aus P 10)

3.3.3.4 Sekundärmaterialien

Schließlich habe ich Sekundärmaterialien wie Jahresberichte, Leitbilder und einzelne interne Dokumente zur Analyse der beiden NPOs beigezogen (siehe dazu Verzeichnis der Sekundärmaterialien).

3.3.4 Datenauswertung

Der Prozess der Datenauswertung mit der Grounded Theory beinhaltet mehrere Forschungsstrategien. Zum einen werden verschiedene Kodierungstechniken angewendet, zum anderen hilft die komparative Analyse (*comparative analysis*) und das Schreiben von Memos bei der Interpretation der Daten, um so von der Beschreibung des Phänomens die zu Grunde liegenden abstrakten, theoretischen Zusammenhänge freizulegen (zum Beispiel Glaser 1978; Goulding 2000).

Obwohl die folgende Beschreibung des Auswertungsprozesses einen linearen Eindruck vermittelt, haben sich die Kodierungstechniken teilweise überlappt und wiederholt. Sie wurden aber auch durch das Schreiben von Memos und die fortwährenden komparativen Analysen begleitet, die den Theoriebildungsprozess maßgeblich unterstützten. Unter Memos wird die Verschriftlichung von Ideen und Gedankengängen verstanden, die mir während des gesamten Forschungsprozesses durch den Kopf gingen. Inhaltlich waren das die Beobachtungen im Feld in Form des Forschungstagebuchs oder Überlegungen zu den einzelnen Kategorien beziehungsweise ihre Beziehungen zueinander. Die Memos unterstützten auch den Sortierungs- und Integrationsprozess der Theoriebildung, bei welchem die emergierten Einzelaspekte zu einer ineinander greifenden theoretischen Erklärung zusammengefügt wurden. Sie bildeten dabei eine Art Ideenpool, auf den ich insbesondere bei der Integration der Theorieelemente und beim Verfassen der Studie zurückgreifen konnte (dazu zum Beispiel Goulding 2002: 65).

Die komparative Analyse (*comparative analysis*) ist zentraler Bestandteil der Grounded Theory (Glaser 1978; Glaser & Strauss 1998). Der Vergleich theoretisch relevanter ähnlicher oder andersartiger Situationen hilft dabei, die Gemeinsamkeiten und Unterschiede der Kategorien und ihrer Eigenschaften herauszuarbeiten. Verglichen habe ich, so wie dies Charmaz empfiehlt (2000: 515), a) die verschiedenen Perspektiven, Erfahrungen oder Verhalten der Interviewpartnerinnen, b) unterschiedliche Gespräche mit der gleichen Interviewpartnerin, c) verschiedene Ereignisse in einer oder beiden Organisationen und fortlaufend d) das unterschiedliche Datenmaterial mit emergierten Kategorien sowie e) die unterschiedlichen Kategorien, um diese immer besser definieren und voneinander unterscheiden zu können. Bei meinem Forschungsdesign stand der Vergleich der zwei NPOs immer wieder im Vordergrund, um zum Beispiel weitere kulturelle Merkmale in meine Analyse einzubeziehen oder um emergierte Beziehungen in der anderen Organisation zu überprüfen und dadurch letztlich die entstehenden Theorieelemente zu verbessern (zum Beispiel Eisenhardt 1989: 542 ff.).

3.3.4.1 Offenes und selektives Kodieren

Die Auswertung der wörtlich transkribierten Interviewdaten und der Beobachtungsnotizen aus dem Forschungstagebuch begann ich mit der Kodierungsstrategie des offenen Kodierens (*open coding*), wozu ich die Auswertungssoftware für Grounded Theory Atlas.ti verwendete. Gemäß Glaser ist dabei in diesem ersten Analyseschritt das Ziel, die Daten – möglichst frei von vorgefertigten Konzepten – zu interpretieren und zu kodieren (1978: 56). Dies bedeutet, dass die Daten zunächst Zeile für Zeile (*line by line*) beziehungsweise Satz für Satz analysiert werden, um zu verstehen, was in den Daten passiert und mit welchen Konzepten man die jeweilig beinhalteten Ereignisse in Kodes fassen kann. Mit diesem offenen Verfahren analysierte ich zunächst das Datenmaterial der Caritas und dann in einem späteren Moment die Daten des SRK-SG, um mich jeweils beiden Organisationen möglichst unvoreingenommen anzunähern. So griff ich auch Begriffe der Informanden (*in vivo codes*) wie beispielsweise «Gärtlidänke» (Caritas Schweiz) oder «Herzblut» (SRK-SG) als Kodes auf, um deren spezifische Bedeutung in der jeweiligen Organisationskultur zu ergründen. Dabei kamen anfänglich über 400 Kodes zusammen.

Die Analyse der Daten Zeile für Zeile ermöglichte auch, die Perspektive der Insider einzunehmen und zu ergründen, welche Bedeutungen bestimmten Werten oder Ereignissen beigemessen wurden. Dadurch konnte die auf Konsens basierende Integrationssicht in einigen Aspekten um die Differenzierungssicht (Martin 1992) erweitert werden. Nur in Bezug auf die Interpretation der christlichen Werte bei der Caritas Schweiz konnte außerdem ein kultureller Aspekt aufgedeckt werden, indem kein organisationsweiter Konsens besteht und in welchem sich die gesellschaftlichen Interpretationen deutlich spiegeln.

Nachdem sich die zentralen Kategorien wie zum Beispiel die wichtigsten Kulturausprägungen der beiden Organisationen herausgebildet hatten, versuchte ich mit selektivem Kodieren (*selective coding*), die Kodes auf die mit diesen Kategorien in Verbindung stehenden Kodes zu konzentrieren. Bei der Kodierung von weiteren Interviews und Beobachtungsdaten verwendete ich dann Kodes aus meiner Kodeliste und dehnte die Analyse auf ganze Sätze und Abschnitte aus. Aufgrund neuer Erkenntnisse im Auswertungsprozess und dem intensiven Vergleich der emergierten Konzepte und Kategorien veränderte ich einzelne Kodes im Verlauf der Analyse, indem ich sie in abstraktere Konzepte umbenannte oder indem ich verschiedene Kodes zusammenführte und in einem Kode verdichtete. Am Schluss konzentrierte ich meine Untersuchung auf Kodes, welche mit sechs kulturellen Grundannahmen und zwei identifizierten Wirkungsmechanismen in Zusammenhang standen.

3.3.4.2 Theoretisches Kodieren

Eine zweite Kodierungsstrategie, die teilweise den Prozess des offenen Kodierens überlappte, war das theoretische Kodieren (*theoretical coding*). Dieses umfasst die Beziehungen der Kodes zueinander und ist die Basis für die Generierung von theoretischen Erklärungsansätzen (Glaser 1978: 72 f.). Um bei dieser Kodierungsstrategie die theoretische Sensibilität anzuregen und die Theoriebildung anzureichern, schlägt Glaser vor, die Daten im Hinblick auf verschiedene Kodierungsfamilien (*coding families*) zu untersuchen (Glaser 1978: 74 ff.). Kodierungsfamilien sind als Ideenpool zu verstehen, welcher der Forscherin helfen soll, die empirisch beobachteten Ereignisse in theoretische Zusammenhänge zu bringen. Zum Beispiel können die Daten unter dem Blickwinkel der kausalen Beziehungen, welche in der Kodierungsfamilie «6 C's» beinhaltet sind, untersucht werden (*causes, context, contingencies, consequences, covariences, conditions*). Oder die Kodierungsfamilie «Grundströmung» (*mainline family*) kann dazu herangezogen werden, um die Daten hinsichtlich gesellschaftlicher Phänomene wie soziale Kontrolle, Rekrutierung oder Sozialisierung zu betrachten (Glaser 1978: 74 ff.).

Die Schwierigkeit beim theoretischen Kodieren besteht gemäß Kelle (2007) darin, die am besten geeigneten Kodierungsfamilien auszuwählen und zu kombinieren, um so den Theoriebildungsprozess wirkungsvoll zu unterstützen. Die Kodierungsfamilien dürfen in jedem Fall nur dann angewandt werden, wenn dies die Datenlage auch nahe legt. Kelle formuliert dies folgendermaßen:

> «However, one has always to keep in mind that such theoretical codes must not be ‹forced› on the data (which means that they may only be used if the data material itself suggest their use: one may only apply an approach based on utility theory, for instance, if the research subjects did refer to what can be considered ‹costs› or ‹benefits› of the (...) situation» (2007: 204).

Der Ausgangspunkt für das theoretische Kodieren war zunächst mein konzeptionelles Vorverständnis, insbesondere hinsichtlich der thematischen Bereiche, in welchen Gruppen Grundannahmen bilden (siehe dazu Kapitel 2.2.6). Dann analysierte ich die verschiedenen Beziehungen zwischen den Kodes unter dem Blickwinkel der «6 C's», also beispielsweise hinsichtlich kausaler Zusammenhänge zwischen den identifizierten Grundannahmen, der zugehörigen Handlungsmuster und der daraus entstehenden Wirkungen auf die POE. Aus diesen Kodierschritten sind eine Vielzahl an graphischen Netzwerken hervorgegangen.

Aufgrund mehrerer Interviewstellen betrachtete ich die Daten auch vor dem theoretischen Hintergrund von Motivationstheorien, um somit die theoretische Sensibilität anzuregen. Beispielsweise analysierte ich die Daten in Bezug auf Bedürfnisse (Maslow 1943; Alderfer 1972), Selbstbestimmung (Deci & Ryan 1985; Gagné & Deci 2005) und individuelle wie kollektive Selbstregulierung (Heckhausen 1980; Bandura 2001) sowie der Wirkungen von Zielen gemäß der Zielsetzungstheorie von Locke und Latham (1990).

Die Beziehungen zwischen den einzelnen Kodes analysierte ich einerseits innerhalb der einzelnen Organisationen, dann aber verglich ich auch die Daten der zwei Organisationen und stellte die Ereignisse und freigelegten Muster einander gegenüber, um Gemeinsamkeiten und Unterschiede zu identifizieren (komparative Analyse).

3.3.4.3 Kommunikative Validierung

Nachdem sich die kulturellen Grundannahmen und die zugehörigen Handlungsweisen herausgebildet hatten, verfasste ich für die Caritas Schweiz, wie vorab verabredet, einen Kulturbericht. Diesen Bericht nützte ich gleichzeitig zur kommunikativen Validierung meiner Ergebnisse in Bezug auf die Diagnose der Organisationskultur. Der Kulturbericht wurde zu diesem Zweck allen Informanden zugeschickt, mit der Bitte, mir dazu Feedback zu geben und mir mitzuteilen, ob ich die wichtigsten Kulturausprägungen der Organisation erfasst hatte. Zu einem weiteren Zeitpunkt konnte ich meine Ergebnisse an einer internen Schulung von Nachwuchsführungskräften vorstellen und diskutieren. In beiden Fällen waren die Reaktionen sehr positiv. Darüber hinaus konnten Missverständnisse geklärt und Anregungen in die Datenauswertung aufgenommen werden.

Im SRK-SG wurde eine kommunikative Validierung mit einer Gesprächspartnerin, in Form eines weiteren Gesprächs, durchgeführt. Auch in diesem Fall wurden meine Erkenntnisse in Bezug auf die Organisationskultur gestärkt und weiter vertieft.

3.3.5 Theoriebildung

3.3.5.1 Integration

Der Abstraktionsprozess setzte sich fort, indem im Verlauf der Datenauswertung die herausgearbeiteten Muster rund um die Wirkungsmechanismen und die sechs Grundannahmen verglichen wurden. Als zentrale Schlüsselkategorien für die energiefördernde Wirkung stellten sich zwei Dimensionen der Kulturausprägungen heraus: die geteilte Wahrnehmung eines kollektiven Handlungsrahmens und die geteilte Wahrnehmung eines kollektiven Gestaltungsspielraums (nähere Ausführungen dazu in der Darstellung der empirischen Ergebnisse, Kapitel 4).

Die Schlüsselkategorie erfüllt die von Glaser gestellten Anforderungen an eine solche Kategorie insofern, als dass sie in Bezug auf die energiefördernde Wirkung hohe Erklärungskraft hat, häufig in den Daten vorkommt und in bedeutungsvollen Zusammenhängen zu anderen Kategorien steht (1978: 93; auch Goulding 2002: 88; Dey 2007: 184). Die Schlüsselkategorien bildeten außerdem den roten Faden, um welche die einzelnen Theorieelemente integriert und im folgenden Ergebnisteil dargestellt werden.

3.3.5.2 Literaturvergleich

Ab dem Zeitpunkt, als die emergierenden Kategorien und Beziehungen schon relativ klar hervortraten, dehnte ich die komparative Analyse auch auf den Vergleich mit bestehenden Theorien aus der Literatur aus. Ziel war dabei wiederum, durch Übereinstimmungen, aber insbesondere auch durch die Ergründung und Begründung von Diskrepanzen zwischen meinen Ergebnissen und bestehenden Theorien, die Erklärungskraft meiner Aussagen zu stärken (dazu zum Beispiel Eisenhardt 1989: 544 f.).

3.3.6 Forschungsethische Überlegungen

Die forschungsethischen Fragen, die sich bei der Durchführung eines Forschungsprojekts stellen, beziehen sich vordringlich darauf, wie die Befragten und die beteiligten Organisationen davor geschützt werden können, dass sie durch die Forschungsarbeit Schaden erleiden. Um dies zu vermeiden, werden in der Literatur insbesondere zwei Maßnahmen empfohlen: Erstens sollten die Beforschten – ohne

Täuschungsmanöver – über das Forschungsprojekt informiert werden und dann ihre Zustimmung zur Beteiligung geben (*informed consent*). Zweitens sollte die Privatsphäre der Beteiligten dadurch geschützt werden, dass die erhobenen Daten vertraulich behandelt werden und in Veröffentlichungen nicht zu identifizieren sind (siehe zum Beispiel Punch 1994; Christians 2005).

Die Forderung nach der vorgängigen Information und Zustimmung ließ sich in diesem Forschungsprojekt relativ leicht umsetzen. Um überhaupt Zugang zu den NPOs zu erlangen, mussten diese schriftlich angefragt und über das Forschungsvorhaben informiert werden. Im Fall der Caritas Schweiz wurde außerdem vorab verabredet, welche Berichte die Organisation, zusätzlich zur veröffentlichten Studie, erhalten würde. Im Intranet publizierte die Caritas Schweiz sodann eine Mitteilung, in der ich mich vorstellte und mein Forschungsprojekt kurz umriss. Schließlich erläuterte ich jeweils in beiden Organisationen mein Vorhaben den Interviewpartnerinnen und den Personen, die ich durch ihren Arbeitsalltag begleitete.

Die Anonymisierung von Personen und Orten ist in dieser Studie dagegen nur teilweise verwirklicht. Die Identität der beiden beteiligten NPOs wurde nicht anonymisiert, denn sie wäre dadurch nur vordergründig verschleiert worden. Aufgrund der jeweiligen historischen Entwicklungen und der organisatorischen Details, welche zum Verständnis der Ergebnisse im weiteren Verlauf dargestellt werden müssen, könnte doch leicht auf die Identität der Organisationen geschlossen werden. Der Zirkel der NPOs ist im deutschschweizerischen Raum zu klein für eine effektive Anonymisierung. Auf dieses Problem weist auch Punch hin, der festhält, dass es fast unmöglich ist, die Identität gewisser Institutionen oder öffentlich exponierter Personen zu verschleiern (1994: 92).

Die Interviewdaten, Beobachtungen und die Ausführungen über Personen sind jedoch anonymisiert. Dies, obwohl die Vertraulichkeit und Anonymität damit trotzdem nicht völlig gewährleistet werden kann, da Organisationsmitglieder möglicherweise trotzdem Rückschlüsse ziehen können. Um zu vermeiden, dass den Beteiligten daraus Schaden entsteht, wurden die Gesprächspartner vor der Veröffentlichung der Ergebnisse um die Freigabe der Zitate gebeten.

3.4 Erkenntnistheoretische Einordnung der Studie

Die erkenntnistheoretische Einordnung des Forschungsprojektes hat an dieser Stelle den Zweck, einen Blick zurück auf die theoretischen Grundlagen und das methodische Vorgehen zu werfen und die zu Grunde liegenden forschungsparadigmatischen Annahmen hervorzuheben. Gleichzeitig ermöglicht diese Einordnung auch einen Blick nach vorne, da mit der Zuordnung zu einem sozialwissenschaftlichen Paradigma auch deutlich wird, welchen Charakter die Forschungsresultate haben werden.

Paradigmen sind Normensysteme, welche ein bestimmtes Wissenschaftsbild prägen (Ulrich 1984: 155). Sie umfassen gewisse ontologische, epistemologische und methodische Positionen, die einen Einfluss darauf haben, was in den Fokus der Wissenschaftlerin rücken kann, wie die Realität wahrgenommen wird und mit welchen Forschungsmethoden diese Realität(en) ergründet werden können. Paradigmen gelten als Theorien und «modus operandi» für die innerhalb des jeweiligen Paradigmas tätigen Forscherinnen (Burrell & Morgan 1979: 23).

Die Sozialwissenschaft, darin eingeschlossen die betriebswirtschaftliche Forschung, wurde in den letzten Jahrzehnten maßgeblich durch das von den Naturwissenschaften übernommene positivistische Paradigma geprägt. Ausgangspunkt dieses «Weltbilds» ist (Guba & Lincoln 1998: 195), dass es eine außerhalb der menschlichen Vorstellung existierende Wirklichkeit gibt, die nach bestimmten Gesetzmäßigkeiten funktioniert. Die Wissenschaft strebt danach, diese Gesetzmäßigkeiten zu erklären, zu messen und dadurch Voraussagen abzuleiten. Dies geschieht mit einem objektiven Forschungsansatz, welcher nicht durch menschliche Empfindungen oder die Interaktion der Forscherin mit dem Untersuchungsgegenstand verfälscht werden soll. Insbesondere quantitative Forschungs- beziehungsweise Messmethoden erscheinen deshalb geeignet, die Gesetzeshypothesen auf ihren Wahrheitsgehalt hin möglichst präzis zu überprüfen (siehe zum Beispiel Ulrich 1984).

Das positivistische Paradigma ist in den eigenen Kreisen, aber auch in anderen Forschungsrichtungen unter starke Kritik gekommen (Guba & Lincoln 1998: 197 ff.). Dies hat zur Bildung eines postpositivistischen Paradigmas geführt, das einzelne Kritikpunkte aufgenommen hat. Aus dieser Perspektive kann die Realität nur noch annähernd beschrieben werden, da die irrationalen Komponenten menschlichen Handelns der Wissenschaft nicht zugänglich sind. Auch von der Idee der völligen Objektivität der Forscherin wird Abstand genommen, wenngleich sie weiterhin eine Richtgröße bleibt. Schließlich ist die Forschung innerhalb des postpositivistischen Paradigmas bemüht, die Gesetzmäßigkeiten nicht in isolierten Untersuchungsanordnungen zu erforschen, sondern diese in ihrem natürlichen Umfeld zu untersuchen – situative Einflüsse zuzulassen und in die Erklärung der Wirklichkeit einzubeziehen (siehe Guba & Lincoln 1998: 205). Als Gegenströmungen zu positivistischen und postpositivistischen Positionen haben sich auch sozialwissenschaftliche Paradigmen gebildet, welche sich der Wirklichkeit beziehungsweise den sozialen Wirklichkeiten mit subjektiven Ansätzen nähern (interpretatives Paradigma, Konstruktivismus) und die sich teilweise auch als Mittel zu radikalem gesellschaftlichen Wandel verstehen (radikalhumanistisches und radikalstrukturalistisches Paradigma) (Burrell & Morgan 1979). Das interpretative und das konstruktivistische Paradigma zielen beide darauf ab, die Bedeutung einer bestimmten Situation für das menschliche Handeln aus der Sicht des Handelnden zu verstehen. Mit unterschiedlichen Foci steht für beide Strömungen die subjektive Konstruktion der Realität im Mittelpunkt des Forschungsinteresses (siehe dazu

Schwandt 1998). Für die folgende Einordnung dieser Forschungsarbeit sind insbesondere das postpositivistische Paradigma und die subjektiven Forschungsansätze relevant, so dass auf weitere Paradigmen an dieser Stelle nicht näher eingegangen wird.

Wie Burrell und Morgan feststellen, lassen sich zwar der objektive und der subjektive Forschungsansatz in gegensätzlichen Extrempositionen bezüglich Ontologie, Epistemologie, Natur des Menschen und Methodik charakterisieren, allerdings variieren diese Annahmen doch erheblich zwischen verschiedenen Forschungsströmungen innerhalb eines Paradigmas (1979: 7). Diese Forschungsarbeit ist grundsätzlich im positivistischen Paradigma anzusiedeln, obschon hinsichtlich der vier zentralen Dimensionen meist nicht in ihrer extremsten Ausprägung. Vielmehr nähert sich in gewissen Momenten das zugrunde liegende Weltbild postpositivistischer beziehungsweise interpretivistischer Positionen. Dies lässt sich anhand der Zielsetzung des Forschungsprojekts, aber auch anhand des Forschungsprozesses klarer herausarbeiten.

Meine Forschungsfrage nach der Beziehung der Organisationskultur und der POE geht implizit von der Grundannahme aus, dass es eine Wirklichkeit außerhalb der menschlichen Kognition gibt. Diese ist geprägt durch kausale Beziehungen, welche zwar unglaublich komplex sind und durch eine Vielzahl an Einflussfaktoren bestimmt werden, welche aber wiederum in weiten Teilen beobachtet und erklärt werden können. Indem ich die Komplexität der sozialen Phänomene, aber auch deren Wandel über die Zeit anerkenne, relativiere ich die positivistische Position, welche von der ewigen Gültigkeit der theoretischen Erkenntnisse über Raum und Zeit – analog der Naturgesetze – ausgeht. Die Wahl der Forschungsmethode ist mit dieser Annahme in zweierlei Hinsicht konsistent. Grounded Theory ist – in ihrer ursprünglichen Ausprägung von den Autoren Glaser und Strauss, später in Verbindung mit Corbin – stark im positivistischen Paradigma verwurzelt, da von einer objektiven, externen Realität ausgegangen wird, deren Wirkungszusammenhänge von einer neutralen Beobachterin «entdeckt» (Glaser & Strauss 1998) und erklärt werden können (Charmaz 2000; Guba & Lincoln 1998). Die Forschungsstrategie der Grounded Theory unterscheidet sich jedoch von der traditionellen positivistischen Vorgehensweise. Grounded Theory überprüft keine theoretisch hergeleiteten Hypothesen, sondern legt die in den Felddaten enthaltenen Wirkungszusammenhänge frei. Damit ist der Theoriebildungsprozess an ein Forschungsobjekt in seiner natürlichen Umgebung gebunden, so dass die Phänomene im Zusammenspiel mit allen möglichen Einflussfaktoren berücksichtigt werden können (Glaser 1978: 2 f.). Die Forschungsstrategien der Grounded Theory bieten darum auch Raum für meine anderen forschungsleitenden Fragen, wie die POE und die Organisationskultur(en) in einem ganz spezifischen Kontext – in zwei NPOs – ausgeprägt sind.

Objektivität habe ich bei der Datenerhebung, entsprechend der positivistischen Grundannahme, insofern angestrebt, als ich versuchte, nicht aktiv und bewusst ins Geschehen in den untersuchten Organisationen einzugreifen, obwohl gerade ein

Feldaufenthalt die Grenzen zwischen Forschendem und Untersuchungsgegenstand immer etwas verschwimmen lässt (Charmaz 2000: 524). Auch versuchte ich, soweit als möglich – denn was die forschende Person sieht und analysiert, ist immer mit ihrem jeweiligen Wissens- und Erfahrungshintergrund verknüpft –, offen und unvoreingenommen in Kontakt mit den Organisationsmitgliedern zu treten. Das beinhaltete auch, mich ganz im Sinne der Grounded Theory (Glaser & Strauss 1998; Glaser 1978) weitgehend von bekannten theoretischen Konzepten zu lösen.

Dennoch sind meine Annahmen bezüglich Organisationskulturen und wie diese erforscht werden können eher in der Nähe subjektiver Forschungsansätze anzusiedeln. Neben semistrukturierten Interviews ergänzte ich meine Daten durch teilnehmende Beobachtung. Bei diesen Aufenthalten im Feld, das heißt bei den zwei NPOs, versuchte ich, in den Arbeitsalltag dieser Organisationen einzutauchen und sie aus dieser Innenperspektive (*emic view*) kennen zu lernen und zu verstehen. Dazu entschied ich mich aufgrund meines Kulturbegriffs, der zwar positivistisch geprägt ist, der aber trotzdem davon ausgeht, dass mit einer reinen Außensicht (*etic perspective*) die soziale Bedeutung der Phänomene für die Organisationsmitglieder nicht zu erschließen ist (siehe dazu Kapitel 2.2). Ich ging davon aus, dass die Kultur ohne die direkte Erfahrung im Feld nicht wirklich verstanden werden kann (so zum Beispiel auch Van Maanen 1988: 3).

Verschiedene Blickwinkel habe ich auch bei der Datenauswertung eingenommen, um nicht zentrale Ausschnitte der Organisationskultur aus der Betrachtung auszuschließen (Martin 1992: 174; Meyerson 1991: 260). Die Bereicherung der Kulturbetrachtung durch die von Martin charakterisierte Differenzierungs- und Fragmentierungssicht betraf insbesondere die Frage nach dem Ausmaß des Konsenses in den Organisationen als auch die Grenzen der *steuerbaren, kontrollierbaren* Organisationskultur (Meyerson 1991: 260). Diese Differenzierungs- und die Fragmentierungsperspektiven ermöglichten es deshalb auch, die Gültigkeitsgrenzen der emergierten Kausalbeziehungen zwischen der Organisationskultur und der POE darzustellen.

Ebenso wie die Datenerhebung war meine Datenauswertung durch Grundannahmen geprägt, die sich zwischen den Extrema der positivistischen und der interpretativen Positionen befinden. Ein solcher paradigmatischer Perspektivenwechsel bei der Datenanalyse ermöglicht es, «to open the data and ‹see› with greater analytical depth» (Lewis & Grimes 1999: 681; so auch Gioia & Pitre 1990). Die von der rein positivistischen Sicht abweichenden Betrachtungsweisen dienten mir zur Ergänzung und Bereicherung der theoretischen Erklärungen. Insbesondere ging es mir darum, die Innenperspektive kennen zu lernen, um zu vermeiden, dass meine Kulturinterpretationen völlig am Verständnis der Organisationsmitglieder der untersuchten Organisationen vorbei gehen würden. Außerdem dienten mir die drei von Martin (1992) vorgeschlagenen Perspektiven auf die Organisationskultur dazu, die Grenzen der Erklärungssätze zu erkunden. Die Theoriebildung selber ist jedoch mit der Analyse der Kausalbeziehungen, der Abstrahierung der Erkenntnisse der zwei

Fallbeispiele und schließlich der Formulierung von Propositionen wieder an die positivistische Weltsicht angelehnt. Dabei wird nicht (das Unmögliche) versucht, eine paradigmatische Synthese zu bilden (Gioia & Pitre 1990: 599).

Eine positivistische Ausrichtung ist auch in der Darstellungsweise meiner empirischen Untersuchung feststellbar. Obwohl ich Direktzitate aus den Interviewgesprächen oder Beobachtungen aus den Feldaufenthalten in meine Ausführungen einflechte, steht nicht – wie bei einer stark konstruktivistisch geprägten Anwendung von Grounded Theory (zum Beispiel Charmaz 2000) – die Erzählung einer Geschichte im Vordergrund, welche die Stimmungen in den Organisationen und die gelebten Erfahrungen der Interviewpartner und -partnerinnen wiedergibt. Mir geht es vielmehr darum, meine Aussagen auf das empirische Datenmaterial zu stützen und durch diese Illustration die Glaubwürdigkeit meiner Kulturanalyse und der theoretischen Erklärungen zu erhöhen. Meine Rolle verstehe ich dabei weniger als diejenige einer «Geschichtenerzählerin» (Charmaz 2000: 528), sondern als diejenige einer (weitgehend) objektiven Beobachterin und Wissenschaftlerin.

Aus dem bisher Gesagten ergibt sich, dass die Ergebnisse dieses Forschungsprojekts sowohl theorie- als auch anwendungsorientiert sind. Einerseits wird versucht, theoretische Lücken zu schließen, indem theoretische Erklärungen in Form von Theorieelementen formuliert, trotzdem aber auch die Bedingtheit der untersuchten Phänomene herausgearbeitet werden. Andererseits sollen die aus der Analyse des Arbeitsalltags abgeleiteten theoretischen Erkenntnisse dazu beitragen, Führungspersonen in den Organisationen erweiterte Gestaltungsmöglichkeiten für die Zukunft aufzuzeigen. Gemeint ist dabei sowohl ein bewussterer Umgang mit der POE als auch eine Sensibilisierung für die Zusammenhänge mit der jeweiligen Organisationskultur, was einer Variante der von Ulrich geforderten Anwendungsorientierung der betriebswirtschaftlichen Forschung entspricht (1984: 180).

Zusammenfassend lässt sich die vorliegende Studie als multiparadigmatisch (Lewis & Grimes 1999; Gioia & Pitre 1990) bezeichnen. Sie ist vorwiegend in einem postpositivistischen Weltbild verankert, denn die meisten positivistischen Positionen werden in einer relativierten Form verstanden. Bezüglich der Datenerhebung und der Datenanalyse wird die positivistisch geprägte Sicht jeweils durch interpretative Perspektiven – von Lewis und Grimes als so genannte «paradigmatische Klammern» bezeichnet (1999: 673 f.) – ergänzt, um insbesondere die Organisationskulturen umfassender zu verstehen.

4 Bildung gegenstandsbezogener Theorieelemente

4.1 Annäherung an die Organisationen

In diesem Kapitel sollen die beiden NPOs kurz vorgestellt und wichtige Entwicklungen der letzten Jahre dargestellt werden. Damit soll die Leserin einerseits mit den Organisationen bekannt gemacht werden, andererseits soll damit auch der entstehungsgeschichtliche Hintergrund angedeutet werden, vor welchem die Organisationen heute agieren und vor dem deshalb auch die empirischen Resultate dieser Untersuchung zu sehen sind.

4.1.1 Caritas Schweiz

Caritas Schweiz wurde 1901 als Verein mit Sitz in Luzern gegründet. Der Verein ist ein eigenständiges katholisches Mehrsparten-Hilfswerk. Seit Mitte der 1970er Jahre ist Caritas Schweiz etwa um das Zehnfache gewachsen und hatte Ende 2007 rund 300 Mitarbeitende (circa 200 Vollzeitstellen). Durch die Mitgliedschaft bei Caritas Internationalis, der Dachorganisation mit weltweit 162 Länderorganisationen, ist Caritas Schweiz in ein internationales Netzwerk von Hilfswerken eingebunden. Innerhalb der Schweiz sind die regionalen Caritas-Stellen die wichtigsten Partner für die Arbeit der Caritas Schweiz.

Das Aufgabenfeld von Caritas Schweiz ist breit: Die Organisation engagiert sich sowohl in der Sozialarbeit und im Migrationsbereich im Inland als auch in der internationalen Zusammenarbeit. Caritas Schweiz führt dabei zum einen Leistungsaufträge des Bundes aus, zum anderen entscheidet sie jeweils selbst, welche Projekte sie, zum Beispiel in der Entwicklungszusammenarbeit, übernehmen will. Die Organisation finanziert sich durch Zuschüsse des Bundes (knapp 20 Prozent), private Spenden (20 Prozent) sowie durch Beiträge der Glückskette und aus dem internationalen Caritas-Netzwerk (über 50 Prozent) und hat ein jährliches Projektvolumen von rund 100 Millionen Franken (Zahlen 2006 und 2007).

Zu Beginn seiner Amtszeit 1991 veränderte der damalige Caritas Direktor Jürg Krummenacher die gesamte Organisation maßgeblich und stieß einen Prozess zur Weiterentwicklung an. Es wurde erstmals ein Leitbild erarbeitet, und es wurden die Strukturen in der Zentrale in Luzern verschlankt. Ergebnis dieser Veränderungen sind sechs neue Organisationsbereiche, die zum Untersuchungzeitpunkt folgende Namen trugen: Grundlagen, Internationale Zusammenarbeit, Soziale Aufgaben und Migration Schweiz, Kommunikation, Personal und Qualitätsmanagement sowie Finanzen und Administration.

https://doi.org/10.1515/9783110555271-008

Jürg Krummenacher nutzte die Veränderungsphase der Caritas auch für die Modernisierung des Auftritts nach außen. So wurde nicht nur das Gebäude der Zentrale umfassend renoviert, sondern auch ein neues Erscheinungsbild mit Corporate Design und einem Konzept zur Öffentlichkeitsarbeit eingeführt. Diese weitreichenden Organisationsveränderungen legten die Basis für die insgesamt sehr erfolgreiche Entwicklung der darauf folgenden Jahre.

Dennoch haben sich nicht alle Bereiche in gleicher Weise entwickelt. Der Bereich der Internationalen Zusammenarbeit ist beispielsweise aufgrund der häufigen Naturkatastrophen und humanitärer Krisen – insbesondere auch durch die Tsunamikatastrophe in Südostasien im Dezember 2004 – umsatzmäßig und personell stark gewachsen. Während vor der Tsunamikatastrophe nur rund 45 Millionen Franken im Bereich Internationale Zusammenarbeit umgesetzt wurden, waren es Ende 2007 gut 65 Millionen Franken. Dagegen musste der vormals umsatzstärkste Bereich Soziale Aufgaben und Migration Schweiz wegen der rückläufigen Zahl der Asylsuchenden und der Verschärfungen des schweizerischen Asylrechts die meisten Asylzentren schließen und viele Entlassungen vornehmen. Das Projektvolumen ist in diesem Bereich seit Mitte der 1990er Jahren von 90 Millionen Franken auf 40 Millionen Franken Ende 2007 gesunken.

4.1.2 Schweizerisches Rotes Kreuz Kanton St. Gallen

Im Rahmen der schweizweiten Bewegung des Roten Kreuzes (seit 1882; SRK) zur Pflege von Kriegsverwundeten wurde 1894 in der Stadt St. Gallen eine eigene Sektion gegründet. Bis 1905 konstituierten sich weitere unabhängige Sektionen im Kanton St. Gallen. Nachdem die Schweiz an keinem der beiden Weltkriege des 20. Jahrhunderts teilnahm und die Pflege von verwundeten Wehrmännern nicht erforderlich war, verlagerte das SRK seine Tätigkeit auf die Friedensarbeit. Die Sektion St. Gallen hat in der Folge unterschiedlichste Aufgaben ausgeführt: Sei das der Blutspendedienst, Pflegekurse, Katastrophen- und Flüchtlingshilfe, Armenunterstützung, Kleidersammlungen, Babysitting-Kurse, Fahrdienste und viele mehr (Cornel 1994).

Bis Mitte der 1980er Jahre wurden die Aktivitäten des Schweizerischen Roten Kreuz Sektion St. Gallen durch zwei Halbtagsangestellte und viele freiwillige Mitarbeitende ausgeführt. Unter der Geschäftsleitung von Gilly Horber wuchs dann nicht nur der Projektumfang, sondern auch die Mitarbeitendenzahl. Zum Untersuchungszeitpunkt waren im Kantonalverband St. Gallen (siehe dazu unten) 20 Teilzeitangestellte tätig, unterstützt von über 350 Freiwilligen. Die Tätigkeit des Hilfswerks umfasst ein Projektvolumen von jährlich rund 2 Millionen Franken, wobei sich die Finanzierung zu 2/3 aus Mitgliederbeiträgen und den Erträgen der eigenen Dienstleistungen zusammensetzt, der Rest sind zu einem kleinen Anteil Spenden und ansonsten vorwiegend öffentliche Beiträge (Zahlen 2006 und 2007).

Aufgrund einer Weisung der nationalen Geschäftsstelle des SRK in Bern begann in den Jahren 1992/93 ein Zentralisierungsprozess, der 1998 in der Fusionierung der fünf eigenständigen St. Galler Sektionen zum Kantonalverband des Kantons St. Gallen (SRK-SG), unter der Führung der St. Galler Sektion, mündete. Vorerst veränderte sich in der Praxis der lokalen Sektionen außerhalb der Stadt St. Gallen wenig, denn ihnen wurde weiterhin die Organisation und Ausführung ihrer Projekte belassen. Allerdings wurden ihre eigenen Vorstände aufgelöst und teilweise in den kantonalen Vorstand integriert. Über die folgenden Jahre hinweg wurden die lokale Administration und Projektausführung jedoch schrittweise in St. Gallen zentralisiert. Dieser Prozess wurde erst 2006 vollständig abgeschlossen und zeigt sich nach außen im Erwerb einer stattlichen Liegenschaft, dem neuen Geschäftssitz des Kantonalverbands. Heute haben die fünf neu konzipierten Regionalstellen ausschließlich Aufgaben im Bereich Marketing und Öffentlichkeitsarbeit.

Nach der Kantonalisierung wurde zum Ende der Amtszeit von Gilly Horber ein interner Umstrukturierungsprozess vollzogen. In dessen Zuge wurden Kompetenzüberschneidungen und Doppelspurigkeiten bereinigt und die Tätigkeiten in fünf Bereichen (Entlastung, Bildung, Marketing & Kommunikation, Finanzen & Administration sowie Soziale Integration) neu organisiert sowie eine von der nationalen Ebene initiierte kantonale Strategie verabschiedet. Die Bereichsleiter sind heute Teil der Geschäftsleitung.

4.2 Überblick über die Theorieelemente

Durch die Datenanalyse mit der Methode der Grounded Theory konnten zwei Mechanismen aufgedeckt werden, die zwischen der Organisationskultur und der POE wirken. Abbildung 4-1 gibt einen Überblick über die entwickelten Theorieelemente, bevor der Wirkungsmechanismus über den Handlungsdruck sowie der Wirkungsmechanismus über arbeitsbezogene Handlungsmuster detailliert erläutert und die energiefördernden Kulturdimensionen mit den unterschiedlichen Ausprägungen vorgestellt werden.

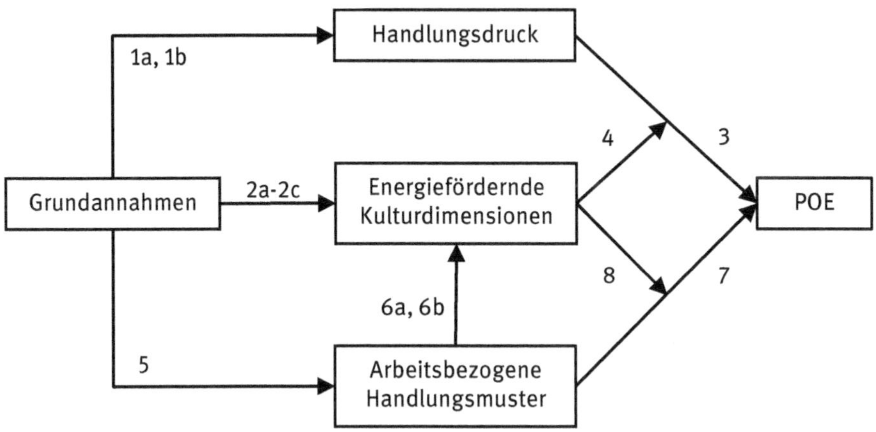

*Legende: Die Zahlen bezeichnen die jeweiligen Propositionen

Abb. 4-1: Übersicht über Theorieelemente Organisationskultur und POE (Quelle: eigene Darstellung)

4.3 Handlungsdruck und energiefördernde Kulturdimensionen

Aus der Datenanalyse ist hervorgegangen, dass die Ausprägungen der beiden Organisationskulturen Handlungsdruck erzeugen können. In Kapitel 4.3. wird dargelegt, wie aus einerseits aus Umweltinterpretationen und andererseits aus (Ziel-)Wertidentifikation ein solcher Handlungsdruck entstehen kann. Es wird nacheinander in beiden Fällen herausgearbeitet, wie der Handlungsdruck und die energiefördernden Kulturdimensionen auf das Niveau an POE einwirken.

4.3.1 Handlungsdruck durch Umweltinterpretationen

4.3.1.1 Grundannahmen Fremdbestimmtheit und Unabhängigkeit

In diesem Kapitel werden zwei zentrale Grundannahmen über die Umwelt der beiden Organisationen dargestellt: Bei der Caritas Schweiz handelt es sich um die Grundannahme Fremdbestimmtheit, beim SRK-SG um die Grundannahme Unabhängigkeit.

Die Interpretation der Umwelt ist bei der Caritas Schweiz durch die Grundannahme Fremdbestimmtheit geprägt. Das bedeutet, dass die Organisationsmitglieder permanente Anpassungsprozesse an das Umfeld für «Naturgesetze» (I 3:46) halten. Sie sehen die Caritas Schweiz darin als «(...) Ziehharmonikaladen, der wächst und schrumpft und wächst und schrumpft» (I 4:102). Die Organisationsmitglieder gehen dabei von der geteilten Annahme aus, dass die Tätigkeiten der Organisation ständig von externen Einflüssen (mit-)bestimmt werden. Wenn Veränderungen in der Umwelt festgestellt werden, werden diese so interpretiert, dass die Organisation darauf reagieren muss, um weiterhin erfolgreich zu bestehen. Zu solchen Veränderungen gehören für die Mitglieder der Caritas Schweiz beispielsweise politische Entwicklungen, aber auch Natur- und humanitäre Katastrophen. Zwei Gesprächsausschnitte beschreiben die Grundannahme Fremdbestimmtheit besonders deutlich:

> «(...) also, ich sage immer, wenn ich die Zeitung aufmache, dann betrifft das meine Arbeit, oder. Da lese ich zum Beispiel in irgendeinem lateinamerikanischen Land passiert das und das, dann weiß ich, das könnte jetzt wieder eine Auswirkung haben, entweder machen wir jetzt dort wieder etwas weniger oder wir machen mehr. Das ist einfach so, das Weltgeschehen, (...), das hat einfach einen Einfluss auf uns. Und das wissen wir und das ist tagtäglich so.» (I 6:73)
> «Es ist nichts für die Ewigkeit. Das ist es eigentlich nirgends, aber bei uns sowieso nicht. Weil wir müssen eigentlich immer reagieren.» (I 6:71)

Die Grundannahme Fremdbestimmtheit hat sich aus den früheren Erfahrungen gebildet, dass die Öffentlichkeit die Tätigkeit der Organisation über den Willen der Spender oder der Finanzierer beeinflusst: Erhält die Caritas Schweiz für Menschen in einer bestimmten Notlage oder für eine festgelegte geografische Region zweckgebundene Spendengelder, dann verändert dies, je nach Volumen, das Tätigkeitsfeld der Organisation. Beispielsweise hat sich das Projektvolumen im Bereich Internationale Zusammenarbeit durch zweckgebundene Spenden für die Tsunami-Region fast verdoppelt. Umgekehrt empfinden die Organisationsmitglieder den Einfluss der Öffentlichkeit auf das Tätigkeitsfeld gerade auch dann, wenn fehlende Finanzierungsmöglichkeiten neue Projekte verhindern oder bestehende Projekte nicht weitergeführt werden können. Dazu kommt die geteilte Überzeugung, dass die zur Verfügung stehenden Ressourcen knapp sind. Diese Annahme bezüglich der Ausgangslage für die Organisation bezieht sich nicht nur auf mangelnde finanzielle Ressourcen, insbesondere bei der Projektfinanzierung, sondern ebenso auf personelle Ressourcen und damit verbundenes Wissen, Expertise, Ideen, Zeit etc.

> «Und hier Katastrophenhilfe, da ist es vor allem die Glückskette und Spendenmittel, die dann entsprechend hoch sind bei einer Katastrophe. Was der Vorteil ist, wir haben wirklich Finanzen, wo man auch größere Programme umsetzen kann, man kann wirklich Nothilfe machen. Aber es hat den Nachteil, dass wir nicht gesicherte Finanzen haben, das heißt Afghanistan, Iran, das sind zum Beispiel Länder, wo wir aussteigen müssen. Also ja, Iran macht Sinn, aber gerade
> Mozambique würde es Sinn machen, dort weiter zu arbeiten, aber das können wir einfach nicht, weil wir keine Finanzmittel haben.» (I 2:194)
> «Wenn ich nur Katastrophenbereitschaft hätte, wäre ich unter Umständen Jahre lang gezahlt, wenn keine Großkatastrophe kommt, aber ich habe keine Arbeit. Und das kann man nicht investieren, das geht nicht. Also die DEZA hat beispielsweise einen Pool, die eigentlich normal arbeiten, aber dann werden sie rausgenommen. Aber der Pool wird bewirtschaftet, das muss ein großer Apparat sein. Für das sind wir viel zu klein als Organisation.» (I 2:98)

Die Annahme über die ständige Ressourcenknappheit ist – über den Zusammenhang zwischen Finanzierung und den prägenden Einfluss auf die Tätigkeit der NPO – eng mit der Grundannahme Fremdbestimmtheit verbunden beziehungsweise bildet einen Teil davon.

Dennoch bedeutet die Grundannahme Fremdbestimmtheit für die Organisationsmitglieder nicht, dass die Organisation der Umwelt ohne Handlungsmöglichkeiten ausgeliefert ist. Die Mitarbeitenden teilen die Auffassung, dass sie in gewissem Ausmaß auf die Entwicklung der Organisation einwirken können.

> «Wir waren 20 Jahre für diesen Kanton im Asylbereich tätig, haben das gut gemacht, jedenfalls nach unserer Auffassung.» (I 3:42)
> Caritas versucht sich bei Projekten nicht (nur) von außen bestimmen zu lassen. «Außenausrichtung nicht so gewünscht.» (P 24:6)

Die Organisationsmitglieder des SRK-SG interpretieren die Umwelt ihrer Organisation anders als diejenigen der Caritas Schweiz. Die Grundannahme im SRK-SG basiert darauf, dass die Organisationsmitglieder ihre Organisation als weitgehend unabhängig verstehen. Sie sehen die Tätigkeitsfelder der NPO nur wenig von Umwelteinflüssen bestimmt. Als Umfeld werden vor allem die kantonale Umgebung, früher auch die vier kantonalen Sektionen, sowie die anderen Organisationen des SRK in der Schweiz wahrgenommen. Teilweise tauscht man sich zwischen diesen Organisationen auf informeller Basis miteinander aus und greift Ideen voneinander auf. Die Daten zeigen aber, dass das Selbstverständnis des SRK-SG davon geprägt ist, eine unabhängige Organisation im Rahmen des SRK zu sein. Die (zentrale) Geschäftsstelle in Bern hat keine Weisungsbefugnisse über die Kantonalverbände, auch wenn die großen strukturellen Veränderungen der letzten Jahre durch Impulse aus Bern initiiert wurden. Für die Umsetzung solcher Impulse gilt im SRK-SG: «mitmachen erlaubt» (I 30:121). Initiativen werden dann aufgegriffen, wenn sie dem SRK-SG nützen, beispielsweise, wenn andernfalls das Wegfallen von Subventionen des Bundes droht.

> «Die Kantonalverbände sind ja alles eigenständige Vereine, auch finanziell. Grundsätzlich kann Bern nicht sagen, ihr müsst das und das machen.» (I 28:97)
> «Weil Bern hat selber kein Durchgriffsrecht auf die Kantonalverbände und das merkt man einfach. Es wird etwas angeboten, man kann mitmachen oder nicht mitmachen, aber es gibt wenig Verbindlichkeiten.» (I 30:72)
> «Die Vorgaben von Bern sind sehr relativ (lacht)! Da bin ich ein bisschen schamlos. Wenn es mir etwas nützt, dann will ich es, wenn nicht, dann merke ich es nicht (lacht). Nein, also, sie haben ja nicht eine Weisungsbefugnis! Wir sind ja ein Verband von Kantonalverbänden, das ist eigentlich ein Zusammenschluss und das ist ja die ganze Krux an dieser Struktur, dass sie nie eine Weisungsbefugnis haben.» (I 31:87)

Auch in Bezug auf die Ressourcenbasis für die Tätigkeit des SRK-SG wird diese dadurch relativ wenig in ihrer Tätigkeit beeinflusst:

> «(...) kommt ja dazu, dass wir als Nonprofit Organisation in einer absolut privilegierten Lage sind, wo ich sagen muss: ‹Danke, dass wir nicht so den Mitteln nachrennen müssen und für das, was wir eigentlich haben.›» (I 34:171)

Dass diese Grundannahmen der beiden Organisationen unterschiedliche Wirkungen in Bezug auf die Entstehung von Handlungsdruck haben, zeigt das nächste Kapitel.

4.3.1.2 Entstehung von Handlungsdruck durch Umweltinterpretationen

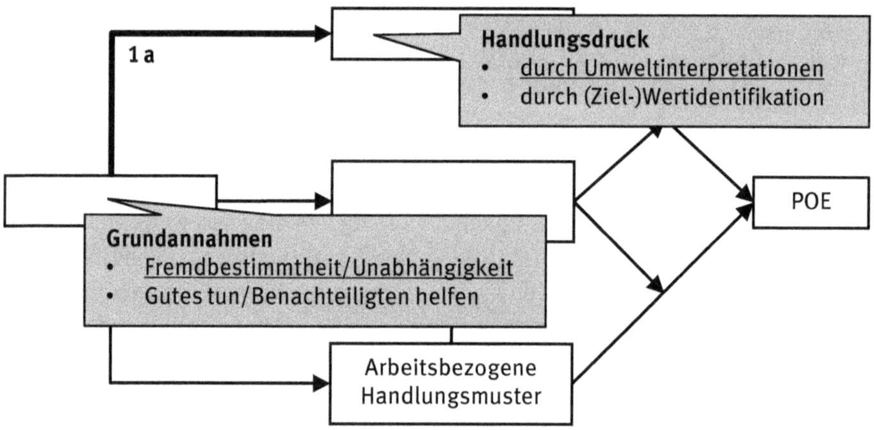

Abb. 4-2: Übersicht über Grundannahmen über die Umwelt und Handlungsdruck durch Umweltinterpretationen (Quelle: eigene Darstellung)

Grundannahmen über die Umwelt können mit einem «Leidensdruck» (I 39:34) beziehungsweise Handlungsdruck verbunden sein, welcher die Organisationsmitglieder zum Überdenken der bisherigen Tätigkeiten und zum Handeln drängt. Die Datenanalyse ergibt in dieser Hinsicht unterschiedliche Ergebnisse für die beiden NPOs.

Handlungsdruck zeigt sich in Bezug auf die Grundannahme Fremdbestimmtheit der Caritas Schweiz in verschiedenen Situationen. Beispielsweise werden politische Entwicklungen und Katastrophensituationen so interpretiert, dass sich die Organisation an die neue Ausgangslage anpassen beziehungsweise darauf reagieren muss.

> «Also das ist die größte Herausforderung: Ständig mit diesen Änderungen umzugehen, da genügend Flexibilität zu haben, auch neue Opportunitäten zu sehen, in denen wir tätig werden können.» (I 5:171)

Auch die zunehmende Konkurrenz zwischen den verschiedenen Hilfswerken um finanzielle Mittel und um Aufmerksamkeit wird so interpretiert, dass für die NPO dadurch ein Handlungsdruck entsteht, der sie zwingt, die bisherigen Strategien zu hinterfragen und sich durch professionelle Fundraisingmaßnahmen an das neue Marktumfeld anzupassen:

> «Und da beobachten wir natürlich schon, dass auch andere Hilfswerke immer professioneller werden, dass immer mehr Hilfswerke, auch aus dem Ausland, in den Schweizer Spendenmarkt hineinkommen und das ist ein stetiges Engagement. Wir müssen eigentlich immer mehr investieren, um gleichviel zu bekommen.» (I 4:95)

Die geteilten Interpretationen, wie die Organisationsmitglieder die Öffentlichkeit wahrnehmen, zeigen weiter, dass aus dieser Sicht die Umwelt starken Einfluss auf die NPO ausübt. Dadurch impliziert die Interpretation der Umwelt für die Organisationsmitglieder wiederum einen Handlungsdruck. Dieser wird von einer Gesprächspartnerin der Caritas Schweiz folgendermaßmaßen beschrieben:

> «Das ist meistens auch in den Medien sehr stark präsent, weil es eben gerade eine Katastrophe war. Dann fragt man nach, es ist ein gewisser Öffentlichkeitsdruck da, Rechenschaft, was auch richtig ist, aber manchmal nicht ganz einfach. Es gibt Druck von verschiedenen Finanzierern, die sagen: ‹Wir haben Finanzen gesammelt für das und das und die sollten jetzt innerhalb von einem Jahr eingesetzt werden.› Dann gut, du hast den Druck von den Finanzen, du hast den Bedarf im Feld, wo bring ich es jetzt zusammen? Und meistens hat man einen speziellen Druck von den Begünstigten oder den potenziellen Begünstigten oder von den lokalen Behörden, die Sachen sehen wollen.» (I 23:37)

Schließlich ist auch die Umweltinterpretation in Bezug auf die Ressourcenknappheit für die Organisationsmitglieder mit einem Druck verbunden, der ständige Anpassungen und die Suche nach neuen, effizienten und sparsamen Lösungsansätzen erforderlich macht.

> «In meinem Bereich, das ist verrückt, habe ich keine Abteilung, die gleich strukturiert ist oder nach dem gleichen Modell finanziert wird. Neben Spenden die Leistungsaufträge mit Auftraggebern, die unterschiedliche Vorstellungen haben. Dann gibt es Pauschalabgeltungen, dann gibt es Abgeltungen nach Aufwand, dann gibt es Pauschalabgeltungen, die sich alle drei Monate ändern – da muss man dauernd ein absolutes Controlling haben, damit einem die Kosten nicht aus dem Ruder laufen! Denn es geht ja schnell um Millionen, wenn sich da im Asylbereich die Pauschalen alle drei Monate ändern. Da mussten wir also wirklich immer schauen!» (I 16:29)
>
> «Ich bin erst in der Phase gekommen, wo wir sukzessive, wir hatten 20 Zentren in der ganzen Schweiz, eins nach dem anderen abbauen mussten. Ich habe fünf oder sechs Sozialpläne hinter mir, das ist dann auf der Personalebene die Widerspieglung dieser Entwicklungen. Die Frage ist dann ja auch, wie macht man das, wie plant man das, soweit es überhaupt planbar ist, (...). Es geht so ein bisschen so (macht Wellenbewegung mit der Hand).» (I 18:22)

Der «Leidens-» beziehungsweise Handlungsdruck, der in diesen Interpretationen der Umwelt enthalten ist, beeinflusst die Interpretation der aktuellen Entwicklungen im Umfeld der NPO. Stellen die Organisationsmitglieder Veränderungen der Umwelt fest, deuten sie diese so, wie sie frühere Umweltveränderungen verstanden haben. Das heißt sie assoziieren mit den beobachteten Umweltveränderungen erneut einen Handlungsdruck, der es erforderlich macht, die Organisation an die neue Ausgangslage anzupassen.

Die Umweltinterpretationen des SRK-SG lassen vermuten, dass die Grundannahme Unabhängigkeit, im Gegensatz zur Grundannahme Fremdbestimmtheit der Caritas Schweiz, keinen Handlungsdruck für die Organisationsmitglieder aufbaut. Das bedeutet, dass keine geteilte Auffassung über eine Dringlichkeit, welche zum Handeln und Verändern drängt, besteht. Dies kommt in mehreren Gesprächen folgendermaßen zum Ausdruck:

> «Das ist auch eine Kultur, das muss man auch sagen, wir hatten auch keinen Leidensdruck, um überhaupt etwas machen zu müssen. Denn die Leute haben so gewusst, wo, wie, was. Das Geld hat immer gestimmt, wir sind nicht gerade im Geld geschwommen, aber wir haben immer für unsere Verhältnisse gute Abschlüsse gemacht und durch das war auch der Druck nicht da, irgendetwas zu machen.» (I 36:34)
> E. meint, es gäbe keinen Leidensdruck. «Man kann hier mehr daran denken, was man macht, als dass man sich Gedanken darüber machen muss, wie man Geld dafür bekommt.» Hat den Eindruck, die Organisation könnte wacher und innovativer sein, man hänge sich lieber an fremde Projekte an. (P 41:3)

Der von den Organisationsmitgliedern beschriebene Handlungsdruck, welche in der Interpretation der Umwelt impliziert sind, können mit einem gemeinsamen kognitiven Rahmen oder Schema (Bogner & Barr 2000; DiMaggio 1997) oder einem kollektiven mentalen Modell (Klimoski & Mohammed 1994) verglichen werden. Diese werden als abstrakte Abbilder von Dingen, Ereignissen und deren verbindenden Beziehungen beschrieben (DiMaggio 1997: 296).

In den vorliegenden Daten fungiert die Grundannahme Fremdbestimmtheit als mentales Modell, welches die frühere Interpretation der Umwelt und den implizierten Handlungsdruck auf neue Situationen überträgt und damit auch die aktuelle Wahrnehmung der Umwelt prägt. Diese Aussage wird durch die Forschung von Kiesler und Sproull (1982) gestärkt, welche argumentieren, dass mentale Modelle insbesondere auf die Identifikation und Konzeptionalisierung von Problemen wirken. Sie gehen davon aus, dass mentale Modelle als Referenzrahmen dienen, die es ermöglichen, im Vergleich mit der aktuellen Situation Probleme wahrzunehmen. Außerdem argumentieren sie, dass Probleme nur dann als solche identifiziert werden, wenn sie als bedeutsam und dringlich für die Tätigkeit der Organisation eingeschätzt werden, so dass Handeln beziehungsweise die Suche nach neuen Lösungen erforderlich scheint (Kiesler & Sproull 1982). Allerdings weisen Kiesler und Sproull (1982) auch darauf hin, dass durch mentale Modelle die Erkennung von radikalen Veränderungen verhindert werden kann, wenn aktuelle Entwicklungen nicht von der bisherigen Interpretationsweise erfasst werden (so auch Barr, Stimpert & Huff 1992).

Im Gegensatz zu bestehenden Theorien über den Einfluss von mentalen Modellen auf strategische Prozesse (zum Beispiel Bogner & Barr 2000; Kiesler & Sproull 1982) geht aus den erhobenen Gesprächsdaten bei der Caritas Schweiz hervor, dass der Einfluss der kulturellen Grundannahme nicht nur auf das strategische Handeln des Top-Management-Teams beschränkt ist, sondern insbesondere auch das Alltagshandeln innerhalb der gesamten Organisation davon beeinflusst wird. Die Tätigkeiten auf allen Ebenen werden aufgrund des Handlungsdruck durch Umweltinterpretationen dahingehend geprägt, dass auf festgestellte Veränderungen in der Umwelt ständig mit Anpassungen und Veränderungen reagiert werden muss – dass man diesen Veränderungen aber auch nicht ohnmächtig ausgeliefert ist.

Aus der bisherigen Argumentation kann folgende Proposition formuliert werden:

Proposition 1a:
Je stärker die Grundannahme über die Umwelt zum Handeln drängt, desto größer ist der Handlungsdruck.

4.3.1.3 Umweltinterpretationen und energiefördernde Kulturdimensionen

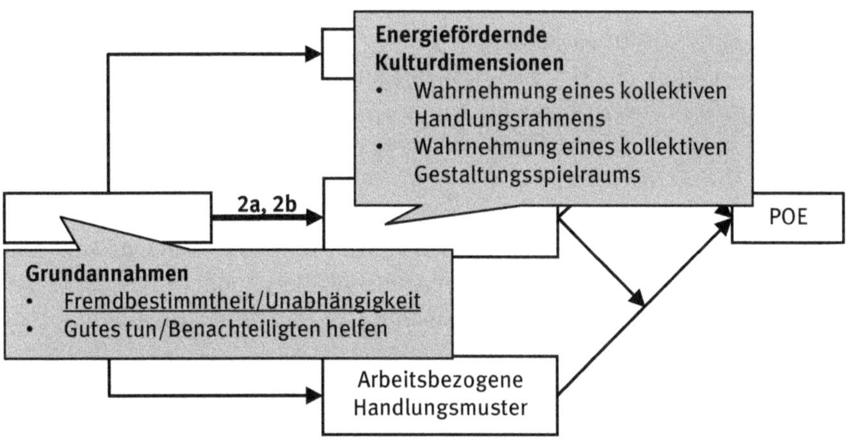

Abb. 4-3: Übersicht über Grundannahmen über die Umwelt und energiefördernde Kulturdimensionen (Quelle: eigene Darstellung)

Die Umweltinterpretationen basierend auf den jeweiligen Grundannahmen beeinflussen die energiefördernden Kulturdimensionen. Letztere umfassen einerseits die geteilte Wahrnehmung eines kollektiven Handlungsrahmens und andererseits die geteilte Wahrnehmung kollektiven Gestaltungsspielraums, wie sich am Beispiel der

Caritas Schweiz und der Grundannahme Fremdbestimmtheit zeigen lässt (da im Zusammenhang mit der Grundannahme Unabhängigkeit kein Handlungsdruck entsteht, wird an dieser Stelle nicht darauf eingegangen. Siehe aber spätere Analyse in Kapitel 4.4.3).

Bevor auf die einzelnen in diesem Zusammenhang mit der Grundannahme Fremdbestimmtheit relevanten Ausprägungen der energiefördernden Kulturdimensionen detailliert eingegangen wird, soll über die beiden energiefördernden Dimensionen ein kurzer Ausblick gegeben werden. Wie in der weiteren Darstellung der Theoriebildung deutlich werden wird, umfasst die eine energiefördernde Kulturdimension die geteilte Wahrnehmung eines kollektiven Handlungsrahmens. Insbesondere drei Aspekte definieren und fördern die Wahrnehmung des kollektiven Handlungsrahmens: Das geteilte Verständnis über die Ausgangslage der Organisation, zweitens deren Zielfokus und drittens klare Rollen hinsichtlich der Aufgaben und Verantwortlichkeiten. Wenn die Organisationsmitglieder einen kollektiven Handlungsrahmen wahrnehmen, ist ihnen der Rahmen für ihre gemeinschaftliche Tätigkeit in der Organisation bewusst.

Die andere energiefördernde Kulturdimension ist die geteilte Wahrnehmung eines kollektiven Gestaltungsspielraums. Die Wahrnehmung dieses Gestaltungsspielraums wird dadurch gestärkt, wenn einerseits eine geteilte Auffassung darüber besteht, dass Selbstbestimmung (Autonomie) möglich ist und wenn andererseits ein geteiltes Verständnis darüber vorliegt, dass etwas (Sinnvolles) für die Organisation erreicht und bewirkt werden kann. Die geteilte Wahrnehmung eines kollektiven Gestaltungsspielraums umfasst also das Verständnis über die Möglichkeiten und Fähigkeiten im Kollektiv zu handeln. Wie im Weiteren gezeigt wird, bilden diese zwei energiefördernden Dimensionen die Voraussetzung, damit die POE der NPOs vollständig realisiert werden kann.

In Bezug auf die Grundannahme Fremdbestimmtheit der Caritas Schweiz bedeutet die geteilte Wahrnehmung eines kollektiven Handlungsrahmens zunächst, dass die Organisationsmitglieder daraus ein geteiltes Verständnis erlangen, in welcher Ausgangslage sich die Organisation befindet. Er klärt für die Organisationsmitglieder, ob Veränderungen angestrebt werden müssen beziehungsweise mit welcher Dringlichkeit. Dieser Aspekt des kollektiv wahrgenommenen Handlungsrahmens kommt beispielsweise in folgenden Zitaten aus Gesprächen in der Caritas Schweiz zum Ausdruck:

> «(...) also, ich sage immer, wenn ich die Zeitung aufmache, dann betrifft das meine Arbeit, oder. Da lese ich zum Beispiel in irgendeinem lateinamerikanischen Land passiert das und das, dann weiß ich, das könnte jetzt wieder eine Auswirkung haben, entweder machen wir jetzt dort wieder etwas weniger oder wir machen mehr. Das ist einfach so, das Weltgeschehen, (...), das hat einfach einen Einfluss auf uns. Und das wissen wir und das ist tagtäglich so.» (I 6:73)
>
> «Wir wissen jetzt schon, dass in drei Jahren die Tsunamiprojekte zu Ende sein werden, also müssen wir uns auch darauf einstellen. Wenn keine neuen Projekte dazukommen, werden wir auch vom Personal her wieder schrumpfen.» (I 5:107)

> «Und das andere sind wirklich die ganzen Tendenzen im Asylwesen, wo wir in der Schweiz Restriktionen haben, die immer einschneidender werden, so dass wir gesagt haben: ‹Wir können so nicht mehr kostendeckend arbeiten.›» (I 17:129)

Gleichzeitig ermöglicht die Umweltinterpretation aber ebenfalls die verstärkte Wahrnehmung von kollektivem Gestaltungsspielraum. Die Organisationsmitglieder gehen im Fall der Caritas Schweiz von der geteilten Annahme aus, dass sie die erforderlichen Anpassungen, wie in früheren Situationen erprobt, erfolgreich vornehmen können. Diese geteilte Überzeugung, etwas für die Organisation erreichen zu können, zeigt sich beispielsweise in den folgenden Gesprächsausschnitten:

> «Wir sind alle jetzt schon viele Jahre in diesem Business drin. Uns schüttelt das auch nicht gleich durch, aber wir kriegen nicht gleich Panikattacken und wissen langsam auch, wie man damit umgeht und wie man solche Veränderungsprozesse vernünftig gestaltet.» (I 4:96)
> «Auch mit dem Hintergrund den wir haben. Wir machen sehr oft Nonfood-Items (*in der Katastrophenhilfe, A.d.A.*), das sind Wolldecken, Kochgeschirr (...), also das ist was, was ich im Hinterkopf behalte, da haben wir viel Erfahrung, da wissen wir, wie es läuft.» (I 2:85)

Die energiefördernden Kulturdimensionen, also die geteilte Wahrnehmung eines kollektiven Handlungsrahmens sowie diejenige eines kollektiven Gestaltungsspielraums gleichen dem kollektiven Wissen (Cooke et al. 2000; Gibson 2001) oder den mentalen Modellen (Klimoski & Mohammed 1994; Mathieu et al. 2000), welche aus den von Gibson (2001) beschriebenen kollektiven Kognitionsprozessen resultieren.

Gibson (2001) beschreibt, dass durch die Wahrnehmung von Information, in diesem Fall hier von Informationen aus der Umwelt, sowie der nachfolgenden gemeinsamen Analyse, Interpretation und Integration der unterschiedlichen Auslegungen geteiltes kollektives Wissen entstehen kann. Basierend auf den Grundannahmen über die Umwelt werden durch solche kognitiven Prozesse also die Interpretationen über die Umwelt aktualisiert und vom Kollektiv verinnerlicht. Das geteilte Verständnis über die aktuelle Ausgangslage nehmen die Organisationsmitglieder als kollektiven Handlungsrahmen bzw. als Teil des relevanten kollektiven Wissens, welches zur Erreichung der Teamziele erforderlich ist, wahr (Mathieu et al. 2000; Cooke et al. 2000). Daneben spielen aber auch das geteilte Verständnis über die relevante Technologie, über die konkrete Aufgabe, über die Teaminteraktionen und über die Teammitglieder eine große Rolle für die Teamprozesse und die Zielerreichung (Mathieu et al. 2000: 274 f.). Die Bedeutung des geteilten Verständnisses über die Zielausrichtung und des geteilten Wissens über die Rollen der jeweiligen Mitglieder des Kollektivs für die Wahrnehmung eines kollektiven Handlungsrahmens werden, wie schon zuvor angesprochen, in späteren Kapiteln ausführlich diskutiert (siehe beispielsweise Kapitel 4.3.2.3 und 4.4.2.2).

In Bezug auf den kollektiv wahrgenommenen Gestaltungsspielraum lässt sich Ähnlichkeit mit dem Konstrukt der Team-Befähigung feststellen (*team empowerment;* Kirkman & Rosen 1997; 1999; oder *collective empowerment*; Bruch, Vogel &

Cole 2006). Denn auch dort bilden die geteilte Wahrnehmung von Autonomie (*autonomy*), kollektiver Selbstwirksamkeitsüberzeugung (*potency*), Sinn (*meaning*) und Wirkungskraft (*impact*) die Grundlagen des kollektiven Empowerments der Mitarbeitenden. Allerdings wird bei der energiefördernden Kulturausprägung etwas erreichen zu können nicht zwischen kollektiver Selbstwirksamkeitsüberzeugung und Wirkungskraft unterschieden. Die energiefördernde Wirkung ergibt sich gerade daraus, dass beide geteilten Auffassungen vorliegen: zu etwas fähig sein *und* dadurch etwas für die Organisation erreichen zu können. Wenn ein geteiltes Verständnis darüber vorliegt, dass diese Beiträge zudem sinnvoll sind und damit etwas für die NPO getan und erreicht werden kann, dann ist die moderierende Wirkung auf die POE besonders stark (dazu später Kapitel 4.3.2.5).

Die energiefördernden Kulturdimensionen unterscheiden sich außerdem dahingehend von kollektivem Empowerment, dass sie nicht nur aus der geteilten Wahrnehmung eines kollektiven Gestaltungsspielraums bestehen, sondern auch die Dimension einer geteilten Wahrnehmung eines kollektiven Handlungsrahmens umfassen.

Aus der Datenanalyse und den Erkenntnissen aus früherer Forschung lassen sich folgende Propositionen ableiten:

Proposition 2:

a) Je stärker die Umweltinterpretationen die Ausgangslage klären, desto ausgeprägter ist die geteilte Wahrnehmung eines kollektiven Handlungsrahmens.

b) Je stärker die Umweltinterpretationen die geteilte Wahrnehmung etwas erreichen zu können fördern, desto ausgeprägter ist die geteilte Wahrnehmung eines kollektiven Gestaltungsspielraums.

4.3.1.4 Handlungsdruck durch Umweltinterpretationen und POE

Aus den Daten der Caritas Schweiz geht hervor, dass die Grundannahme Fremdbestimmtheit von verschiedenen Bereichen der Organisation unterschiedlich interpretiert wird. Die Interpretationen der Umwelt unterscheiden sich dabei vor allem in Bezug auf die Intensität, wie stark der Handlungsdruck empfunden wird. Für die POE ergeben sich daraus unterschiedliche Folgen, die in diesem Kapitel dargestellt werden.

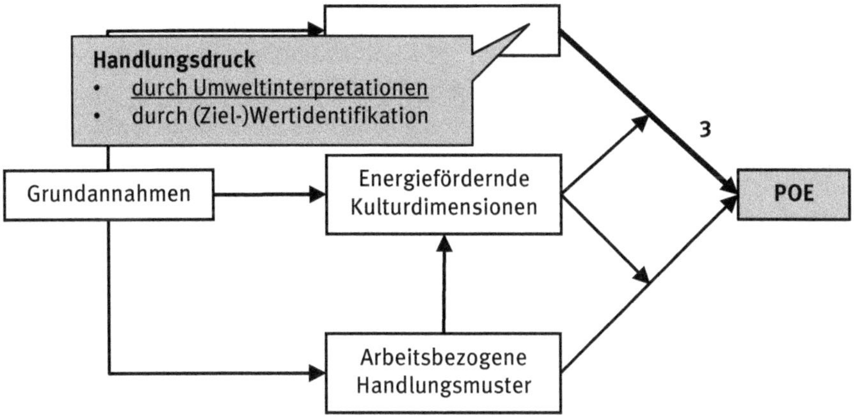

Abb. 4-4: Übersicht über Handlungsdruck durch Umweltinterpretationen und POE (Quelle: eigene Darstellung)

Dort wo die Interpretation der Umwelt auf der Erfahrung beruht, dass die Organisation in ständigem Austausch mit dem Umfeld steht oder wo sie auf die Gesetzmäßigkeiten des (Spenden-)Marktes reagieren muss, ist einerseits der Handlungsdruck, andererseits aber auch der Anpassungsrhythmus an neue Gegebenheiten sehr hoch. Dies gilt insbesondere für den Bereich Kommunikation und die Marketingabteilung, wo die Interpretation der Umwelt geprägt wird von laufenden Anfragen, dem Bestreben, neue, überraschende Marketingmaßnahmen vor den Konkurrenten zu verwirklichen oder auch durch die ständig erforderlichen Anpassungen zur Koordination der 15 unabhängigen Regionalstellen und der Caritas Schweiz.

Die Reaktionsgeschwindigkeit der Caritas Schweiz ist auch im Katastrophenfall aufgrund des enormen Handlungsdrucks extrem hoch. Insbesondere die Abteilung Katastrophenhilfe, die entsprechende geografische Abteilung der Entwicklungshilfe und der Bereich Kommunikation interpretieren eine solche Situation und den damit verbundenen Handlungsdruck so, dass sie innert weniger Stunden aktionsbereit sein müssen. Damit ist die geteilte Überzeugung verbunden, dass Schnelligkeit im Katastrophenfall ausschlaggebend für den Erfolg des Einsatzes ist.

> «Da müssen sie einfach schnell sein. Auch wenn sie an die öffentliche Hand gehen, müssen sie innerhalb einer Woche da sein, sonst sind die schon abgehängt. In dieser Anfangsphase ist das Tempo absolut entscheidend, (...).» (I 8:52)
>
> «Katastrophen, (...), da geht es vor allem halt darum, dass man schnell da ist, dass man jemand da hat und schauen kann, was ist überhaupt los.» (I 20:46)

Die Intensität des Handlungsdrucks ist dagegen tiefer, wenn die Umweltinterpretationen darauf basieren, dass Veränderungen den jeweiligen Bereich erst zeitverzögert betreffen und dass die Anpassungsprozesse – zumindest teilweise – planbar sind. Die Interpretationen sind außerdem von der jeweils dominierenden langfristigen Perspektive im Bereichsalltag sowie von der Überzeugung der Nachhaltigkeit der Projekte geprägt. Die Reaktionszeit auf Umweltveränderungen ist deshalb normalerweise im Bereich Soziale Aufgaben und Migration Schweiz sowie in den geografischen Abteilungen der Entwicklungshilfe länger als in der Katastrophenhilfe im Katastrophenfall.

> «Manchmal kann man es sich einfach nicht leisten, in einem bestimmten Bereich nicht tätig zu werden, weil die Erwartung so groß ist, die an einen herangetragen wird. Im Inlandbereich ist es sicher weniger dramatisch mit dieser Erwartungshaltung als im Auslandbereich, wenn irgendeine Katastrophe eintritt und die Bevölkerung dann erwartet, dass man dort tätig wird, auch wenn das eigentlich gar nicht vorgesehen war. Aber im Inland gelingt einem das Fokussieren in der Regel besser und auch die Umsetzung der Strategie.» (I 16:63)
> Vertreterinnen einer Geschäftsstelle (*Teil der Abteilung Soziale Aufgaben und Migration Schweiz, A.d.A.*) wenden ein, dass sie Zeit für Anfragen brauchen, nicht vom einen auf den nächsten Tag ein Beispiel für eine Medienanfrage bringen können. (P 15:21)
> «Also manchmal ist es schon so, der Bereich Kommunikation, also die haben wirklich einen anderen Arbeitsrhythmus, die haben andere Vorstellungen: Während wir inhaltlich etwas verkaufen wollen oder arbeiten wollen, es uns wichtig ist, dass es diesen Leuten besser geht – ein bisschen gutmenschenmäßig ausgedrückt –! Wir arbeiten mit diesen Leuten zusammen, uns ist es auch sehr wichtig, wie geht man mit diesen Leuten um, während sie einfach kommen und sagen: ‹Wir brauchen jetzt sofort ein Interview, dass muss jetzt sofort gehen!›» (I 21:21)

Die Daten deuten darauf hin, dass die Intensität des Handlungsdrucks, welcher mit der Interpretation verbunden ist, die Reaktionszeit beziehungsweise die Schnelligkeit beeinflusst, mit welcher in den verschiedenen Bereichen Anpassungsmaßnahmen ergriffen werden. In allen Bereichen ist die Dringlichkeit zu handeln aber auch mit der Interpretation verbunden, dass handeln zwar herausfordernd, aber grundsätzlich möglich ist. Wie außerdem erkennbar, scheint der Handlungsdruck die Organisationsmitglieder der Caritas Schweiz insbesondere auf der kognitiven und der handlungsbezogenen Ebene der POE zu aktivieren. Einerseits dadurch, dass es als notwendig erachtet wird, nach neuen Lösungen zu suchen (kognitive Aktivierung), und andererseits durch die geteilte Überzeugung, dass Anpassungsprozesse in Angriff genommen werden müssen und dass die Organisation dazu die Fähigkeiten besitzt (handlungsbezogene Aktivierung). Selbst dort, wo die Reaktionszeit sehr kurz ist, führen die Interpretationen der Umwelt nicht zu einem Handlungsdruck, der lähmend auf die Caritas Schweiz wirkt. In Bezug auf die Auswirkungen auf die POE bedeuten kürzere Reaktionszeiten ein höheres Aktivitätsniveau und somit eine schnellere Anpassung an neue Situationen. Dies weist auf ein besonders hohes Niveau an POE in denjenigen Bereichen hin, für welche die Grundannahme Fremdbestimmtheit einen hohen Handlungsdruck erzeugt.

Die Feststellung, dass sich verschiedene Umweltinterpretationen und der damit verbundene Handlungsdruck unterschiedlich auf die Organisationsabläufe und die strategische Ausrichtung der Organisationstätigkeit auswirken, wird auch in der Literatur gestützt. Beispielsweise gehen Daft und Weick (1984) davon aus, dass sich die Grundannahmen über die Umwelt, insbesondere ob die Umwelt überhaupt rational analysierbar ist oder ob die Umwelt als bedrohlich wahrgenommen wird, maßgeblich auf die Interpretationsprozesse einer Organisation auswirken. Sie vermuten, dass davon in der Folge auch die kognitive und handlungsbezogene Aktivierung der Organisation – oder eben auch deren Nicht-Aktivierung – in Form von Analyseaktivitäten oder Experimentierfreude abhängt. Die Resultate von Osborne, McLaughlin und Chew (2008), welche die vier von Daft und Weick (1984) verwendeten Strategietypen hinsichtlich ihrer Innovationskraft im britischen NPO-Sektor untersucht haben, deuten ebenfalls in diese Richtung.

Die Aktivierung von Organisationen hat Moorman (1995) empirisch anhand der Wirkung unterschiedlicher Organisationskulturen auf Informationsprozesse und die daraus neu entstehenden Marketingideen untersucht. Die Organisationskulturen hat sie dabei durch die Dimensionen Außen- und Innenorientierung sowie formelle und informelle Governance typisiert. Ihre Studie bestätigt die hier postulierten Wirkungszusammenhänge zwischen Außenorientierung (also der Ausrichtung der Organisationstätigkeit an externen Umweltimpulsen) und kreativen Prozessen. Allerdings gilt diese Beziehung gemäß Moorman (1995) nur unter der Voraussetzung, dass die Organisationskultur die Charakteristiken einer Clan-Kultur besitzt, das heißt, dass die Organisationskultur außerdem von partizipativen Prozessen, Vertrauen und Commitment geprägt wird.

Aus der Datenanalyse und bisherigen Forschungsergebnissen kann folgende Proposition abgeleitet werden:

Proposition 3:
Je stärker der Handlungsdruck, desto höher das Niveau an POE.

4.3.1.5 Moderierende Wirkung der energiefördernden Kulturdimensionen

Bisher wurde festgestellt, dass die Grundannahmen über die Umwelt bei der Caritas Schweiz einen Handlungsdruck erzeugen können, der die Organisation drängt, sich ständig Umweltveränderungen anzupassen. Dadurch werden die Organisationsmitglieder auf der kognitiven und auf der handlungsbezogenen Ebene aktiviert, was die POE positiv beeinflusst. Die Daten zeigen jedoch auch, dass diese Aktivierung immer nur mit der gleichzeitigen Präsenz von den zwei energiefördernden Kulturdimensionen entsteht. Wie schon zuvor angesprochen sind dies die geteilte Wahrnehmung eines kollektiven Handlungsrahmens und diejenige eines kollektiven Gestaltungsspielraums (Kapitel 4.3.1.3). Die moderierende Wirkung der energiefördernden Kulturdimensionen auf die Wirkung des Handlungsdrucks wird nun, in diesem Zusammenhang nur am Beispiel der Caritas Schweiz, erläutert.

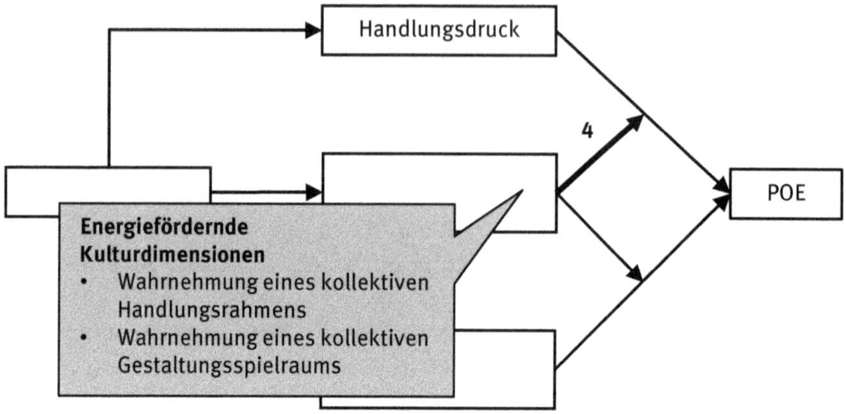

Abb. 4-5: Übersicht über moderierende Wirkung der energiefördernden Kulturdimensionen (Quelle: eigene Darstellung)

Eine geteilte Wahrnehmung eines kollektiven Handlungsrahmens bedeutet in Bezug auf die Aktivierung der Mitarbeitenden bei der Caritas Schweiz, dass die Organisationsmitglieder ein geteiltes Verständnis besitzen, in welcher Ausgangslage sich die Organisation befindet und welche Aktivitäten in dieser Situation erforderlich sind. Am folgenden Beispiel wird insbesondere eine kognitive Aktivierung deutlich. Durch die Wahrnehmung eines kollektiven Handlungsrahmens, werden die Energien gebündelt, welche der Handlungsdruck durch Umweltinterpretationen freisetzt, was zu einem höheren Niveau an POE führt.

> «Es kommen auch Hilfsorganisationen aus dem Ausland in die Schweiz: Die Schweizer sind keine armen Leute, sie sind auch relativ spendefreudig. Das ist denen rundum auch nicht verborgen geblieben und die versuchen nun auch in diesem Teich zu fischen. Insbesondere ein paar amerikanische Hilfswerke, die sehr stark und aggressiv auftreten. Worldvision ist Ihnen sicher ein Begriff, es sind auch noch andere. Die machen ganz viel Werbedruck für ihre Projekte. Das mischt einfach die Szene neu auf, das ist eine neue Ausgangslage, die uns auch dazu bringt, gewisse Sachen flexibler anschauen zu müssen.» (I 19:26)

Gleichzeitig ist die Präsenz der anderen energiefördernden Kulturdimension, die geteilte Wahrnehmung eines kollektiven Gestaltungsspielraums, in Bezug auf den Handlungsdruck außerordentlich wichtig. Nur da der Handlungsdruck auch vom gemeinsamen Glauben begleitet wird, die anstehenden Veränderungsprozesse meistern zu können, entsteht die festgestellte positive Wirkung insbesondere auf der kognitiven und der handlungsbezogenen Ebene der POE.

> «Da müssen sie halt nach zwei, drei Jahren etwas Neues finden. Das ist, denke ich, der Innovationsdruck. Dem muss man auch wieder spielerisch begegnen, sonst hält man ihn nicht aus. Und da denke ich schon, ich halte die Kommunikation und das Fundraising für etwas sehr

Zentrales in den nächsten Jahren, weil auf sämtlichen Ebenen ist da die Konkurrenz gestiegen.» (I 8:129)

Die Literatur stützt diese aufgedeckten Zusammenhänge. Kotter (1990) beschreibt beispielsweise, dass das Verständnis über die Ausgangslage einer Organisation dazu beiträgt, ihre Ausrichtung (*direction-setting*), also ihren gemeinsamen Handlungsrahmen, festzulegen. Ein solcher kollektiv wahrgenommener Handlungsrahmen hat einen großen Einfluss auf den Energiezustand einer Organisation, da dadurch ein Fokus für die POE entsteht und die Energien auf die Organisationsziele ausgerichtet werden (Bruch & Ghoshal 2003; Bruch & Vogel 2009).

Dass die geteilte Vorstellung darüber, ob Handlungs- und Gestaltungsmöglichkeiten bestehen, ausschlaggebend für die positive, aktivierende Wirkung des Handlungsdrucks auf die POE ist, bestärkt die existierende Literatur. Jackson und Dutton (1988) haben herausgefunden, dass die Einschätzung, ob ein Ziel erreichbar scheint, entscheidend dafür ist, ob dieses Ziel als Chance oder als Bedrohung wahrgenommen wird. Bruch und Vogel (2005) finden in ihren Untersuchungen, dass Umweltveränderungen, welche als Chancen interpretiert werden, die Organisationen aktivieren. Dagegen wirken solche, welche als Bedrohung wahrgenommen werden, deaktivierend auf die POE. Auch diese Autoren gehen davon aus, dass Handlungsdruck so lange als Mobilisator der kollektiven POE wirkt, als dieser von kollektivem Selbstvertrauen in die Erfolgschancen der Organisation begleitet wird (2005: 96). Auch Bandura (2001) weist darauf hin, dass die geteilte Überzeugung, ein gesetztes Ziel erreichen zu können, das heißt die kollektive Selbstwirksamkeitsüberzeugung (*self-efficacy*), maßgeblich zur Aktivierung einer Gruppe beiträgt. Der Glaube an die gemeinsamen Fähigkeiten steigert dabei die Ausdauer, sich für dieses Ziel beziehungsweise den Veränderungsprozess einzusetzen (Bandura 2001: 14).

Zusammenfassend lässt sich aus der bisherigen Argumentation folgende Proposition ableiten:

Proposition 4:
Die Wirkung des Handlungsdrucks auf die POE wird von den energiefördernden Kulturdimensionen moderiert. Das heißt: Nur wenn ein kollektiver Gestaltungsspielraum und ein kollektiver Handlungsrahmen wahrgenommen werden, entsteht eine positive Wirkung auf die POE.

4.3.2 Handlungsdruck durch (Ziel-)Wertidentifikation

Handlungsdruck kann auch durch (Ziel-)Wertidentifikation entstehen. Auf diese Variante des Wirkungsmechanismus wird in diesem Kapitel näher eingegangen. Zunächst werden die hierfür relevanten Grundannahmen bei der Caritas Schweiz und dem SRK-SG vorgestellt, bevor dann die Beziehungen zwischen diesen Grundannahmen und der POE aufgezeigt werden.

4.3.2.1 Grundannahme Gutes tun / Benachteiligten helfen

In den untersuchten Organisationen bestehen Grundannahmen, die den Organisationsmitgliedern Orientierung darüber verschaffen, was für Ziele und Zwecke diese NPOs verfolgen. Das Selbstverständnis der Caritas Schweiz beruht auf der Vorstellung, dass benachteiligten Menschen geholfen werden soll, so dass diese ihre persönlichen Fähigkeiten entfalten können und damit auch gesellschaftliche Verbesserungen für die Verwirklichung einer «solidarischen Gesellschaft» (I 20:57) in Gang gesetzt werden. Dies formulieren die Gesprächspartnerinnen der Caritas Schweiz beispielsweise folgendermaßen:

> «(...) wir wollen mit Frauengruppen arbeiten und auch versuchen, deren Ansprüche einzubeziehen. Dann können wir uns überlegen, wie viele Frauengruppen wollen wir, oder was tun wir mit diesen Frauengruppen. (...) Die Frauen überlegen sich ja dann, was sie am meisten beschäftigt. Wenn wir nur die Männer fragen, sagen die, sie wollen ihre Boote wiederhaben. Aber die haben zu wenig Verständnis für die Aufgaben der Frau, die diese dann vielleicht nicht mehr machen kann. Vielleicht bringt sie das Schulgeld für die Kinder nicht mehr zusammen, weil sie die Fische nicht mehr verkaufen kann usw. Oder es gibt auch Beziehungsfragen, die sie diskutieren. Es gibt viele neue Witwen zum Beispiel jetzt im Rahmen des Tsunami. Die Witwen haben eine der schlechtesten Positionen innerhalb der Gesellschaft. Sollen wir die jetzt einfach auslassen oder wollen wir nicht schauen mit den Frauen in der Diskussion, wie könnten solche Frauen noch mitgetragen werden?» (I 1:114)
>
> «(...) es (*ist, A.d.A.*) uns wichtig (...), dass es diesen Leuten besser geht – ein bisschen gutmenschenmäßig ausgedrückt –!» (I 21:21)
>
> «Das ist unsere Aufgabe, immer wieder darauf hinzuweisen, dass es nicht gut läuft und dass es Leute gibt, die wirklich sehr große Schwierigkeiten haben, die von Armut betroffen sind, nur zum Beispiel weil sie Kinder haben. Die seit Jahren arbeitslos sind und so weiter. Es gibt so viele traurige Sachen und das ist unsere Aufgabe. Aufmerksam machen auf die Problematik, konkrete Hilfe zu leisten, Projekte auf die Beine zu stellen, die irgendwo eine Unterstützung geben, sei das im In- oder Ausland. Das ist eigentlich egal.» (I 19:83)

Auch die Erzählungen beim SRK-SG über Erfolgsmomente verweisen auf die zu Grunde liegende Annahme, dass der Zweck der Organisation darin besteht, Menschen in Notlagen zu helfen.

> «Aber für mich kommt viel retour. Man knüpft auch Beziehungen zu Klienten. Wie auch gerade am letzten Freitag eine Klientin, die hat sich von einem Chauffeur von uns hierher fahren lassen, um sich einmal zu bedanken und hat ein Blümchen gebracht. Es ist schon schön zu sehen, dass du Leuten entweder in einer bestimmten Lebenssituation hilfst, es ein bisschen einfacher zu haben, oder dann im Alter über längere Sicht hinaus. Das ist meine Motivation.» (I 34:208)
>
> «(...) da war letzthin jemand da, die in ihr Heimatland zurück wollte, aber sie musste sich vorher schon bei der Fremdenpolizei melden und sie war untergetaucht. Jetzt hatte sie sich entschieden, dass sie zurück wollte, aber sie hatte wahnsinnig Angst, sie käme zuerst in die Ausschaffungshaft. (...) ich kenne eine andere Frau aus dem gleichen Land, (...) die hat ihr gesagt: ‹Komm, wir gehen zur Frau M. Ich garantiere dir, vor ihr musst du keine Angst haben.› (...) Ich finde es so schön, dass sie das Vertrauen hatte, zu mir zu kommen! Ich konnte dann wirklich noch mit der Fremdenpolizei reden und sie haben mir garantiert, sie darf vorbei kommen und sie helfen ihr zurückzukommen, sie könnten sie vielleicht sogar noch unterstützen, um ihr den

Start dort zu ermöglichen, und sie müsse nicht ins Gefängnis. Das sind so Sachen, es ist im Prinzip etwas Kleines, aber für mich ist das so etwas Schönes, wenn ich sehe, was ich dieser Frau jetzt für einen Gefallen tun konnte. Und es war ja für mich nicht viel. Das war das Gespräch mit ihr und zwei Telefonate und das war's. Das zu spüren, das –!» (I 33:42)

Die Grundannahme über die Ziele der Organisationen kommt auch darin zum Ausdruck, was die beiden NPOs offiziell als ihre Aufträge statuieren, beispielsweise in Leitbildern und öffentlichen Äußerungen. Caritas Schweiz formuliert in ihrem Leitbild unter anderem diese zwei Ziele: «Wir helfen Menschen in Not ungeachtet ihrer religiösen und politischen Anschauung sowie ihrer ethnischen Zugehörigkeit» und «wir engagieren uns gesellschaftspolitisch im Interesse der sozial Benachteiligten» (Leitbild Caritas Schweiz). Das SRK-SG umschreibt seinen Auftrag als «sich engagiert für die Anliegen der Menschen einzusetzen, deren Leben, Würde oder Gesundheit gefährdet ist» (Zitat auf der Homepage).

4.3.2.2 Entstehung von Handlungsdruck durch (Ziel-)Wertidentifikation

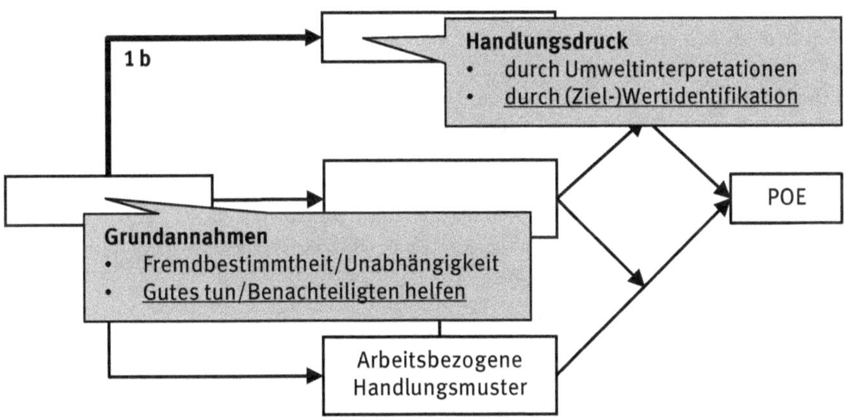

Abb. 4-6: Übersicht über Grundannahmen Gutes tun / Benachteiligten helfen und Handlungsdruck durch (Ziel-)Wertidentifikation (Quelle: eigene Darstellung)

Auch in Bezug auf die Grundannahmen über Ziel und Zweck der Organisationen kann im Folgenden gezeigt werden, dass diese in beiden NPOs Handlungsdruck erzeugen.

Die in den Grundannahmen Gutes tun und Benachteiligten helfen enthaltenen Werte haben eine Zielqualität, das heißt, sie geben der Organisationstätigkeit eine Richtung. Diese Qualität besitzen die Werte auch dann, wenn damit kein konkretes Ziel genannt wird oder selbst dann, wenn das Ziel, wie im Fall der solidarischen, gerechten Gesellschaft, ein idealistisches, kaum erreichbares Ziel darstellt. Aus den

Daten geht hervor, dass diese Ziele mit den persönlichen Zielen der Organisationsmitglieder übereinstimmen. Dies bedeutet, dass sich die individuellen Vorstellungen über die Selbstverwirklichung mit den Zielwerten der Organisationen decken. Selbstverwirklichung drückt dabei das individuelle Selbstverständnis aus – die eigene Zielorientierung, in welche Richtung man sich entfalten und was man erreichen möchte. Dabei geht es letztlich um die Frage nach dem (subjektiven) Sinn der beruflichen Tätigkeit als Teil des eigenen Lebensentwurfes. Wenn die Gesprächspartnerinnen also davon sprechen, etwas «Gutes» zu tun beziehungsweise etwas «Sinnvolles» zur Verwirklichung dieser (Ziel-)Werte beizutragen, schließt dies immer eine positive subjektive Wertung dieses Ziels ein. Werden die (Ziel-)Werte der Organisation in die individuellen Vorstellungen über Ziele und über den Sinn im Leben integriert, verstehen die Organisationsmitglieder diese Ziele als ihre eigenen – sie identifizieren sich damit – und sie wollen sich dafür einsetzen. Dies zeigen auch die Interviewstellen aus den beiden NPOs (erstes bis drittes Zitat Caritas Schweiz, viertes Zitat SRK-SG):

> «Und eben, die Motivation ist schon die, dass man versucht, etwas Sinnvolles zu machen.» (I 6:128)
>
> «(...) es deckt sich mit meiner Orientierung, mit den Sinnfragen, die ich mir selber stelle, und die Antworten der Organisation decken sich, nicht vollständig, aber weitgehend.» (I 20:114)
>
> «Ich denke schon, dass viele Menschen deswegen hier arbeiten, dass diese Welt, also jetzt wirklich wegen der Mission, etwas gerechter wird.» (I 18:57)
>
> «Für mich ist es schön, da etwas beitragen zu können, wenn ich es auch nicht gerade unmittelbar spüre. Aber einfach in einer Organisation arbeiten zu können, die etwas Gutes tun will. Das motiviert mich schon noch. Also für mich ist es sinnbringender als auf einer Versicherung oder einer Bank im Büro zu arbeiten. (...), aber für mich ganz persönlich, so einfach der Mensch an und für sich, dass der beachtet wird. Das motiviert mich.» (I 28:106)

Aus der kollektiven Identifizierung mit den (Ziel-)Werten der Organisation entsteht für die Organisationsmitglieder ein Handlungsdruck, denn die Zielerreichung entspricht auch ihren eigenen Motivationen und Interessen, für die sie sich einsetzen wollen. Der Handlungsdruck wird als Notwendigkeit empfunden beziehungsweise die Organisationsmitglieder halten es für sinnvoll, auf die (Ziel-)Werte der Organisation hinzuarbeiten.

Nachdem bisher im Zusammenhang mit dem Handlungsdruck durch (Ziel-)Wertinterpretationen die Integrationssicht, also die übereinstimmenden Äußerungen der Organisationsmitglieder, betrachtet wurde, werden diesbezüglich nun auch die Ergebnisse der Differenzierungs- beziehungsweise der Fragmentierungssicht dargestellt. Die Kulturanalyse aus diesen zwei ergänzenden Perspektiven zeigt, dass die Organisationsmitglieder beider NPOs Gutes tun beziehungsweise Benachteiligten helfen mit unterschiedlichen Bedeutungen verstehen. So steht bei der Caritas Schweiz für einzelne das Anliegen im Vordergrund, eine gerechtere Welt zu verwirklichen, für andere dagegen, Armut zu bekämpfen oder den Menschen, die unter den

Folgen einer Naturkatastrophe leiden, zu helfen. Dies kommt in verschiedenen Äußerungen bei der Caritas Schweiz zum Ausdruck:

> «Ich habe immer gesagt, dass ich Mühe hätte, in einer Schraubenfabrik zu arbeiten. Obwohl das ja auch sinnvoll ist, man braucht ja auch Schrauben. Aber einfach von unserer Warte aus, die wir da so im Überfluss leben, versuchen ein bisschen diese ganze Ungerechtigkeit –! Ein bisschen ein großes Wort, um es in den Mund zu nehmen, aber es geht schon ein bisschen in die Richtung.» (I 6:123)
>
> «Oder die Frauen, die ihre Männer verloren haben, weil sie mit ihren Schiffen nicht mehr zurück konnten. Man hat das erlebt, indirekt, indem man zu den Leuten Kontakt hat, man weiß, dass die leiden und das kann man nicht einfach so wegstecken und sagen: ‹Jetzt habe ich etwas Wichtigeres.› Ich kann das jedenfalls nicht, das ist nicht möglich.» (I 1:193)

Im Gegensatz zum Begriff «Gutes tun» ist das angestrebte Ziel in diesen Fällen klarer gefasst oder zumindest auf den Aspekt der Gerechtigkeit oder noch enger auf die Leistung von Nothilfe beschränkt. Es wird deutlich, dass die Zielqualität in Bezug auf die Klarheit und den Umfang des jeweiligen (Ziel-)Werts variiert. Die einzelnen Organisationsmitglieder identifizieren sich also mit unterschiedlichen Interpretationen der (Ziel-)Wert Gutes tun oder Benachteiligten helfen. Die Breite der Interpretationsmöglichkeiten ermöglicht es besonders vielen Mitarbeitenden sich mit den (Ziel-)Werte zu identifizieren, so dass in der NPO ein ausgeprägter und von der Mehrheit wahrgenommener Handlungsdruck entsteht.

Ähnlich verhält es sich in Bezug auf die Interpretationen des christlichen beziehungsweise katholischen Hintergrunds von Caritas Schweiz, der zwar Teil des Selbstverständnisses der Organisation ist, aber welchem innerhalb der Organisation sehr unterschiedliche Bedeutungen beigemessen werden. Diese reichen von der Auffassung, dass Caritas Schweiz im Sinn des Evangeliums und der christlichen Soziallehre handelt, bis zur Interpretation, dass der katholische Ursprung nur historische Bedeutung für die Organisation hat. Diese fragmentierten Interpretationen spiegeln hier sehr deutlich die breite Ausfächerung der gesellschaftlichen Positionen zur (christlichen beziehungsweise katholischen) Religion im Alltag. Dadurch, dass diese Interpretationen der christlichen, katholischen Werte ebenso wie der Wert «Gutes Tun» so unterschiedliche und vielfältige Bedeutungen umfassen können, entstehen unzählige Identifikationsmöglichkeiten. Das heißt gerade die vage und unklare Natur dieser (Ziel-)Werte ermöglicht eine hohe Identifikation der Organisationsmitglieder, was den Handlungsdruck insgesamt verstärkt.

Die Feststellung, dass bei der Caritas Schweiz eine hohe Identifikation mit den (Ziel-)Werten besteht, wird auch von den Ergebnissen der Mitarbeitenden-Befragung der Caritas Schweiz bestätigt. Die Mitarbeitenden stimmen dort der Aussage, dass sie die Werte der Caritas Schweiz persönlich teilen, zu. Und sie bestätigen auch – mit noch höheren Zustimmungswerten – die Identifikation mit der Ausrichtung der Caritas Schweiz (Mitarbeitenden-Befragung 2008: Grafik 7 und 8).

In der Literatur ist individuelle Identifikation im Organisationskontext nicht unbekannt (zum Beispiel Ashforth & Meal 1989; im Überblick auch Ashforth, Harrison & Corley 2008). Allerdings handelt es sich bei der hier vorliegenden Identifikation nicht um diejenige mit einer Organisation, welche zum Beispiel Ashforth und Meal (1989) in ihrer Theorie über soziale Identität (*social identity theory*) beschreiben. Die Identifikation mit einer Organisation heißt für diese Autoren, dass sich die Organisationsmitglieder durch die Zugehörigkeit zu einer Organisation mit deren Erfolg und Misserfolg identifizieren und damit ihre eigene Identität definieren (1989: 22). Aus den Gesprächen in beiden NPOs geht dagegen explizit hervor, dass die Identifikation mit den (Ziel-)Werten beziehungsweise der eigenen Tätigkeit in der Organisation im Vordergrund steht, nicht die Identifikation mit einer bestimmten Organisation (erstes Zitat Caritas Schweiz, zweites Zitat SRK-SG):

> «Für mich kommt diese Grundhaltung in der Themenwahl, in der Art wie wir diese Themen bearbeiten, in der Motivation, wieso wir das machen, zum Ausdruck. – Ich habe da eine Erinnerung, damit sie besser verstehen, was ich damit meine: Ich war noch nicht lange bei der Caritas, da gab es einen Personaltag und da ging es darum, warum arbeiten wir bei der Caritas? Da kamen solche Sachen raus und ich habe da einen halben Skandal verursacht, weil ich gesagt habe, ich könnte auch für den Gewerkschaftsbund arbeiten oder bei der Grünen Partei. Das war für viele unverständlich, weil die Caritas doch etwas Spezielles sei vom Christlichen her.» (I 4:90)
> «Es ist jetzt vielleicht brutal, wenn ich die Stelle an einem anderen Ort hätte, dann würde es mir wahrscheinlich auch dort gefallen.» (I 35:58)

Damit kann das beobachtete Phänomen auch von Organisationalem Commitment, also einer affektiven, moralischen oder durch Pflichtbewusstsein geprägten Bindung an die Organisation, abgegrenzt werden (zum Beispiel Allen & Meyer 1990; Mowday, Steers & Porter 1979), welches ebenfalls durch Ziel- und Wertübereinstimmungen zwischen Individuum und Organisation gefördert wird (O'Reilly & Chatman 1986; Mowday, Steers & Porter 1979).

Vergleichbar ist die (Ziel-)Wertidentifikation dagegen mit den von Ouchi und Price (1978) beschriebenen übereinstimmenden (Ziel-)Werten der Organisationsmitglieder mit denjenigen der jeweiligen Organisation des Dritten Sektors oder der Wertübereinstimmung und Identifizierung mit diesen Werten bei O'Reilly und Chatman (1996). Diese übereinstimmenden (Ziel-)Werte erzeugen für die Organisationsmitglieder einen starken, normativen Handlungsdruck (O'Reilly & Chatman 1996) und den Wunsch, diese (Ziel-)Werte zu verwirklichen (Ouchi & Price 1978).

Aus der Datenanalyse und der bisherigen Argumentation kann folgende Proposition abgeleitet werden:

Proposition 1b:
Je stärker die (Ziel-)Wertidentifikation der Organisationsmitglieder mit den (Ziel-)Werten der Organisation, desto größer ist der Handlungsdruck.

4.3.2.3 (Ziel-)Wertidentifikation und energiefördernde Kulturdimensionen

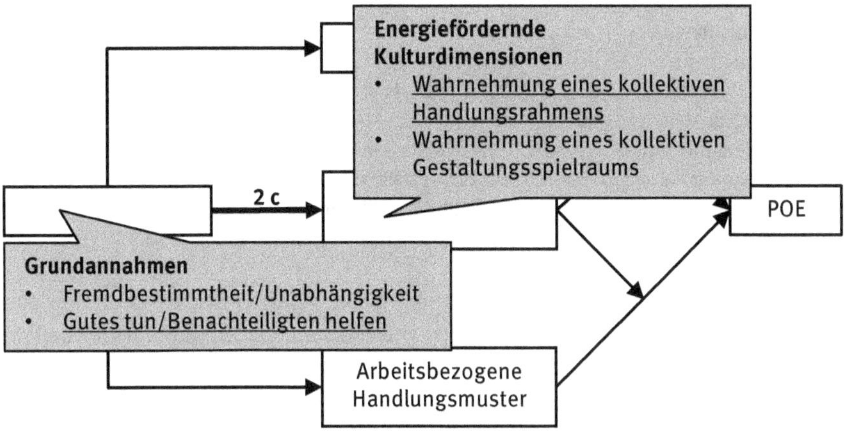

Abb. 4-7: Übersicht über Grundannahmen Gutes tun / Benachteiligten helfen und energiefördernde Kulturdimensionen (Quelle: eigene Darstellung)

Die in Bezug auf den Handlungsdruck beschriebene (Ziel-)Wertidentifikation wirkt auch auf die energiefördernden Kulturdimensionen. Nachfolgend werden insbesondere die Ergebnisse aus den Gesprächen bei der Caritas Schweiz in Bezug auf unterschiedliche Interpretationen der (Ziel-)Werte und die damit verbundenen Konsequenzen für die geteilte Wahrnehmung eines kollektiven Handlungsrahmens dargestellt. Diese Zusammenhänge sind in den Daten der Caritas Schweiz besonders deutlich, die Situation unterscheidet sich jedoch nicht grundsätzlich von derjenigen beim SRK-SG (zur Identifikation mit den Bereichszielen siehe Kapitel 4.4.3).

Für die Bildung einer geteilten Vorstellung eines kollektiven Handlungsrahmens ist die Integration der (Ziel-)Werte der Organisation in das Selbstverständnis der Organisationsmitglieder außerordentlich förderlich. Dies bedeutet, dass den Organisationsmitgliedern die Zielausrichtung der Organisation klar ist. Bei übereinstimmenden (Ziel-)Werten der Organisation und denjenigen ihrer Mitarbeitenden bildet sich ein natürlicher Zielfokus beziehungsweise ein kollektiver Handlungsrahmen.

Die zuvor auch schon dargestellten Bedeutungsunterschiede bei der Interpretation der (Ziel-)Werte bei der Caritas Schweiz sind für die geteilte Wahrnehmung eines kollektiven Handlungsrahmens dagegen erschwerend. Es lässt sich am Beispiel eines weiteren (Ziel-)Werts der Caritas Schweiz, nämlich der christlich, katholischen Ausrichtung der Organisation, zeigen, dass die unterschiedlichen Interpretationen in der Praxis erhebliches Konfliktpotenzial beinhalten. Dies beruht darauf, dass die Interpretationen der christlich, katholischen Ausrichtung sich in konkreten Alltags- und Umsetzungsfragen im Wege stehen. Wie im folgenden Zitat verdeutlicht, wird die Bildung eines gemeinsam wahrgenommenen Handlungsrahmens durch diese Konflikte stark erschwert:

> «Und man hat dann diese Ergebnisse gesammelt und es gab starke Differenzen, speziell bezüglich was man heute unter Kirche verstehe. Die einen haben das enorm gelobt, weil das sehr säkular, sehr weltlich gestaltet ist, die haben das als sehr modern und zeitgenössische Sprache angeschaut, die dem jetzigen Geist des religiösen Verständnisses Rechnung trägt. Andere haben gefunden, die Caritas habe mit einem kirchlichen Hilfswerk nichts mehr zu tun, wir könnten uns gut unter den neutralen Hilfswerken aufhalten. Einzelne waren sehr verärgert, wollten fast schon austreten, bevor das Caritas Leitbild verabschiedet und gedruckt war. So dass sie sich am Schluss entschuldigen mussten, als das definitive Leitbild vorlag.» (I 3:99)

Eine starke Identifizierung mit Einzelaspekten der (Ziel-)Werte der Organisation beziehungsweise mit der eigenen Projekt- oder Abteilungstätigkeit führt bei der Caritas Schweiz teilweise auch zu einem Verhalten, das als «Gärtlidänke» bezeichnet wird. Dies bedeutet, dass alle verfügbaren Ressourcen, seien das Arbeitszeit, Ideen oder auch finanzielle Mittel, ausschließlich zur Erreichung des eigenen Ziels eingesetzt werden.

> «Dort könnte man jetzt vielleicht sagen, das ist jetzt irgendwie ‹Gärtlidänke›. Aber ja, also von mir aus gesehen ist es ein bisschen die Schwierigkeit, weil wir sind ja darauf angewiesen, dass der Bereich Kommunikation Geld reinbringt. Es ist ein bisschen gegenseitige Abhängigkeit oder wir sind ein bisschen mehr abhängig von ihnen. Gleichzeitig finden wir, wir machen viel zentralere Arbeit.» (I 21:25)
> «(...) jeder arbeitet für sich allein und man vergisst, dass man bei der gleichen Organisation arbeitet, dass man, ganz krass gesagt, die gleiche Marke vermarktet. Die Marke Caritas. Egal ob das nun Bergeinsätze sind, Integrationsprojekte oder internationale Zusammenarbeit, Sterbehilfe, Begleitung auf dem letzten Lebensweg, das ist extrem schwierig. Gut, es ist auch extrem schwierig, da den Überblick zu behalten, aber ich merke, dass zum Beispiel jemand, der in der Internationalen Zusammenarbeit arbeitet, nur seine Projekte sieht und dabei manchmal vergisst, dass es noch andere Ansichten, andere Sachen gibt. So wie jemand von der Integration vielleicht nur seine Sachen sieht und nichts rundum.» (I 7:18)

Auch das Gärtlidänke erschwert die Entstehung eines projekt- beziehungsweise bereichsübergreifenden Handlungsrahmens. Es verhindert das Gefühl, gemeinsam etwas im Hinblick auf übergreifende, geteilte (Ziel-)Werte der Organisation unternehmen zu wollen.

Diese Ergebnisse lassen sich durch die Mitarbeitenden-Befragung bei der Caritas Schweiz untermauern. Obwohl sich eine hohe Identifikation mit den Werten und der Zielausrichtung der Organisation feststellen lässt, finden die befragten Organisationsmitglieder die Umsetzung der Organisationsziele in der Strategie nicht besonders befriedigend (Mitarbeitenden-Befragung 2008: Grafik 7 und 8). Daraus lässt sich schließen, dass erst bei der Umsetzung der (Ziel-)Werte deren unterschiedliche Interpretationen sichtbar werden. Wenn die persönliche Interpretation nicht (ausreichend) berücksichtigt wird, äußert sich dies in einer gewissen Unzufriedenheit.

Die empirischen Daten stimmen auch mit den Beobachtungen Patons (1996) überein, der das Konfliktpotenzial durch unterschiedliche (Ziel-) Wertinterpretationen in britischen NPOs beschreibt. Paton weist darauf hin, dass (Ziel-)Wertkonflikte insbesondere dann entstehen, wenn die (Ziel-)Werte erstens unterschiedlich interpretiert werden, wenn zweitens unklar ist, wie die (Ziel-)Werte umgesetzt werden sollen, oder wenn drittens unklar ist, welcher (Ziel-)Wert Priorität bei der Umsetzung hat (1996: 37 ff.).

Das Phänomen des Gärtlidänke kann mit dem von Locke und Latham beschriebenen «Tunnelblick» (1990: 95) verglichen werden. Mit diesem Begriff wird hervorgehoben, dass Ziele die Aufmerksamkeit sehr stark auf jene Faktoren im Organisationsalltag lenken, welche von den Organisationsmitgliedern als relevant für die Zielerreichung betrachtet werden. Die Autoren weisen darauf hin, dass dies positive Effekte hat, wenn dabei allen gewünschten Teilaspekten Aufmerksamkeit geschenkt wird, nicht aber, wenn noch weitere Aspekte oder übergeordnete Ziele beachtet werden sollten (1990: 95).

Aus der bisherigen Argumentation kann folgende Proposition gebildet werden:

Proposition 2c:
Eine übereinstimmende (Ziel-)Wertidentifikation fördert die Wahrnehmung eines kollektiven Handlungsrahmens durch einen geteilten Zielfokus.

4.3.2.4 Handlungsdruck durch (Ziel-)Wertidentifikation und POE

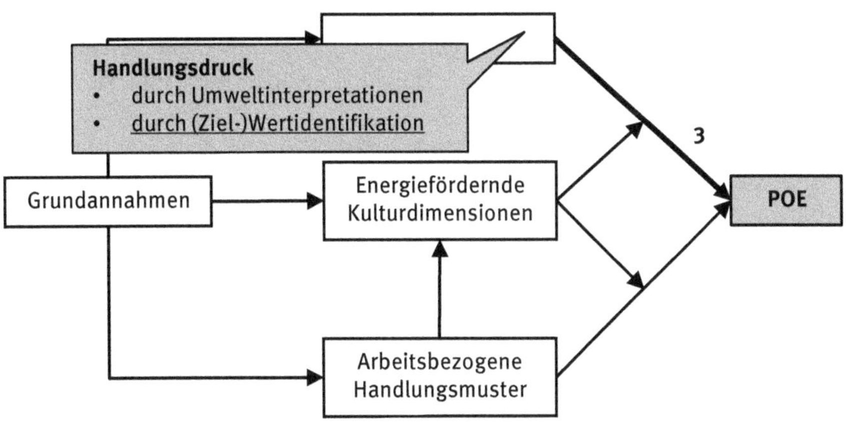

Abb. 4-8: Übersicht über Handlungsdruck durch (Ziel-)Wertidentifikation und POE (Quelle: eigene Darstellung)

Zwischen dem Handlungsdruck durch (Ziel-)Wertidentifikation und der POE lässt sich in den Daten der Caritas Schweiz und des SRK-SG ein direkter Zusammenhang feststellen, wie die folgenden Ausführungen zeigen.

So führt der kollektiv wahrgenommene Handlungsdruck durch (Ziel-)Wertidentifikation, wie die folgenden Zitate zeigen, zu einem starken Handlungswillen und einer ausgeprägten Ausdauer, welche die Organisationsmitglieder teilweise jahrelang nach Umsetzungswegen suchen lassen (erstes Zitat SRK-SG, zweites Zitat Caritas Schweiz):

> «Es gab Angebote (...), die gut waren oder gewesen wären, die vielleicht verfrüht waren. Zum Beispiel das Drehkreuz, von dem ich seit zehn Jahren schon immer rede und welches ich informell schon gemacht habe, weil ich mir gesagt habe: ‹Das gibt's doch nicht, dass wir so viele Angebote haben und keiner weiß vom anderen, dass er's macht und wie er's macht! Und die Leute laufen vom einen zum andern, verpuffen Kräfte, verlieren auch Mut. Dass es so was nicht gibt –!› Und all die Einwände: ‹Und wenn man das ein bisschen zurückstellt?› und ‹Das hat nicht Priorität› und ‹Wir haben das Geld nicht dazu› und ‹Wie stellst du dir das vor?› und ‹Du hast ja nicht Zeit, das auch noch zu machen –!› Dass das jetzt doch noch gelungen ist, das ist für mich die Krönung! (mhm) Ja.» (I 29:134)
>
> «Die Leute, die das als ihre zentrale Aufgabe haben, natürlich sind die nachher noch motiviert, auch wenn inzwischen wieder fünf andere Katastrophen passiert sind und man schon lange nicht mehr weiß, dass im Iran auch eine Großkatastrophe gewesen ist. Die Verantwortlichen für Bam sind natürlich nach wie vor da. Die bringen ihre Programme voran und wir schauen auch regelmäßig, was tun die. Das wäre denen noch nie in den Sinn gekommen zu sagen, das ist nicht mehr so wichtig, das ist jetzt schon länger her. Ich meine, was diese Leute in Bam erlebt haben, das ist genauso grauenhaft wie das, was die Leute wegen der Tsunami erlebt haben oder jetzt im Libanon.» (I 1:193)

Die kollektive Aktivierung findet also auf der kognitiven Ebene, in der beschriebenen Suche nach Umsetzungsmöglichkeiten, und der handlungsbezogenen Ebene, angesprochen mit dem Handlungs- und Durchhaltewillen, statt und ist deshalb förderlich für ein hohes Niveau an POE

Der Handlungsdruck durch (Ziel-)Wertidentifikation und dessen Wirkung auf die POE werden durch die Erkenntnisse der Motivationsforschung gestärkt. Motivation wird auch als Bündel von energetischen Kräften definiert, welche zum Handeln drängen und dazu anspornen (Pinder 2008: 11). Auch wenn in der angeführten Literatur die individuelle Ebene erforscht wird, ist davon auszugehen, dass die Argumentation auch auf die geteilte Motivation beziehungsweise auf die kollektive Aktivierung (POE) übertragen werden kann, die sich durch die zwischenmenschlichen Interaktionsprozesse der einzelnen motivierten Individuen noch verstärkt (Chen & Kanfer 2006). Gemäß Gagné und Deci (2005) entsteht besonders hoher Handlungsdruck beziehungsweise Selbstmotivation (*autonomous motivation*) im Arbeitsumfeld, wenn die Ziele und Werte, die mit einer Tätigkeit verbunden sind, von den Mitarbeitenden akzeptiert und in das eigene Selbstverständnis integriert werden, so dass nicht externe Anreize den Antrieb zum Handeln geben.

Sheldon und Elliot (1998) haben in drei aufeinander folgenden Untersuchungen mit Studierenden die positive Beziehung zwischen Selbstmotivation durch Zielidentifikation und dem geleisteten Einsatz empirisch bestätigt. Die Autoren weisen außerdem darauf hin, dass für Ziele mit einem solchen selbstbestimmten Charakter mehr und über längere Zeit individuelle Energien eingesetzt werden (1998: 547), das heißt, dass damit auch die kollektive Organisationale Energie positiv beeinflusst wird.

Schließlich können aus einer Studie mit Physikern, welche in Gesundheitssystemen tätig sind, Rückschlüsse auf den Handlungsdruck aus (Ziel-) Wertidentifikation und die Aktivierung der Organisation gezogen werden. Dukerich, Golden und Shortell (2002) haben gezeigt, dass eine (Ziel-)Wertidentifikation positiv mit engagiertem Handeln, aber auch mit stärkerer Zusammenarbeit korreliert. Diese Ergebnisse deuten auf eine Aktivierung der handlungsbezogenen und der kognitiven Energien, welche auch durch gegenseitigen Austausch charakterisiert sind, hin.

Nach der vorangegangenen Darstellung kann folgende Proposition formuliert werden:

Proposition 3:
Je stärker der Handlungsdruck, desto höher das Niveau an POE.

4.3.2.5 Moderierende Wirkung der energiefördernden Kulturdimensionen

In diesem Kapitel wird nochmals die moderierende Wirkung der energiefördernden Kulturdimensionen auf die Wirkung des Handlungsdrucks auf die POE vertieft (siehe Abbildung 4-5), diesmal für die Situation, wenn Handlungsdruck durch (Ziel-) Wertidentifikation vorliegt.

Wie in Bezug auf den Handlungsdruck durch Umweltinterpretationen schon festgestellt (siehe Kapitel 4.3.1.5), ergibt sich die energiefördernde Wirkung dieses Handlungsdrucks nur dann, wenn die Überzeugung, dass das Handeln sinnvoll und notwendig ist, von einem geteilten Gefühl begleitet wird, dass ein gemeinsamer Gestaltungsspielraum vorhanden ist. Andernfalls kann der Handlungsdruck die Organisationsmitglieder lähmen. In diesem Zusammenhang zeigt sich die Präsenz eines solchen kollektiv wahrgenommenen Gestaltungsspielraums darin, dass die Organisationsmitglieder der Caritas Schweiz und des SRK-SG davon ausgehen, dass sie wesentliche und sinnvolle Beiträge zur Erreichung beziehungsweise zur Annäherung an die (Ziel-)Werte der Organisation leisten können (erstes Zitat SRK-SG, zweites bis viertes Zitat Caritas Schweiz):

> «Für mich ist es schön, da etwas beitragen zu können, wenn ich es auch nicht gerade unmittelbar spüre. Aber einfach in einer Organisation arbeiten zu können, die etwas Gutes tun will.» (I 28:106)

> «Ich sehe einfach die Arbeit von unseren Regionalstellen und wie toll die das machen und wie die dran sind und was für Erfolge sie auch mit ihren Projekten haben! Was die brauchen, ist Unterstützung und das ist mein Job. Ich versuche, diese Unterstützung zu geben, indem wir Geld reinbringen können, schlussendlich. Dass wir die Leute aufmerksam machen: ‹Hey, wir machen unsere Arbeit und wir brauchen die Unterstützung von jedem von euch.›» (I 19:91)
> «Wir können einfach versuchen, etwas zu erreichen, aber die Welt können wir nicht ändern. Das muss man auch mal einsehen, oder? Das ist auch eine falsche Haltung, wenn man das meint. Sondern einfach versuchen –. Mein Beitrag ist einfach, an meinem Platz meine Arbeit gut zu machen. Das ist eine Hilfe für alle andern, die dann vielleicht direkter zugunsten dieser Leute arbeiten, denen unsere Arbeit schlussendlich zugute kommt.» (I 6:120)
> «Und organisationsbezogen ist sicher auch das Gefühl, dass du etwas Gutes machst. Auch wenn sich das nicht gerade in meinem konkreten Alltag auswirkt. Ich bin jetzt nicht von der Internationalen Zusammenarbeit, wo du die Verbesserungen von Jahr zu Jahr siehst. Aber unsere Aufgabe ist ja, einen Teil dazu beizutragen, dass es schlussendlich besser wird.» (I 7:177)

Die Aktivierung auf der kognitiven und der handlungsbezogenen Ebene, welche der Handlungsdruck hervorruft, wird von dieser kollektiven Überzeugung, dass im Hinblick auf die (Ziel-)Werte etwas bewegt und erreicht werden kann, noch verstärkt. Darüber hinaus deuten die Daten darauf hin, dass die aus der (Ziel-)Wertübereinstimmung resultierende Überzeugung der Organisationsmitglieder, dass ihr Beitrag sinnvoll ist, eine Aktivierung auch auf der emotionalen Ebene ermöglicht. Das zeigt sich in obigen Zitaten an der Begeisterung für die Projekte und für die Arbeit der Organisation. Daraus kann geschlossen werden, dass die energiefördernde Wirkung dann besonders ausgeprägt ist, wenn die Beiträge, welche geleistet werden können, als sinnvoll erachtet werden.

Eine ausgeprägte Aktivierung der POE erzeugt der Handlungsdruck durch (Ziel-)Wertidentifikation allerdings nur dann, wenn gleichzeitig auch die kollektive Wahrnehmung eines gemeinsamen Handlungsrahmens vorliegt. Übereinstimmende (Ziel-)Werte bilden einen natürlichen Zielfokus auf die (Ziel-)Werte der jeweiligen NPO und die Organisationsmitglieder haben dann außerdem eine hohe Selbstmotivation, diese Ziele – welche auch ihre eigenen sind – zu erreichen. Bei unterschiedlichen (Ziel-)Wertinterpretationen wird die kollektive Aktivierung geschwächt, wie im folgenden Zitat angesprochen:

> «Dieses Miteinander an einem Strick ziehen und etwas erreichen wollen –! Jeder deckt so verschiedene Gebiete ab, so dass am Schluss doch wieder jeder sein, wir nennen das ‹Gärtlidänke› bei uns, dass jeder sein Ziel erreichen will und dabei vergisst, es gibt ja noch andere Projekte, mit denen man das wiederum verbinden könnte.» (I 7:15)

Insbesondere die kognitive Energie kann nicht ausgeschöpft werden, da keine Verbindungsmöglichkeiten zwischen den einzelnen Tätigkeiten gesucht werden, die letztlich das übergeordnete Ziel anstreben. Das bedeutet, dass mögliche Synergien verloren gehen und damit die POE sinkt.

Wie zuvor in Kapitel 4.3.1.5 erläutert, bestärkt die bestehende Literatur die Zusammenhänge zwischen Handlungsdruck und der moderierenden Wirkung der energiefördernden Kulturdimensionen. Die bisherige Argumentation lässt die Bestätigung folgender Proposition zu:

Proposition 4:
Die Wirkung des Handlungsdrucks auf die POE wird von den energiefördernden Kulturdimensionen moderiert. Das heißt: Nur wenn ein kollektiver Gestaltungsspielraum und ein kollektiver Handlungsrahmen wahrgenommen werden, entsteht eine positive Wirkung auf die POE.

4.4 Arbeitsbezogene Handlungsmuster und energiefördernde Kulturdimensionen

In den Daten werden stark planungs- und flexibilitätsbetonende sowie gleichwertigkeitsbetonende Handlungsmuster bei der Caritas Schweiz offensichtlich. Beim SRK-SG sind diese arbeitsbezogenen Handlungsmuster in ähnlicher Weise ebenfalls festzustellen, aber besonders ein unabhängigkeitsbetonendes Handlungsmuster tritt dort in den Vordergrund. Die Unterschiede in der Arbeitsweise der beiden NPOs gehen auf die unterschiedlichen Grundannahmen der Organisationsmitglieder zurück. Anhand der prägendsten arbeitsbezogenen Handlungsmustern in den beiden NPOs (planungs- und flexibilitätsbetonende, gleichwertigkeitsbetonende und unabhängigkeitsbetonendes Handlungsmuster) wird im Folgenden dieser Wirkungsmechanismus zwischen der Organisationskultur und der POE dargestellt. Dabei wird außerdem die entscheidende Bedeutung der energiefördernden Kulturdimensionen für die Wirkung der Handlungsmuster auf die POE herausgearbeitet.

4.4.1 Planungs- und flexibilitätsbetonende Handlungsmuster

4.4.1.1 Grundannahmen Fremdbestimmtheit / Macherinnen und planungs- und flexibilitätsbetonende Handlungsmuster

Um die Verbindung zwischen den relevanten Grundannahmen der beiden NPOs und der daraus resultierenden Handlungsmuster aufzuzeigen, wird in diesem Kapitel zuerst die Grundannahme Fremdbestimmtheit in Erinnerung gerufen und dann auf die Grundannahme Macherinnen genauer eingegangen. Es folgt dann die Darstellung der mit diesen Grundannahmen verbundenen planungs- und flexibilitätsbetonenden Handlungsmuster für die beiden Organisationen. Die planungs- und flexibilitätsbetonenden Handlungsmuster werden nebeneinander herausgearbeitet, obwohl sie gegensätzlich sind. Aber wie sich im Verlauf der Ausführungen zeigt, ergänzen sich Planung und Flexibilität in Bezug auf die POE.

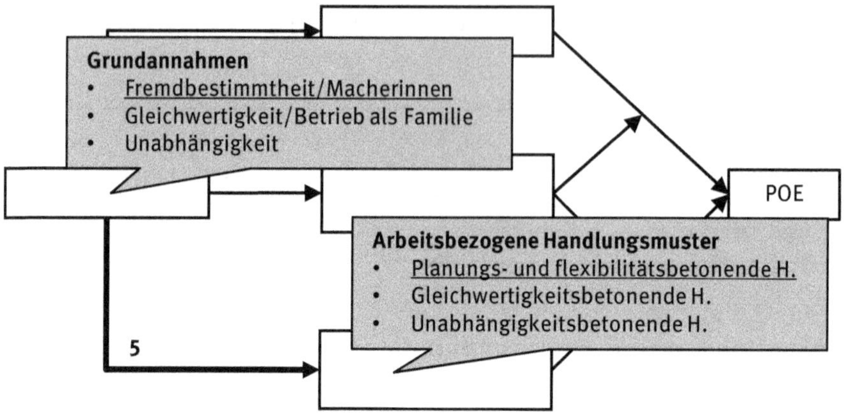

Abb. 4-9: Übersicht über Grundannahmen Fremdbestimmtheit / Macherinnen und planungs- und flexibilitätsbetonenden Handlungsmuster (Quelle: eigene Darstellung)

Bei der Caritas Schweiz prägt die Grundannahme Fremdbestimmtheit die Arbeitsweise der Organisationsmitglieder. Wie in Kapitel 4.3.1.2 schon ausführlich dargestellt, wird die Umwelt von den Organisationsmitgliedern übereinstimmend so interpretiert, dass diese die Tätigkeit der NPO maßgeblich mitbestimmt. Die Organisation befindet sich deshalb in einem kontinuierlichen Anpassungsprozess an die Veränderungen im Umfeld. Die Annahme der Fremdbestimmtheit geht aber nicht so weit, dass sich die Organisationsmitglieder der Umwelt völlig ausgeliefert fühlen. Die Mitarbeitenden gehen vielmehr davon aus, dass die Organisation die Anpassungs- und Veränderungsprozesse bis zu einem gewissen Maß selbst gestalten kann.

Die Arbeitsweise der Organisationsmitglieder im SRK-SG wird dagegen stark durch die Grundannahme Macherinnen geprägt. In diesem Zusammenhang bekommt der (Ziel-)Wert Gutes tun noch eine andere Bedeutung: Der Fokus liegt hier besonders auf dem «Tun», auf der Tätigkeit, um etwas Gutes zu erreichen. Die Grundannahme Macherinnen ist eng an die ehemalige Geschäftsführerin geknüpft, die ursprünglich fast alles allein machte und dann dort, wo sie weiteren Bedarf sah, das Angebot ausweitete.

> «Anfänglich habe ich über den Fahrdienst, Bus organisieren, über in der Kleiderstube aushelfen, über das Kurslokal einrichten, Sitzungen vorbereiten und leiten, habe ich alles gemacht. Ich war Mädchen für alles. Aber das war für mich ein Vorteil, denn ich konnte dann an der Basis sehen, was dort gemacht wird, (...) und mit der Zeit den Bedarf aufnehmen und probieren, die Tätigkeiten anzupassen oder auszuweiten.» (I 29:3)
> «Oder ein Anliegen, ein Problem ist mir geschildert worden und ich habe Lösungen gesucht. Und wenn es im Sinn von den Grundsätzen vom Roten Kreuz war, habe ich immer geschaut ist es etwas, was wir machen könnten, wo wir die Möglichkeiten dazu haben.» (I 29:35)

> «Ich habe auch noch Sachen aufgebaut, wo im Grunde genommen das Rote Kreuz oder ich als Person involviert waren und was man gar nicht mehr mit dem Roten Kreuz in Verbindung bringt. Das Tixi zum Beispiel. Das habe ich mit aufgebaut. Mit dem K. T. von der ProInfirmis. Wir allein haben daran geglaubt, dass so etwas ein Bedarf ist. ProSenectute ist ausgestiegen, Caritas ist ausgestiegen. Ich weiß nicht mehr wer alles dabei war, den Invalidenverband, den hatten wir auch noch drinnen, die sind alle ausgestiegen! Und heutzutage ist das Tixi wirklich ein Angebot, das Sinn macht! Ebenso gab es noch ein paar andere Sachen, bei denen wir geholfen haben, die zu initiieren, aufzubauen, wo man einfach ein bisschen Biss haben musste. Durchhaltevermögen.» (I 29:134)

Diese Zitate verdeutlichen das Credo der ehemaligen Geschäftsführerin und die geteilte Grundannahme der Organisationsmitglieder: Wenn sie über Situationen «stolpern», in denen sie Bedarf für eine Hilfeleistung orten, dann müssen dafür Lösungen gesucht und diese mit viel Ausdauer in die Tat umgesetzt werden.

> «Ich suche wieder nach Nischen, wo man etwas Neues dazu nehmen kann. Ich habe im letzten Herbst wieder so eine Nische herein geholt. Also ich schaufle mir immer mein eigenes Grab. Aber ich denke, es ist Energie und Power, dass man eben auch mit Kompetenzen arbeitet. (...). Ich hatte dann die Phantasie, wir müssten diesen Leuten doch etwas anbieten können, dass sie ihr Kompetenzprofil erstellen können. Und allenfalls auf Eigeninitiative erweitern (...). Beim Rumtelefonieren haben sie mir gesagt, dass gerade noch ein Kurs stattfinden würde in Münsterlingen, ich könne gerade noch einfädeln, wenn ich wollte. Das habe ich natürlich dann gemacht. Einfach so, wenn ich an so etwas herankomme und es packt mich, dann muss ich, dann muss ich mit.» (I 31:103)
>
> «Ich bin auch, du siehst ja von den Jobs her, die ich habe, ich bin eher die Macherin, ich bin lieber die, die umsetzt.» (I 33:33)

Die unterschiedlichen Grundannahmen führen zu verschiedenen planungs- beziehungsweise flexibilitätsbetonenden Handlungsmustern in den beiden Organisationen. So resultiert bei der Caritas Schweiz aufgrund der geteilten Grundannahme, dass die NPO zwar von der Umwelt stark fremdbestimmt wird, sie den Umweltveränderungen aber nicht ohnmächtig ausgeliefert ist, systematisches Arbeiten als bewährtes Handlungsmuster, um mit diesen Außeneinflüssen umzugehen. Die systematische Arbeitsweise beinhaltet Momente der Beobachtung, Analyse, Planung, Umsetzung und der Evaluation.

Ein Teil davon ist die Beobachtung der Umwelt. Die Organisationsmitglieder auf allen Hierarchieebenen und in allen Bereichen richten ihre Aufmerksamkeit immer wieder nach außen und versuchen, Veränderungen zu antizipieren und ihre Tätigkeiten darauf einzustellen. In den Daten zeigt sich, dass diese Beobachtungsprozesse zwei unterschiedliche Ausrichtungen haben können: Das Vorausschauen kann dazu dienen, die bisherige Strategie der NPO zu evaluieren, aber auch dazu, neue Tätigkeitsnischen zu suchen und die Strategie neu zu definieren. Die Caritas Schweiz hat schon mehrere Strategieprozesse hinter sich, die Jürg Krummenacher Mitte der 1990er Jahre initiierte. Dabei wird das klassische Verfahren angewendet, in dem das Umfeld hinsichtlich Chancen und Risiken analysiert und die internen

Stärken und Grenzen der Organisation herausgearbeitet werden. Wie aus den Beschreibungen des Strategieprozesses hervor geht, werden die Analysen nicht nur für die gesamte Organisation erstellt, sondern setzen sich auf den Bereichsebenen fort. Darüber hinaus wird die strategische Ausrichtung auch für die Zusammenarbeit mit den regionalen Caritas-Stellen definiert.

Aus den Beobachtungs- und Analyseprozessen werden die Konsequenzen gezogen und die großen Anpassungsprozesse und die alltäglichen Arbeiten der Caritas Schweiz so weit wie möglich geplant. So wird beispielsweise die Strategie auf die einzelnen Tätigkeitsbereiche kaskadenartig, bis auf die einzelnen Projekte, in Form von Jahresplanung, Bereichsplanung und Projektplanung etc. heruntergebrochen. Es ist eine Aufgabe der Führungspersonen, diese jeweils der unterstellten Stufe zu kommunizieren und die Ziele, gegebenenfalls auch Zwischenziele, mit den einzelnen Mitarbeitenden abzusprechen.

> «Wir sind mittlerweile soweit, dass es einen durchgehenden Zusammenhang gibt zwischen diesem Leitbild, Strategie und operationeller Planung. Kann ich Ihnen auch zeigen. Die Jahresplanung ist so organisiert, dass sie einen Bezug dazu haben muss, (...). Dann gibt es Bereichsstrategien, die jetzt gerade erarbeitet werden. Das sind dieses Mal stärker noch Dokumente, die sagen, wie und bis wann und mit was verglichen.» (I 18:49)
> «Wir haben jetzt Mitarbeitergespräche und die Detailplanung. Das ist das, was der / die Vorgesetzte dann aufgrund der Jahresplanung macht. Die sollte in einem Zusammenhang stehen mit dem Mitarbeitendengespräch.» (I 18:55)
> «Es ist mehr das Problem mit anderen Abteilungen. Zum Beispiel die Abteilung XY, die sollte wahrscheinlich im Jahr 2010 noch 5 Millionen Volumen haben, aber die haben jetzt noch Personal für ein größeres Volumen, dass man dort schaut, wie kommt man hinunter.» (I 17:49)

Zum systematischen Arbeiten beziehungsweise der Planung gehören aber auch Reglemente und Handbücher, die das «richtige» Verhalten in unterschiedlichen Situationen des Alltags definieren.

> «(...) auf der Ebene der Steuerungselemente, auch sehr viel Reglementierung, was nicht alle geschätzt haben. Es gibt eine Flut von Reglementen, die wir jetzt haben, die zwar alle gut geordnet sind. Es ist übersichtlich geworden, es kommt jetzt auf's Intranet.» (I 22:119)

Auch die unplanbare Natur einer Katastrophe wird zu mindern versucht, indem ein Dispositiv für den Katastrophenfall entwickelt wurde. Dieses Dispositiv legt die Abläufe und Verantwortlichkeiten vorgängig fest. Tritt eine Katastrophe ein, wird umgehend der Krisenstab gebildet, der sich aus dem Direktor, dem Kommunikationschef und dem Verantwortlichen für die jeweilige geografische Region zusammensetzt. Im Krisenstab wird die Situation anfänglich mehrmals täglich beraten, Informationen zusammengetragen und Entscheide bezüglich des unmittelbaren Vorgehens gefällt. Dieses Gremium bestimmt auch über einen direkten Einsatz vor Ort beziehungsweise über dessen strategische Ausrichtung. Zugleich legt das Katastrophendispositiv aber auch die operativen Abläufe in der Zentrale in Luzern fest.

Seien das die Verantwortlichkeiten für die Lancierung der Spendenkampagnen, das Verfassen der Pressemitteilungen, die Adressverarbeitung oder für die Erteilung von Auskünften. Da das Tempo in und für die Anfangsphasen stets existentiell ist, geht die vorgängige Planung so weit, dass beispielsweise das Format des Spendermailings schon definiert ist und im Krisenfall nur noch bestimmte Module davon angepasst werden müssen.

Schließlich folgt meistens auf die Umsetzung der Projekte beziehungsweise in regelmäßigen Abständen eine Evaluation der Tätigkeiten und der Ergebnisse. Aufgrund der in der Evaluation gewonnenen Erkenntnisse werden erneut Anpassungen, auf strategischer und operativer Ebene, vorgenommen. Es schließt sich der Kreis, denn die Evaluationen enthalten wiederum auch die Analyse der Umwelt.

> «Dann, nach dem Einsatz kommt die ganze Auswertung wieder. Wie hat unsere Disposition funktioniert, wo waren die Schwächen, warum, wie hat das Haus intern funktioniert, die Abläufe, wie waren die? Was hat nicht funktioniert, was muss man anschauen? Personell, was ist gut gelaufen, was nicht? Also die ganzen Abläufe, die ich vorher zusammengefasst habe, werden dann einzeln nochmals reflektiert. Und dann gibt es von jedem Einsatz, also von jedem Land eigentlich, gibt's dann die Lessons-Learned.» (I 23:64)

Diese planungsbetonenden Handlungsmuster bei der Caritas Schweiz gleichen denjenigen einer Organisation in der so bezeichneten Reifungsphase, welche mit Strategieprozessen und klarer definierten Organisationszielen einhergeht (Miller & Friesen 1980) beziehungsweise allgemein den Diskussionen um die Formalisierung von Organisationstätigkeiten (zum Beispiel Organ & Green 1981, Adler & Borys 1996).

Die beobachteten zyklischen Schritte des systematischen Arbeitens können auch mit den in der Literatur beschriebenen Lernprozessen von Organisationen verglichen werden. Die Analyse der Umwelt sowie die Konzeptionalisierung der Probleme gehören dabei genauso zu den Lernschritten einer Organisation wie die Umsetzungs- und Anpassungsmaßnahmen und die anschließende Reflektion dieses Prozesses (zum Beispiel Kolb 1976; Inglis 1994; Pedler 1999).

Im SRK-SG lassen die Daten dagegen auf ein sehr stark flexibilitätsbetonendes Handlungsmuster schließen. Diese intuitive, experimentelle Arbeitsweise basiert auf der Grundannahme Macherinnen. Sie beruht weniger auf detaillierten Analysen, sondern vielmehr auf der intuitiven Erfassung von neuen Projektmöglichkeiten oder beispielsweise assoziativen Brainstormingprozessen, die neue Lösungsansätze zu Tage fördern. Wissen über die Umwelt beziehungsweise über die Wirkung von neuen Maßnahmen wird dabei durch Ausprobieren generiert. Diese Arbeitsweise wird durch folgende Zitate verdeutlicht:

> «Ich bin mir es gewöhnt, mit viel Frauen zu arbeiten, schon vorher. Es gibt Sachen, die Frauen ganz anders anpacken als Männer. Das ist spannend, dass es sehr oft mehr aus dem Bauch heraus kommt und ich oft in die Situation komme, dass ich sage: ‹Das würde ich jetzt ein bisschen mehr strukturieren.› Aber es war für mich immer ideal zu schauen, weil es schlussendlich immer funktioniert hat und gut funktioniert hat.» (I 30:65)

> «(...) weil der Laden läuft auch nicht gut. Jetzt möchte ich eine Art versuchen, um mal Kosten zu sparen, nur noch die Leiterin zu haben und den Laden mit Freiwilligen aufrecht zu erhalten. Da bin ich jetzt natürlich sehr gespannt. Ich habe jetzt ein Inserat gemacht im Stellenanzeiger für Freiwilligenarbeit: Ob sich überhaupt Freiwillige melden und ob das dann zu realisieren ist? Ich bin schon – jaja, das wäre schon eine relativ große Veränderung.» (I 33:70)
> «Ich sage manchmal: ‹Ohh, ich sollte wieder Freiwillige –›. Sonst habe ich in der Regel als Freiwillige ältere Leute. Ich habe gesagt: ‹Für die schweren Taschen kann ich doch nicht ältere Leute –, da brauche ich junge.› Irgendwie sind wir drauf gekommen, L. hat dann gesagt, sie könne schon mal einen Aushang für mich hinhängen. Sie hat das dann gemacht und die haben sich gemeldet. Jetzt weiß ich doch gerade schon fürs nächste Jahr: Dort hänge ich doch ganz sicher ein Plakat hin.» (I 33:79)

Dieses arbeitsbezogene Handlungsmuster des SRK-SG ist mit Forschung im Bereich der Intuition (Kakkonen 2005; Andersen 2000; Hayes, Allinson & Armstrong 2004) beziehungsweise zu intuitivem Denken (Nickerson, Perkins & Smith 1985: 62) vergleichbar. Intuition und intuitives Handeln werden in der bestehenden Managementliteratur allerdings vor allem in Bezug auf das Entscheidungsverhalten von Führungskräften und deshalb auch nur auf der individuellen Ebene untersucht (Kakkonen 2005; Andersen 2000; Hayes, Allinson & Armstrong 2004). Eine Ausnahme bilden Mitroff und Kilmann (1975), welche beschreiben, dass intuitives Handeln auch Teil einer Organisationskultur sein kann.

Wie anhand der stark ausgeprägten Grundannahme Fremdbestimmtheit und Macherinnen deutlich wird, sind mit den jeweiligen Grundannahmen Vorstellungen verbunden, wie «richtig» mit bestimmten Situationen im Arbeitsalltag umgegangen werden soll, so dass der Fortbestand der Organisationstätigkeit gewährleistet ist. Diese Vorstellungen beeinflussen die Arbeitsweisen der beiden NPOs und über die Zeit bilden sich aus den erfolgreichen Erfahrungen relativ klar definierte Handlungsmuster. Dies bedeutet, dass die kulturellen Grundannahmen sehr eng mit gewissen Handlungsmustern verbunden sind. Auf diesen Zusammenhang wird auch in der Literatur verwiesen (z.B. Schein 1992; Schwartz & Davis 1981; O'Reilly 1989) – teilweise ist er sogar in den Kulturdefinitionen selber enthalten. Als eine Definition von vielen sei hier diejenige von Nahavandi und Malekzadeh angeführt:

> «Kultur sind die Werte, die gemeinsam von einer Gruppe von Personen akzeptiert werden. Es ist eine Menge (set) von Normen, Sitten, Werten und Annahmen, die das Verhalten einer bestimmten Gruppe beeinflussen.» (1999: 74, zitiert in: Six & Felfe 2004: 635)

So genannten «starken» Kulturen, das heißt Organisationskulturen, in denen wie bei der Caritas Schweiz und beim SRK-SG eine starke Übereinstimmung festgestellt werden kann und in denen einzelnen Grundannahmen und Werten gleichzeitig eine große Bedeutung beigemessen wird, wirken besonders stark auf das Verhalten der Organisationsmitglieder (Deal & Kennedy 1982; Chatman & Eunyoung Cha 2003). Denn wenn die Grundannahmen als sehr bedeutsam für die Organisation erachtet werden, wird dieses «richtige» Verhalten von der kulturellen Gemeinschaft stark kontrolliert und abweichendes Verhalten sanktioniert (Schwartz & Davis 1981).

Aus der Datenanalyse und dem Literaturvergleich kann daher folgende Proposition formuliert werden:

Proposition 5:
Je mehr Bedeutung die Organisationsmitglieder einer kulturellen Grundannahme beimessen, desto stärker bilden sich Handlungsmuster.

4.4.1.2 Planungs- und flexibilitätsbetonende Handlungsmuster und energiefördernde Kulturdimensionen

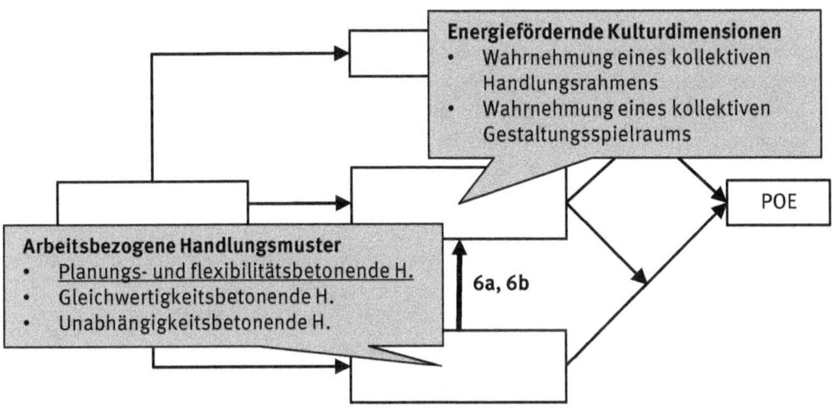

Abb. 4-10: Übersicht über planungs- und flexibilitätsbetonende Handlungsmuster und energiefördernde Kulturdimensionen (Quelle: eigene Darstellung)

Die arbeitsbezogenen Handlungsmuster bei der Caritas Schweiz und beim SRK-SG wirken sich auf die früher schon erwähnten energiefördernden Kulturdimensionen aus (siehe auch Kapitel 4.3.1.3). Das heißt, sie stärken oder schwächen die Herausbildung einer geteilten Wahrnehmung eines kollektiven Handlungsrahmens und derjenigen eines kollektiven Gestaltungsspielraums. Dieser Zusammenhang wird im Folgenden für die planungs- und flexibilitätsbetonenden Handlungsmuster (an späterer Stelle auch für die anderen arbeitsbezogenen Handlungsmuster) in den beiden NPOs dargestellt.

Planungsbetonende Handlungsmuster wie die systematische Arbeitsweise bei der Caritas Schweiz fördern das geteilte Gefühl eines kollektiven Handlungsrahmens sehr stark. Gerade durch die ausgeprägte Planung auf allen Ebenen und die konsequente Kommunikation von Strategie und Planungszielen von der Geschäftsleitung bis auf die unteren Führungsebenen bildet sich zwischen den Organisationsmitgliedern eine gemeinsame Vorstellung, wofür und wie sie sich einsetzen sollen. Einerseits verdeutlicht es für die Organisationsmitglieder ihre Rollen (das heißt ihre Aufgaben und Verantwortlichkeiten) und damit auf welche Tätigkeiten sie ihre Energien konzentrieren können. Andererseits zeigt ihnen dieses gemeinsame Verständnis in Bezug auf die strategische Ausrichtung, den Katastrophenfall oder schließlich hinsichtlich der «richtigen» Verhaltensweisen umgekehrt auch auf, welche Themen oder Tätigkeitsfelder vernachlässigt werden können. Die Wahrnehmung eines gemeinsamen Zielfokus und klarer Rollen fördern damit, dass ein kollektiver Handlungsrahmen wahrgenommen werden kann. Dies kommt in den folgenden Zitaten zum Ausdruck:

> «Da wird sehr gut organisiert. Da gibt es ein Dispositiv, wer hat welche Aufgaben. Das ist wichtig, dass das vorbereitet ist, denn dann kann man nicht mehr ‹im Züg umeheue›. Sondern es ist klar beauftragt, was wir machen müssen in einem solchen Fall. Natürlich bezieht sich das auf das, was absehbar ist, aber dort war eben vieles am Anfang nicht absehbar. Aber das Dispositiv klärt das sehr deutlich.» (I 7:109)
> «Ja, insofern ist das fast schon ein bisschen meine Bibel (lacht). Daran halte ich mich, das sind die Vorgaben von der Konferenz, das sind die strategischen Ziele, die festgelegt sind und darin bewege ich mich.» (I 19:164)
> «Also in diesen Themenfeldern, in denen wir den roten Faden durchziehen, dort wird uns dann auch Kompetenz zugeschrieben. Entsprechend groß ist dann dort auch unser Einfluss. Das führt auch dazu, dass meine Leute und ich wissen, auf was wir uns konzentrieren und was wir auch auf der Seite lassen können.» (I 4:36)

Die intensive und detaillierte Planung der Organisationstätigkeiten fördert aber auch die geteilte Wahrnehmung eines kollektiven Gestaltungsspielraums bei der Caritas Schweiz, das heißt die geteilte Auffassung, dass eine gewisse Kontrolle auf die Umwelt ausgeübt werden kann. Dies führt zum geteilten Verständnis der Organisationsmitglieder, die Ausrichtung der Organisation selbstbestimmt definieren zu können, so dass das Überleben der Organisation gesichert werden kann. Diese geteilte Auffassung der Planbarkeit und der selbstbestimmten Entscheidungsmöglichkeiten zeigt sich beispielsweise in den folgenden Zitaten:

> «Dort ist es dann nicht mehr so gefährlich, dass man die Kosten überschreitet – weil die konnten dann geplant werden. Wenn sie wissen, das kostet 1 Million und für die Projektbegleitung können wir 100'000 aufwenden, dann kann man das einigermaßen planen. Es gibt dort immer Abweichungen, aber die sind dann nicht so groß.» (I 17:42)
> «Wir machen ja regelmäßig Strategieentwicklungsprozesse, wo wir natürlich versuchen, diese Entwicklungsprozesse auch zu artikulieren und möglichst frühzeitig erste Schritt in die Wege zu leiten, damit uns das nicht überrascht.» (I 4:106)

Das geteilte Verständnis, dass aktiv auf das Umfeld eingewirkt und es nach den eigenen Vorstellungen und Interessen gestaltet werden kann, kommt auch im Selbstverständnis der Caritas Schweiz zum Ausdruck. Die Organisationsmitglieder gehen davon aus, dass der NPO selbstbestimmtes Agieren möglich ist, so dass sie immer wieder als Pionierin fungieren und neue Projekte oder Themen in der öffentlichen Debatte lancieren kann.

> «Einerseits ist es immer so, dass man beobachtet, was in der Schweiz so läuft in der Politik. Aber auch, was gibt es für Bedürfnisse, wo gibt es Lücken, die der Staat nicht wahrnimmt.» (I 16:47)
> «(...) das andere Beispiel ist, wir haben schon 1998 eine Studie gemacht zu Working Poor in der Schweiz. Das hat dann dazu geführt, dass dann in den regionalen Caritas-Stellen dieses Thema aufgegriffen wurde. Man hat sich dann gesagt, was können wir für Working Poor machen?» (I 4:16)

Beim SRK-SG ist durch die experimentelle Arbeitsweise vorwiegend die kollektive Wahrnehmung eines gemeinsamen Gestaltungsspielraums ausgeprägt. Das flexibilitätsbetonende Handlungsmuster fördert maßgeblich die kollektive Auffassung, dass ein großer Gestaltungsspielraum in Bezug auf das Handeln der Organisationsmitglieder besteht: Die Organisationsmitglieder gehen davon aus, dass ausprobiert werden darf und auch Fehler dabei erlaubt sind, da sie als Lernerfahrungen dienen.

> «Oder was sind gute Größen und zu sagen: ‹Sagt es etwas aus?› Weil das sind schwierige Größen, (...) und dann muss ich etwas widerlegen und sagen, nein eigentlich ‹verhebet's› nicht. Eigentlich ist diese Größe die bessere Größe, die mehr ‹verhebet›. Und man muss zum Teil ja Annahmen treffen, das geht gar nicht anders. Aber das ist so das Mitarbeiten mit dem Ganzen, das so verrückt ist! Und durch Fehler lernt man ja dann auch: Ahh drum, das ist es!» (I 32:112)
> «Das Lädeli Rorschach ist so ein Ding gewesen. Das war in einem abbruchreifen Haus, in einer ‹Hütte›, und die Mitarbeiterin, also die Regionalstellenleiterin von dort unten, ist gekommen und hat gesagt: ‹Ich hätte ein Lokal, das man ausbauen könnte.› Und dort musste ich einfach sagen: ‹Mach, such, schau! Komm wieder mit einem Angebot!›» (I 29:135)
> «Ich suche wieder nach Nischen, wo man etwas Neues dazu nehmen kann.» (I 31:100)

Die Organisationsmitglieder gehen also grundsätzlich davon aus, dass Handlungsmöglichkeiten bestehen beziehungsweise, dass etwas erreicht werden kann. Beim SRK-SG fehlte jedoch gerade durch die Vielzahl an neu entdeckten Projektideen in der Organisationstätigkeit lange ein geteiltes Verständnis über einen kollektiven Handlungsrahmen, da an allen Ecken und Enden Bedarf für Hilfeleistungen gesehen wurde und gleichzeitig die Organisationsziele unklar waren.

> «Weil, eben auch marketingtechnisch ist es sehr schwierig, weil wir gar nicht wissen, was ist eigentlich unser Leitspruch, was ist unser Ziel, was wollen wir bei den Leuten draußen verankern.» (I 28:97)
> «Ja, wie ich gesagt habe, manchmal fast zu frei. Ich empfinde es dann manchmal auch noch schwierig für mich zum Abschätzen. Ich entscheide ja dann, für was ich die Zeit brauche, und ich bin ja dann nicht sicher, werten das alle gleich.» (I 33:90)
> «Weißt du, ich laufe schon mit offenen Augen und Ohren durch die Strassen und trotzdem habe ich manchmal den Eindruck, es ist manchmal noch schwierig, ich sehe, wo vielleicht Handlungsbedarf wäre und dann zu entscheiden, was wollen wir, was können wir.» (I 33:48)

Das bedeutet, dass das flexibilitätsbetonende Handlungsmuster des SRK-SG die geteilte Wahrnehmung eines kollektiven Handlungsrahmens erschwerte.

Die geteilte Wahrnehmung eines kollektiven Handlungsrahmens besteht gemäß Mathieu et al. (2000) aus mehreren geteilten mentalen Modellen eines Teams. Eines davon bezieht sich auf die Interaktionen der Teammitglieder und umfasst auch das geteilte Verständnis über die Aufgaben und Verantwortlichkeiten (die Rollen) der Mitglieder, ein weiteres betrifft die konkrete Aufgabe und wie diese erreicht werden kann (Mathieu et al. 2000: 274 f.). Die Studie von Stout et al. (1999) liefert eine empirische Bekräftigung des aufgezeigten Zusammenhangs zwischen den planungsbetonenden Handlungsmustern und der geteilten Wahrnehmung eines kollektiven Handlungsrahmens. Die Autoren zeigen in einem Experiment, dass durch gute, vorausschauende Planung die geteilten mentalen Modelle beziehungsweise der kollektive Handlungsrahmen gestärkt werden können. Die Organisationsmitglieder erlangen dadurch ein geteiltes Verständnis, wie die Arbeitstätigkeiten, auch in Situationen mit außerordentlich hoher Arbeitslast, koordiniert und der erforderliche Informationsfluss verbessert werden kann.

Die Feststellung, dass flexibilitätsbetonende Handlungsweisen förderlich für die geteilte Wahrnehmung von Gestaltungsspielraum wirkt, steht im Einklang damit, dass die Wahrnehmung von unterschiedlichen Handlungsvarianten, Entscheidungsspielraum und dem geteilten Glauben, etwas für die Organisation bewirken zu können (Guzzo et al. 1993), die Team-Befähigung stärkt (Kirkman & Rosen 1997; 1999).

Aus der bisherigen Argumentation können folgende Propositionen abgeleitet werden:

Proposition 6:

a) Je stärker die arbeitsbezogenen Handlungsmuster die geteilte Wahrnehmung eines Zielfokus und klarer Rollen fördern, desto stärker ausgeprägt ist die geteilte Wahrnehmung eines kollektiven Handlungsrahmens.

b) Je stärker die arbeitsbezogenen Handlungsmuster die geteilte Wahrnehmung von Selbstbestimmung und etwas erreichen zu können fördern, desto stärker ausgeprägt ist die geteilte Wahrnehmung eines kollektiven Gestaltungsspielraums.

4.4.1.3 Planungs- und flexibilitätsbetonende Handlungsmuster und POE

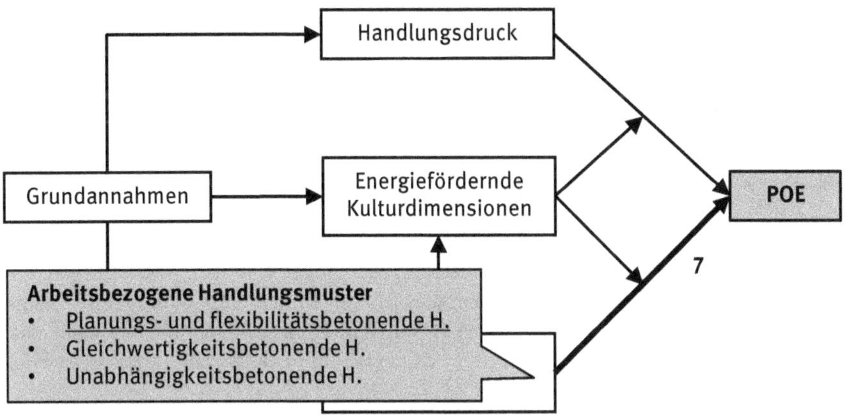

Abb. 4-11: Übersicht über planungs- und flexibilitätsbetonende Handlungsmuster und POE (Quelle: eigene Darstellung)

Die planungs- und flexibilitätsbetonenden Handlungsmuster der beiden NPOs wirken sich in unterschiedlicher Weise auf die POE aus. Dies wird erst am Beispiel der planungsbetonenden Handlungsmuster der Caritas Schweiz, dann am flexibilitätsbetonenden Handlungsmuster des SRK-SG herausgearbeitet. Dabei zeigt sich der ergänzende Charakter von Planung und Flexibilität, der am Ende des Kapitels thematisiert wird.

In Bezug auf die Caritas Schweiz geht aus den Daten hervor, dass die planungsbetonende, systematische Arbeitsweise mit der Bestimmung von strategischen Schwerpunkten den Fokus der Organisationstätigkeit definiert. Die POE wird dadurch kanalisiert, was sich positiv auf das Energieniveau auswirkt. Allerdings ist der Fokus der Caritas Schweiz als Mehrspartenhilfswerk insgesamt ziemlich breit.

> «Einerseits hat man eine Strategie entwickelt. Wir hatten die Strategie 05, nun haben wir die Strategie 2010 und da schaut man schon, dass man sich auf gewisse Bereiche konzentriert. Man sagt: ‹Wir wollen weiterhin im Gesundheitsbereich und in der Integration tätig sein.› Dass man sich vornimmt, sich auch im Bildungsbereich weiterzuentwickeln, zum Beispiel haben wir Nachdiplomstudiengänge mit der Hochschule für Sozialarbeit in Luzern entwickelt, dass wir das weiterführen wollen. Wir haben diese Strategie erstellt, wo man sagt, auf was man sich fokussieren will, dass man sich zum Beispiel aus der Asylarbeit zurückzieht.» (I 16:60)
>
> «Vor ein paar Jahren haben wir nach einem Erdbeben in Algerien Spendengelder erhalten. Wir erstellen jeweils Kontinental- und Länderstrategien. Dabei haben wir erkannt, dass wir uns nicht speziell auf Algerien konzentrieren wollen. Nach einer ersten Analyse nach dem Beben haben wir dann festgestellt, dass es funktionierende Organisationen vor Ort hat. Wir kennen die Verhältnisse dort nicht und da noch andere Schweizer Organisationen vor Ort waren, haben wir ihnen die Spendengelder weitergeleitet.» (I 17:90)

Die systematische, planungsbetonende Arbeitsweise ermöglicht jedoch auch Flexibilität, die Tätigkeiten immer wieder an neue Situationen anzupassen. Denn die Beobachtungs- und Analyseprozesse werden auch auf die Veränderungen während der Umsetzung der Projekte im Alltag gerichtet: Immer wieder müssen die Tätigkeiten an kleinere oder größere Veränderungen angepasst und neu auf die beabsichtigten Ziele ausgerichtet werden. Eine Gesprächspartnerin hat dies treffend als kontinuierlichen «Reifenwechsel am fahrenden Fahrzeug» beschrieben (P 13:3). Diese Anpassungen vollziehen sich im Organisationsalltag in vielerlei Situationen.

> «Wir hatten zum Beispiel in einem Gebiet, in Pakistan, eine bestimmte Anzahl Häuser geplant und jetzt ist dort der Betonpreis oder so angestiegen, und mit dem Geld, was wir haben, können wir nicht mehr so viele Häuser bauen. Was machen wir jetzt? Entweder weniger Häuser bauen oder die Geldgeber geben mehr. Und die waren nicht bereit, mehr zu geben, dann mussten wir eben das Volumen redimensionieren. Mit der DEZA war das dazumal abgesprochen und dort ist alles gut gegangen.» (I 17:46)
>
> Frage nach seinen Schwierigkeiten bei diesem Projekt: Struktur, da eigentlich alles über den Chefdelegierten laufen sollte, dies aber nicht möglich war. Mit der Zeit hat man dann direkt mit Bauleuten vor Ort kommuniziert. Man hat gemerkt, dass das keine geeignete Struktur ist. Man passt nun die Strukturen an. Ein Büro in Medan. Dies kommt auch dem Chefdelegierten entgegen, dessen Ehefrau schwanger wurde. (P 27:13)

Ähnliches gilt auch bezüglich des Katastrophendispositivs, das zwar die Eckpunkte für den Umgang mit Katastrophenfällen vorgibt, gleichzeitig aber auch Anpassungsmöglichkeiten offen lässt, um die Tätigkeit der Caritas Schweiz auf den jeweiligen Einzelfall zuzuschneiden. So ist es möglich, wenn es sinnvoll erscheint, innert 48 Stunden eine Mitarbeiterin vor Ort zu schicken, welche die Lage in Augenschein nimmt und die Bedürfnisse der betroffenen Menschen abklärt. Auch in Bezug auf die konkreten Maßnahmen können, je nach Situation, sehr unterschiedliche Tätigkeitsformen zur Anwendung kommen. Flexibilität entsteht in solchen Krisensituationen auch dadurch, dass zunächst ein Budgetrahmen veranschlagt wird, der später konkretisiert und angepasst wird, wenn die Maßnahmen klarere Formen annehmen.

Die Flexibilität ist förderlich für die POE, weil die NPO damit an Anpassungsfähigkeit gewinnt. Die Tätigkeiten können auf die aktuelle Situation abgestimmt und wieder auf die gesetzten Ziele ausgerichtet werden. Außerdem ermöglicht die Kombination von einem festgelegten Rahmen in Verbindung mit autonomen Entscheidungen bei der Umsetzung schnelles Handeln und ein hohes Aktivitätsniveau der Organisation. Die POE ist in diesem Fall hoch ausgeprägt.

> «Oder vielleicht auch nicht die Möglichkeiten hat, einfach mal etwas auszuprobieren. Ein Hilfswerk kann sich eher einmal leisten, ein Pilotprojekt zu machen. Da probiert man das dann zwei bis drei Jahre aus und vielleicht sieht man, es geht überhaupt nicht, wir haben den falschen Weg eingeschlagen. Oder man sieht, gewisse Sachen haben sich bewährt, bei anderen muss man noch gewisse Verbesserungen vornehmen. Und so kann man eigentlich viel schneller, unter weniger Vorgaben und weniger Beobachtung als der Staat, solche Projekte entwickeln.» (I 16:48)

«Das, was ich lebe, und das, was ich spannend finde, das ist genau das, was mit der Katastrophe eben kommt. Das ist diese Schnelle, dieses Entscheiden können und machen und alles das, was man in der Theorie geprüft hat, das wird plötzlich in der Praxis umgesetzt und das finde ich total spannend. Das merkt man extrem. Es gibt so einen Kick in die Abteilung und dann ist es natürlich total hektisch.» (I 23:80)

Allerdings stehen Flexibilität und geplante Abläufe in einem Spannungsverhältnis. Einerseits weicht Flexibilität den Fokus des gemeinsamen Handelns teilweise auf, so dass auch der Fokus der POE negativ beeinflusst wird.

Corporate Design Manual: B. sagt, dass er das Business gut genug kenne, um sich keine Illusionen zu machen, dass gewisse Änderungen bei der Anwendung passieren. Zum Beispiel bei Briefen und Mails (Schrift etc.). Je weiter weg von der Zentrale, desto schwieriger sei das zu kontrollieren. Aber wichtig ist ihm, dass es Leitplanken, Grundlagen gibt und diese beachtet werden (Logo, roter Balken). Dies nützt der gesamten Marke Caritas. (P 15:17)

Andererseits setzen Planung und strategische Ausrichtung den Anpassungsmöglichkeiten und der daraus entstehenden POE auch Grenzen.

In der Literatur lassen sich sowohl die positiven als auch die negativen Auswirkungen des systematischen Arbeitens auf die POE stützen. Die Untersuchung von typischen Transitionsphasen von Miller und Friesen (1980) stärkt die Aussage, dass beim Übergang in die Reifungsphase der Fokus der Organisationstätigkeit verstärkt wird, so dass die POE steigt. Organ und Green (1981) belegen außerdem, dass durch die Formalisierung unterschiedlicher Tätigkeiten die Rollen der Organisationsmitglieder geklärt werden und somit weniger Energien durch Konflikte verloren gehen (Organ & Green 1981). Allerdings stellen Miller und Friesen (1980) bei stark formalisierten Organisationen auch die Tendenz zu einer verringerten Risikobereitschaft und die Gefahr von übertriebener Bürokratisierung fest. Sie weisen darauf hin, dass dadurch die Anpassungs- und Veränderungsfähigkeit der Organisationen geschmälert wird (Miller & Friesen 1980), was eine Verringerung des POE-Niveaus bedeutet.

Die Zustände hoher POE, welche bei der Caritas Schweiz in Bezug auf das systematische Arbeiten beschrieben wurden, stimmen mit den Forschungsergebnissen im Bereich der lernenden Organisationen überein, das heißt, dass lernende Organisationen die Fähigkeit haben, sich innovativ an Umweltveränderungen anzupassen (Senge 1990; Argyris & Schön 1978). Argyris und Schön weisen jedoch darauf hin, dass nicht allen lernenden Organisationen die Anpassung an radikalen Wandel gelingt. Voraussetzung dafür ist, dass eine Organisation es schafft, auch ihre Handlungslogik, ihre Normen und Ziele zu modifizieren (1978: 2). Zentrale Bedeutung für die Entstehung hoher POE scheint in diesem Zusammenhang dem Hinterfragen zuzukommen, über das in den Interviews in Bezug auf bestehende Strukturen, Vorgehensweisen oder Projektausrichtungen berichtet wurde. Diese kollektive kognitive Aktivierung ist gemäß Argyris (1999) das entscheidende Merkmal des Double-Loop Lernens, denn erst wenn auch tiefer liegende Annahmen, welche Lernen verhindern (*theories-in-use*), bewusst werden, sind neue Handlungsweisen und Innovationen möglich.

Osborne, McLaughlin und Chew (2008) haben den Zusammenhang zwischen Organisationskultur und Anpassungs- beziehungsweise Innovationsfähigkeit empirisch untersucht und finden dafür keine Bestätigung. Als zentralen Einflussfaktor für die Innovationsfähigkeit von NPOs sehen sie dagegen die politischen Rahmenbedingungen und die Anreize, welche über die staatliche Förderungspolitik gesetzt werden. Allerdings wird die Organisationskultur der untersuchten Organisationen nur an ihrem Alter und dem vorherrschenden Managementstil gemessen. Mit diesem Vorgehen werden zentrale Dimensionen jeder Organisationskultur ausgeblendet, so dass diese Ergebnisse für die Beziehung zwischen der Organisationskultur und der POE vernachlässigt werden können.

Die flexibilitätsbetonende, intuitive Arbeitsweise des SRK-SG weist ebenfalls darauf hin, dass diese sich positiv wie negativ auf die POE auswirken kann. Das von Intuition und experimentellem Arbeiten geprägte Handlungsmuster ermöglicht kreative Gestaltungsfreiheiten, um die jeweils angestrebten Ziele zu verwirklichen. Durch die Generierung von neuen Lösungen durch assoziative Verfahren werden kognitive kollektive Energien gesteigert. Diese kaum begrenzten Gestaltungsfreiheiten sind mit der Bereitschaft verbunden, einen außerordentlich hohen Einsatz zu leisten, um die als notwendig erachteten neuen Dienstleistungen zu verwirklichen oder bestehende Tätigkeiten zu verbessern. Die Rede ist davon, dass «Knochenarbeit» geleistet wird und die Organisationsmitglieder des SRK-SG ihre Arbeit mit «Herzblut» ausführen. Dies deutet auch auf ein hohes Niveau an emotionaler POE hin.

> «Wobei, dann hast du andere Leute, die dann vielleicht nicht mehr so mit Herzblut dabei sind. (...) die haben Überstunden, das war ihnen gleich, die haben gearbeitet und die haben, die haben ganz anderes mit rein gebracht.» (I 36:36)
>
> «Dann hat jede Kursleiterin aus ihrem Stoff Prüfungsfragen kreiert. Das ist natürlich unbefriedigend, wenn man von Qualität redet, mit einem Konzept. Da habe ich gesagt, wir müssen einheitliche Erfolgskontrollen haben. Dann muss man das immer ein bisschen vorsichtig aufgleisen und das war dann wirklich wieder ein bisschen ein Knochenprozess, bis die Fragen beieinander waren.» (I 31:41)
>
> «Jetzt ist diese Dienstleistung wirklich schweizweit standardisiert. Also wir haben alle die gleichen Bedingungen. Das ist ein ganz wertvolles Instrument. Weil vorher, das habe ich gesehen bei der Kantonalisierung, da hatte jede Gemeinde einen anderen Tarif, eine andere Regelung. Das war eine Knochenarbeit vor ein paar Jahren, um das alles zusammenzubringen.» (I 34:8)

Dieses flexibilitätsbetonende Handlungsmuster wirkt sich jedoch insofern negativ auf die POE aus, da die Organisationalen Energien nicht gebündelt und ausgerichtet werden. Dass analytische und strategische Überlegungen bei der intuitiven, experimentellen Arbeitsweise nicht im Vordergrund stehen, zeigt sich auch daran, dass vor 2001 keine strategische Ausrichtung festgelegt wurde. Erst als die erste gesamtschweizerische Strategie des SRK verabschiedet wurde, versuchte der Vorstand, diese Ausrichtung auf die Ebene des SRK-SG herunter zu brechen und fortan die Organisationstätigkeit vermehrt daran zu orientieren.

Seit der Kantonalisierung und der Schaffung der Bereiche ist eine Veränderung der Organisationskultur in Richtung stärkerer Formalisierung festzustellen, die nun die Arbeitsweise zusätzlich zur Grundannahme Macherinnen prägt. Einerseits ging die Kantonalisierung mit einer Zentralisierung der Supportdienste und einer Vereinheitlichung der Dienstleistungen des SRK-SG einher. In St. Gallen führte dies zu einem abrupten Anstieg des Tätigkeitsvolumens, welches nur durch die Überarbeitung und Formalisierung bestimmter Abläufe bewältigt werden konnte. Andererseits wirken die klare Bereichsstruktur und das aus den Bereichsleitern zusammengesetzte Entscheidungsorgan, die Geschäftsleitung, auf die Arbeitsweise ein. Insbesondere die Institutionalisierung von formellen Kommunikationsprozessen und die dadurch erzielte Verbesserung des arbeitsrelevanten Informationsflusses zwischen den einzelnen Bereichen finden in den Gesprächen Erwähnung.

> «Es sind doch ganz unterschiedliche Angebote und es gab Überschneidungen, die man bereinigen musste. Es gab drei, die mit Freiwilligen gearbeitet haben. Es gab zwei, die ähnliche Kurse gegeben haben. (...). Es gab Doppelunterstellungen und Doppelspurigkeiten, wo man gefunden hat, das geht nicht so. Da hat man versucht zu bündeln.» (I 29:110)
> «Die (*Telefonate, A.d.A.*) nimmt sie an und gibt sie an mich rauf. Was ich jetzt auch gesagt habe, das war bisher anders. Jetzt mache ich sämtliche Abklärungen für alle Bereiche. Wenn jetzt jemand kommt und sagt: ‹Ich hätte gern, ich bräuchte ein Notrufgerät, aber ich kann es nicht zahlen.› Dann mache jetzt ich für das ganze Rote Kreuz die Abklärungen, so dass dann alle gleich behandelt werden.» (I 33:14)

Durch die Veränderungen in der Organisationskultur, welche insbesondere durch die Kantonalisierung und die neuen Organisationsstrukturen ausgelöst wurden, sind Abläufe formalisiert worden, so dass die POE stärker kanalisiert werden kann. Die Vorteile der gemeinsamen Gestaltungsfreiheiten und der damit verbundenen Flexibilität für die POE werden nun mit der positiven Wirkung von Planung und Strukturen auf die POE kombiniert. Dies lassen auch die übereinstimmenden Äußerungen der Organisationsmitglieder vermuten, die darauf hinweisen, dass höhere Werte an POE erreicht werden, seit die bestehenden Tätigkeiten strukturierter angegangen werden können.

Die bestehende Literatur bestärkt ebenfalls die positive Wirkung der intuitiven, experimentellen Arbeitsweise des SRK-SG auf die POE. Die Ergebnisse von Walcks Metastudie über das Führungsverhalten von Managern (1996 zitiert in Andersen 2000) stärken die Aussage, dass intuitive, experimentelle Handlungsweisen den Organisationsmitgliedern kognitive Wendigkeit und Flexibilität verleihen. Walck (1996) zeigt in dieser Metastudie die positiven Zusammenhänge einerseits zwischen intuitivem Handeln und Kreativität sowie andererseits zwischen Intuition und der Fähigkeit zu Veränderungsprozessen. Obwohl in diesen Untersuchungen auf das einzelne Individuum fokussiert wird, ist aufgrund der vorliegenden Daten zu vermuten, dass auch auf der kollektiven Ebene Intuition bei der Generierung von Lösungsideen die Kreativität und damit die POE steigert. Dies könnte daran liegen, dass die Wirkung auf die POE durch die Interaktion der Organisationsmitglieder bei der Lösungssuche und Lösungskonzeption sogar noch verstärkt wird, da sich die Assoziationen der Organisationsmitglieder gegenseitig inspirieren.

Die Feststellung, dass die Kombination von flexibilitäts- als auch planungsbezogenen Handlungsmustern besonders förderlich für die POE ist, widerspricht dem Competing Value Modell (Quinn 1988), welches auf vier Wertdimensionen basiert. Zwei davon bilden jeweils die unvereinbaren Extremitäten einer Achse. Flexibilität ist dabei Gegenpol von Ordnung beziehungsweise Kontrolle; die interne steht der externen Orientierung in einer Organisation gegenüber. Aus der Intersektion dieser Achsen bilden sich vier idealtypische Organisationskulturen. Allerdings hat auch die empirische Untersuchung Howards (1998) ergeben, dass zwar die Teilnehmer der Studie zentrale Kulturausprägungen als Gegenpole dieser Achsen einschätzten, aber dass die Ergebnisse keine negativen Zusammenhänge zwischen den gegenüberliegenden Werten ergaben. Dies bedeutet, dass paradoxe Wertkombinationen, also die gleichzeitige Präsenz von gegensätzlichen Werten, in einer Organisation vorliegen können. Howard (1998) sieht eine Erklärungsmöglichkeit darin, dass diese paradoxen Wertkombinationen nicht auf den gleichen Grundannahmen beruhen und deshalb gleichzeitig vorkommen können. Dies könnte beim SRK-SG zutreffen, da sich die heutigen Annahmen über die Arbeitsweise in verschiedenen Momenten herausgebildet haben. Die hier erhobenen Daten bei der Caritas Schweiz lassen aber auch eine andere Interpretation zu. Die gleiche Grundannahme kann zu unterschiedlichen Wert- und Handlungsmustern führen, welche in unterschiedlichen Situationen handlungsrelevant werden. Die geteilte Grundannahme steckt einen Handlungsrahmen ab, der vorgibt, wie in bestimmten Situationen gehandelt werden soll. Diese Handlungsmuster haben sich aus früheren erfolgreichen Erfahrungen herausgebildet, die – wie in diesem Fall – Planungs- und Flexibilitätselemente beinhalten. Dies erstaunt nicht, denn in der langen Debatte über Flexibilität vs. Stabilität (dazu zum Beispiel Adler, Goldoftas & Levine 1999) wird auch immer wieder darauf hingewiesen, dass der Erfolg von Organisationen auf einer Kombination von Flexibilität und Stabilität beruht (Duncan 1976; Adler 1988; Daft 1998: 65 ff.; Volberda 1996; Adler, Goldoftas & Levine 1999). Die gegenüberliegenden Werte und die damit verbundenen Handlungsmuster können also beide in einer Organisationskultur angelegt sein, obwohl sie als Gegenpole verstanden werden.

Darüber hinaus werden die vorliegenden Ergebnisse auch dadurch gestärkt, dass unterschiedliche Autoren hervorheben, dass sich die effektivsten Organisationskulturen durch eine ausbalancierte Wertekombination auszeichnen, da die Stärke einer einzelnen Wertedimension in extremer Ausprägung immer auch zu einer Schwäche werden kann (Quinn & Rohrbaugh 1983; Quinn & Kimberly 1984; Denison & Spreitzer 1991; Denison & Mishra 1995).

Aus der vorangegangenen Diskussion der Daten und der Literatur kann an dieser Stelle folgende Proposition formuliert werden:

Proposition 7:
Die arbeitsbezogenen Handlungsmuster wirken auf das Niveau an POE.

4.4.1.4 Moderierende Wirkung der energiefördernden Kulturdimensionen

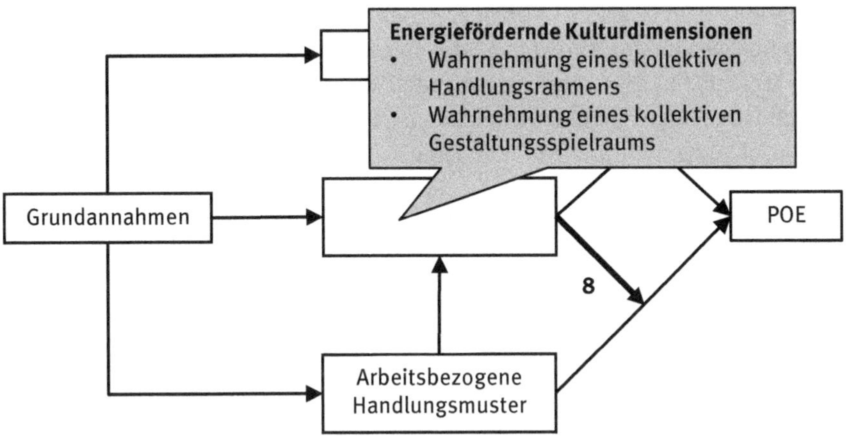

Abb. 4-12: Übersicht über moderierende Wirkung der energiefördernden Kulturdimensionen (Quelle: eigene Darstellung)

Bisher wurden in den vorangehenden Kapiteln zwei verschiedene arbeitsbezogene Handlungsmuster, systematisches Arbeiten bei der Caritas Schweiz sowie intuitives Handeln beim SRK-SG, beschrieben und die positiven und negativen Effekte dieser flexibilitäts- und planungsbetonenden Handlungsmuster auf die POE herausgearbeitet. Entscheidend für eine positive Wirkung der Handlungsmuster auf die POE sind jedoch die Präsenz und die Stärke der Ausprägung der ebenfalls schon erwähnten beiden energiefördernden Kulturdimensionen. Damit können auch die festgestellten unterschiedlichen Wirkungen der Handlungsmuster auf die POE zuerst für die Caritas Schweiz, dann für das SRK-SG erklärt werden.

Wie die folgenden Zitate veranschaulichen, wird die positive Wirkung des planungs- betonenden Handlungsmusters auf die POE durch den Einfluss eines kollektiv wahrgenommenen Handlungsrahmens gesteigert. Dies liegt daran, dass die Ausrichtung der Organisation von den Mitarbeitenden verinnerlicht ist und dass damit die von den planungsbetonenden Handlungsmustern erzeugten Energien noch effektiver kanalisiert werden.

> «Also in diesen Themenfeldern, in denen wir den roten Faden durchziehen, dort wird uns dann auch Kompetenz zugeschrieben. Entsprechend groß ist dann dort auch unser Einfluss. Das führt auch dazu, dass meine Leute und ich wissen, auf was wir uns konzentrieren und was wir auch auf der Seite lassen können.» (I 4:36)
> «Dass ich weiß, was in der Schweiz läuft. Haben wir Finanzen, wie groß sind die Finanzen? Können wir ein größeres Programm machen oder ein kleineres? Wollen wir uns auf etwas spezialisieren? Auch mit dem Hintergrund den wir haben? Wir machen sehr oft Nonfood-Items, sind Wolldecken, Kochgeschirr (...), also das ist was, was ich im Hinterkopf behalte, da haben wir viel Erfahrung, da wissen wir, wie es läuft.» (I 2:91)

Gleichzeitig ist es aber gerade auch das geteilte Verständnis über die kollektiven Gestaltungsspielräume, also die Überzeugung, dass gehandelt und etwas erreicht werden kann, welche die Aktivierung der Organisationsmitglieder bei der Caritas Schweiz, ermöglicht. Die Organisationsmitglieder werden dadurch bestärkt, bewusst nach Nischen zu suchen, in welchen sich die Organisationstätigkeit im Sinn der strategischen Ausrichtung entfalten kann.

> «Es gibt Integrationsprojekte, die eine Rolle spielen, und dann haben wir so eine Art Vordenkerfunktion auch für soziale Projekte in der Schweiz, die wir für das Netz entwickeln. Ein Beispiel ist hier Timeout für Jugendliche in Krisensituationen und wir sind auch noch engagiert in der Freiwilligenarbeit. Wir vermitteln zwischen Einsatzfeldern, Bergbauern und auch im sozialen Bereich. Und zwischen Leuten und auch Firmen, das kommt immer mehr, die eben im Sinn von Corporate Social Responsibility etwas Gutes tun wollen.» (I 18:39)

Dennoch sind die planungsbetonenden Handlungsmuster in der Caritas Schweiz so stark prägend, dass die geteilte Überzeugung der Organisationsmitglieder über kollektiven Gestaltungsspielraum zu verfügen schwächer ausgeprägt ist als die Wahrnehmung des kollektiven Handlungsrahmens. Dies zeigen nicht nur die folgenden Gesprächsausschnitte, sondern auch die Ergebnisse der Mitarbeitenden-Befragung deuten in diese Richtung: Die Organisationsmitglieder geben an, dass sie in Bezug auf die Planung der eigenen Tätigkeit zu wenig entscheiden können. (Mitarbeitenden-Befragung 2008: Grafik 8, 3).

> «Da bekomme ich wieder eine neue Aufgabe und merke: ‹Jetzt habe ich hier die Berechtigung nicht.› Und eben, der N. ist extrem unkompliziert. Er überlegt sich das auch gar nicht. Er findet: ‹Mach einfach, das ist doch egal, als was du eingestellt worden bist.› Das finde ich sehr sympathisch, was aber nachher nervig sein kann, weil ich finde, er könnte sich auch mal überlegen, dass ich da eine Berechtigung bräuchte. Da kollidiert die Kultur, die er hat, die mir sehr entspricht, mit der Kultur, die im Haus herrscht, die teilweise eher bürokratisch ist.» (I 21:47)
> Ab Bereichsleitung aufwärts ist alles recht flexibel. Dort kann man etwas verändern. (P 27:30)

Gerade diese letzte Bemerkung weist auf eine Erklärungsmöglichkeit hin: Das Gefühl eines kollektiven Gestaltungsspielraums ist insbesondere in der Führungsspitze ausgeprägt, während unter den Mitarbeitenden in ausführenden Positionen dieses geteilte Verständnis teilweise weniger stark vorhanden ist. Dort wo die kollektiven Gestaltungsspielräume weniger deutlich wahrgenommen werden, ist in der Folge auch die positive Wirkung der Handlungsmuster auf die POE geringer ausgeprägt.

Beim SRK-SG konnte an früherer Stelle die geteilte Wahrnehmung von kollektivem Gestaltungsspielraum dargestellt werden (siehe Kapitel 4.4.1.2). Wie im nächsten Zitat an der Begeisterung zu erkennen ist, verstärkt die Überzeugung, dass etwas bewegt und selbstbestimmt gewaltet werden kann, die positive Wirkung des flexibilitätsbetonenden Handlungsmusters auf die POE.

> «Das Lädeli Rorschach ist so ein Ding gewesen. Das war in einem abbruchreifen Haus, in einer ‹Hütte›, und die Mitarbeiterin, also die Regionalstellenleiterin von dort unten, ist gekommen und hat gesagt: ‹Ich hätte ein Lokal, das man ausbauen könnte.› Und dort musste ich einfach sagen: ‹Mach, such, schau! Komm wieder mit einem Angebot!›» (I 29:135)

Denn erst dadurch, dass die Organisationsmitglieder die gemeinsamen Gestaltungsfreiheiten überhaupt wahrnehmen, wird die Aktivierung ihrer Energien möglich beziehungsweise verstärkt. Wie im vorigen Kapitel beschrieben, sind dies beim SRK-SG insbesondere der kollektive Handlungswille und die Leistungsbereitschaft, welche weit über die normale Pflichterfüllung hinausgehen.

Die stärkere Planung der Tätigkeiten seit der Schaffung neuer Organisationsstrukturen bedeutet für die Mitarbeitenden, dass der gemeinsame Handlungsrahmen klarere Konturen erhält. Es stärkt ein gemeinsames Verständnis, wer für welche Aufgaben verantwortlich ist und wo die Ressourcen und somit auch die produktiven Energien eingesetzt werden sollen.

> «Das war manchmal, da hat man ein bisschen alles gemacht, irgendwie. Das ist jetzt natürlich schon ganz klar strukturiert und wird dadurch natürlich auch professioneller. Ich hatte überhaupt nicht die Zeit, um alles so akribisch genau zu planen und aufzubauen. Und ich hatte auch marketingtechnisch von der Ausbildung her überhaupt nicht den Hintergrund. Das ist natürlich jetzt schon viel professioneller.» (I 28:70)
>
> «Die (*Telefonate, A.d.A.*) nimmt sie an und gibt sie an mich rauf. Was ich jetzt auch gesagt habe, das war bisher anders. Jetzt mache ich sämtliche Abklärungen für alle Bereiche. Wenn jetzt jemand kommt und sagt: ‹Ich hätte gern, ich bräuchte ein Notrufgerät, aber ich kann es nicht zahlen.› Dann mache jetzt ich für das ganze Rote Kreuz die Abklärungen, so dass dann alle gleich behandelt werden.» (I 33:14)

Die Wahrnehmung eines kollektiven Handlungsrahmens verstärkt die positive Wirkung der flexibilitätsbetonenden Handlungsmuster auf die POE, da diese dadurch gebündelt und ausgerichtet werden.

Die energiefördernden Kulturdimensionen sind also entscheidend für die positive oder negative Wirkung der Handlungsmuster auf die POE. Nur wenn geteilte Vorstellungen über den gemeinsamen Handlungsrahmen vorliegen, können die aus den Handlungsmustern hervorgehenden produktiven Energien wirkungsvoll kanalisiert und ausgerichtet werden. Gleichzeitig ist für die positive Wirkung der kulturell verankerten Handlungsmuster auf die POE ausschlaggebend, dass eine geteilte

Wahrnehmung kollektiver Gestaltungsspielräume vorliegt. Nur wenn aus flexibilitätsbezogenen Handlungsmustern wirklich auch bei den Organisationsmitgliedern eine geteilte Vorstellung über kollektive Gestaltungsspielräume entsteht, wird vollständige Aktivierung auf allen Energieebenen möglich. Im Vergleich der energiefördernden Kulturausprägungen bei den beiden NPOs wird außerdem deutlich, dass nur bei ausgeglichenen Ausprägungen der geteilten Wahrnehmung eines kollektiven Handlungsrahmens und derjenigen eines kollektiven Gestaltungsspielraums hohe Niveaus an POE erreicht werden können.

In Bezug auf die Wahrnehmung eines kollektiven Handlungsrahmens unterstützt die bestehende Literatur die Feststellung, dass geteilte Zielvorstellungen entscheidende Wirkung auf die Handlungsmuster in NPOs haben. So argumentiert Bandura (2001), dass geteilte Zielvorstellungen Voraussetzung für kollektives Handeln sind. Kotter (1990) weist außerdem darauf hin, dass die geteilte Wahrnehmung eines kollektiven Handlungsrahmens, welche durch ein geteiltes Verständnis von Strategie und Vision entsteht, die Organisationstätigkeit eingrenzt und Veränderungsprozesse ermöglicht. Auch Gibson (2001) führt aus, wie geteilte Kognitionen die Grundlage für gemeinsames Entscheiden und Handeln bilden.

Das von den Organisationsmitgliedern beschriebene Gefühl, selbstbestimmt entscheiden und handeln zu können, kann mit der Wahrnehmung von Autonomie auf der kollektiven Ebene (Kirkman & Rosen 1999; Hackman & Oldham 1980) verglichen werden. Ähnlichkeiten ergeben sich auf der individuellen Ebene auch in Bezug auf Forschung zu persönlicher Kontrolle über die Umwelt (Greenberger, Strasser & Lee 1988) oder zu individueller Selbstbestimmung (Gagné & Deci 2005; Conger & Kanungo 1988; Spreitzer 1995; 1996). So finden Honeycutt Sigler und Pearson (2000) empirische Bestätigung dafür, dass durch eine Organisationskultur, welche von der Auffassung geprägt ist, die Umwelt beeinflussen zu können (*doing-orientation*), die wahrgenommene (individuelle) Entscheidungsautonomie gefördert wird. Kirkman und Rosen (1999) gehen davon aus, dass die Autonomie, zwischen Handlungsoptionen wählen zu können, das Team-Empowerment, das heißt die Fähigkeit zu gemeinsamem Handeln, maßgeblich stärkt. Hackman und Oldman (1980) weisen ebenso darauf hin, dass die wahrgenommene Autonomie einer Gruppe unter anderem dafür entscheidend ist, wie viel Einsatz von den Gruppenmitgliedern geleistet wird, um eine Aufgabe zu erfüllen.

Aus der Datenanalyse und dem Literaturvergleich kann zusammenfassend folgende Proposition formuliert werden:

Proposition 8:
Die Wirkung der arbeitsbezogenen Handlungsmuster auf die POE wird von den energiefördernden Kulturdimensionen moderiert. Das heißt: Nur wenn die beiden energiefördernden Kulturdimensionen stark ausgeprägt sind, entstehen hohe Niveaus an POE.

4.4.2 Gleichwertigkeitsbetonende Handlungsmuster

Das Zusammenspiel zwischen Grundannahmen, kulturell geprägten Handlungsmustern, energiefördernden Kulturdimensionen sowie deren Einfluss auf die POE werden nun hinsichtlich des gleichwertigkeitsbetonenden Handlungsmuster herausgearbeitet und vor dem Hintergrund von bestehender Literatur diskutiert.

4.4.2.1 Grundannahmen Gleichwertigkeit / Betrieb als Familie und gleichwertigkeitsbetonende Handlungsmuster

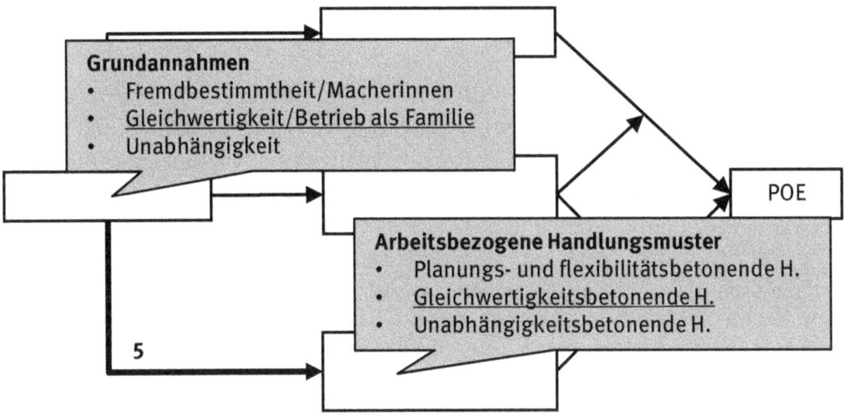

Abb. 4-13: Übersicht über Grundannahmen Gleichwertigkeit / Betrieb als Familie und gleichwertigkeitsbetonende Handlungsmuster (Quelle: eigene Darstellung)

In diesem Kapitel wird zunächst die Grundannahme Gleichwertigkeit, welche in beiden Organisationen vorkommt, und dann die Grundannahme Betrieb als Familie des SRK-SG vorgestellt. Die daraus resultierenden Handlungsmuster werden im Anschluss daran wiederum zuerst für die Caritas Schweiz, dann für das SRK-SG dargelegt. Wie gezeigt werden kann, verstärkt die Grundannahme Betrieb als Familie gewisse Aspekte des Gleichwertigkeitsgedanken, modifiziert jedoch auch dessen Wirkung teilweise, da zwischenmenschliche und arbeitsbezogene Handlungsmuster daraus entstehen.

Die Gleichwertigkeit aller Menschen ist eine Grundannahme, welcher in der Organisationskultur der Caritas Schweiz große Bedeutung zukommt. Sie bildet die Basis für die Konzeption der zwischenmenschlichen Beziehungen innerhalb der Organisation und im Kontakt nach außen. Wie gezeigt werden wird, prägt sie dadurch die Arbeitsweise der Mitarbeitenden sehr stark. Der Gleichheitsaspekt bezieht sich auf den «gleichen Wert» aller Menschen. Dieser Wert umfasst die verschiedenen Fähigkeiten und Potenziale, die jeder Mensch mitbringt und die unter entsprechend günstigen Bedingungen zur Entfaltung gebracht werden können. Das bedeutet für die Mitarbeitenden der Caritas Schweiz, dass alle Menschen die Möglichkeit bekommen sollten, sich zu entfalten. Anders herum heißt das für sie auch, dass jeder Mensch es «wert» ist, dass ihm geholfen wird, wenn widrige Umstände seine Entwicklung und Entfaltung behindern. Die Menschen sind in ihrem «Menschsein» gleichwertig, unabhängig von Unterschieden in Geschlecht, Nationalität, Alter oder sozialer Stellung.

> «Wenn wir etwas helfen können und etwas verbessern können, dann tun wir das, wer immer das ist.» (I 1:200)
> «Für mich sind alle genau gleich wichtig, und es ist für mich auch nicht wichtig, sind sie schuldig oder nicht. Sie leiden unter einer Situation, die sie selber nicht bewältigen können.» (I 1:199)

Teil dieser Grundannahme Gleichwertigkeit ist die Überzeugung, dass nicht nur eine persönliche, sondern auch eine gesellschaftliche Entwicklung möglich ist. Die Mitarbeitenden gehen davon aus, dass die Ausgangslage des Einzelnen für seine Entfaltung auch durch Veränderungen in Bezug auf gesellschaftliche Bedingungen verbessert werden kann.

> «(...) um nicht einfach den Ausgangszustand wieder herzustellen, sondern um auch gewisse Entwicklungsschritte machen zu können, zum Beispiel sozialer Art, Selbsthilfeorganisationen, bestimmte Zielgruppen, zum Beispiel Randständige oder auch Frauengruppen, die damit gestärkt werden. Dass es nicht der Ursprungszustand ist, sondern dass eigentlich ein Grundstein gelegt wird für gesellschaftliche Entwicklung.» (I 20:63)

Allerdings ist der Gleichwertigkeitsgedanke bei der Caritas Schweiz in einem gewissen Maß dadurch relativiert, dass die Organisationsmitglieder der Auffassung sind, dass in bestimmten Situationen hierarchische Vorgaben benötigt werden. Denn obwohl der Gleichwertigkeitsgedanke sich bei der Caritas Schweiz daran festmachen lässt, dass die Hierarchiestufen auf die unbedingt nötigen Ebenen beschränkt sind, so dass man sich der Idee der Gleichwertigkeit annähert, werden die bestehenden Hierarchien sehr konsequent gelebt. Sie müssen bei administrativen Abläufen unbedingt beachtet werden.

> «Das heißt ich verbringe einen relativ großen (...) Teil mit Führen selber. Wobei ich nicht Kontakt habe zum Feld, außer wirklich in Ausnahmen. Das läuft wirklich streng nach der Linie.» (I 23:8)
> «Bei der Caritas Schweiz kriegt keiner eins auf's Dach, wenn er die Zielvorgaben nicht einhält. Auf der anderen Seite muss man aber auch zeigen, dass man hier etwas machen will und wie. Also zusammen. Man kann auch nicht immer sehr nett sein und sagen: ‹Es ist jetzt nicht gut gekommen, aber es kommt dann schon irgendwie.› Also wir versuchen mit allen eine Lösung zu suchen.» (I 17:26)
> «Das ist vielleicht eine gewisse Unschärfe die entsteht, vor allem für einen Neuling, der von außen kommt, der an eine andere Kultur gewöhnt ist, auf die partizipative oder auf die autoritäre Seite. Wir haben beides und das kann ein bisschen verwirren am Anfang. Aber ich denke,

dass es heute stark an Klarheit gewonnen hat und dass es heute nicht zu namhaften Problemen führt. Konflikte gibt es überall, aber ich denke, die werden in der Regel gut aufgenommen.» (I 20:101)

Auch beim SRK-SG wird die Organisationskultur durch die Grundannahme Gleichwertigkeit der Menschen geprägt. Der Fokus liegt in diesem Fall jedoch darauf, dass entsprechend dem allgemeinen Unparteilichkeits- und Universalitätsgrundsatz des SRK alle Menschen gleich behandelt werden sollen. Besonders herausgehoben wird in diesem Zusammenhang von den Organisationsmitgliedern, dass Menschen ohne Vorurteile begegnet und ihnen in Notlagen geholfen werden soll. Dies ist mit der Vorstellung einer gerechten Behandlung beziehungsweise Gleichbehandlung verbunden.

«Heute sage ich es in einem positiven Sinn: Ein Gemischtwarenladen, denn vom Alter her erfassen wir den Menschen im Grunde genommen vom Ungeborenen bis zum Tod. Wir berücksichtigen jede Schicht, also wir machen keine Differenz, seid ihr sozial benachteiligt oder ist es ein Reicher: Wenn er den Fahrdienst braucht, weil er Unterstützung braucht, weil er gefahren werden muss, dann fahren wir ihn.» (I 29:129)

«Auch von der ganzen Haltung. Seit wir hier am Marktplatz sind, haben wir auch viel mehr Publikumsverkehr. Leute, die einfach reinkommen und die das Gefühl haben, wir machen jetzt einfach die Schublade auf und geben ihnen 100 Franken. Sie bringen uns die wildesten Geschichten. Da ist es schwierig, neutral zu bleiben, und da müssen auch wir Festangestellten immer wieder einmal an uns arbeiten und uns sagen, dass das verschwindend wenige sind.» (I 34:149)

«Was aber dazu kommt, ich hasse, wenn es ungerecht ist oder wenn es nicht gleich ist. Wenn man die gleichen Grundlagen hat und die einen sind so large und die anderen zu ‹bünzlig›. Irgendwie muss man doch einen Level finden, wo man sagt, das ist für alle klar. Wenn es ein vereinheitlichtes Produkt ist.» (I 31:57)

Der Gleichwertigkeitsgedanke prägt beim SRK-SG insbesondere die Beziehungen zu Externen beziehungsweise zu den Begünstigten. Dagegen wird die Grundannahme Gleichwertigkeit im internen Kontext durch diejenige überlagert und verstärkt, dass die Organisationsmitglieder eine Art Familie bilden. Das bedeutet, dass die Organisationsmitglieder des SRK-SG davon ausgehen, dass sie als eine Art Familie zusammen gehören. Zentrum und Oberhaupt dieser Familie war über lange Jahre die ehemalige Geschäftsführerin. Sie wurde in den Gesprächen auch als «Mutter» (I 30:33) beschrieben, die die Organisation aufgebaut hat und die sich um alle kümmerte. In einem Gespräch wurde sogar geäußert, die Geschäftsführerin sei von den Mitarbeitenden «geliebt» (I 32:167) worden. Umgekehrt beschützte das Familienoberhaupt seine Mitglieder.

«(...) das muss man auch sagen, von der Kultur her, sie hat natürlich alle immer so beschützt und war loyal zu allen.» (I 36:29)

«Für mich ist es sehr sozial, sehr menschlich, auch wir untereinander. Es ist so ein Frauenbetrieb, aber es gibt nicht irgendwie so komischen Zickenalarm oder was weiß ich, was es da in anderen Firmen gibt.» (I 28:40)

> «Das ist auch auf einer sehr kollegialen Basis bei uns. Wir sind nicht so ein – wie soll ich sagen – wir sind nicht zu vergleichen mit einer Bank, mit einer Versicherung, wo die Hierarchien ganz klar sind. Logisch weiß ich, wenn ich etwas machen muss und ich muss mir ein Ok holen, dann gehe ich zu meinem Chef. Aber das wird auf einer sehr kollegialen Basis besprochen und abgehandelt.» (I 28:48)

Die Grundannahme Betrieb als Familie stärkt den Gleichwertigkeitsgedanken dadurch, dass die geteilte Auffassung besteht, dass alle gleichwertig und mit vereinten Kräften auf einer kollegialen Basis agieren. Stärker noch als durch die Gleichwertigkeitsannahme werden die Organisationsmitglieder nicht nur als Arbeitskräfte, sondern vor allem als einzelne Persönlichkeiten wahrgenommen. In der Organisation herrscht die Auffassung, dass neben der Arbeit auch das Privatleben der Mitarbeitenden präsent sein darf und dass daran Anteil genommen wird. Die Grundannahme umfasst, dass man sich gegenseitig Rückhalt und Unterstützung gibt, wenn dies benötigt wird. Die folgenden Zitate verdeutlichen diesen Aspekt der Grundannahme:

> «Dort, wo sie Unterstützung gebraucht haben. In der Arbeit, im Privaten. Ein Beispiel: Eine Mitarbeiterin, die in der Scheidung war, in einer totalen Krise, die zu mir kam und sagte: ‹Ich kündige, ich kann meine Arbeit nicht mehr machen, ich bin nicht mehr bei der Sache.› Zuerst habe ich sie geschüttelt, dann habe ich sie in den Arm genommen. Sie ist heute noch da. (...). Ich glaube auch solches musste für mich Platz haben. Sonst hätte es für mich nicht gestimmt. Und gleichzeitig das Sachliche.» (I 29:164)
> «(...) besonders in den letzten Jahren, da hatte ich einen guten Vorstand, super Leute, dass ich dort mit Anliegen und Problemen hingehen kann und ich gestützt werde. Auch bei den Mitarbeitern. Auch der Austausch, wenn wir wieder auf den Hühnerstall vom F. zurückgehen, dann gackert jede irgendwie, aber es steht dir auch jede zur Seite, wenn's sein muss, dann hat man sie alle rundherum.» (I 29:143)
> «Es ist einfach so ein Miteinander! Es werden dir auch nicht, auch wenn jetzt privat mal etwas ist, dann werden dir nicht Steine in den Weg gelegt oder: ‹Nein, es geht jetzt so und so nicht.›» (I 28:54)

Die Grundannahme Gleichwertigkeit und Betrieb als Familie prägen die Handlungsmuster der beiden NPOs maßgeblich, da die Organisationsmitglieder ihnen große Bedeutung für den zwischenmenschlichen Umgang und die gemeinsame Arbeit beimessen.

Basierend auf der Grundannahme Gleichwertigkeit werden beispielsweise bei der Caritas Schweiz die Mitarbeitenden als gleichwertige Menschen ernst genommen und respektiert. Dies bedeutet, dass auch die jeweiligen Sichtweisen und Bedürfnisse der Personen ernst genommen werden. Als arbeitsbezogenes, gleichwertigkeitsbetonendes Handlungsmuster ergibt sich daraus, dass die Meinungen aller Mitarbeitenden in wichtige strategische Entscheide, wie die Ausarbeitung der Strategie oder des Leitbildes, mit einbezogen und berücksichtigt werden. Ebenso werden sie in Bezug auf politische Stellungnahmen, welche die Caritas Schweiz abgibt, angehört. Auch in den (Abteilungs-)Teams sind die Mitglieder der jeweiligen Einheit in viele Entscheidungen eingebunden, indem diese gemeinsam beraten werden. Allerdings muss der Teamleiter diese Entscheidungen, unabhängig davon, wie sie zustande gekommen sind, am Schluss verantworten. Einbezogen werden die Mitarbeitenden außerdem dann, wenn die Entscheidungen Personalthemen betreffen. Sei das entweder direkt, wenn sie selber betroffen sind, oder indirekt über ein paritätisch aus Arbeitgebern und Arbeitnehmern zusammengesetztes Gremium, welches Mitspracherechte in allgemeinen Fragen besitzt.

> «Also da war der Personaltag (*zum Thema Strategie, A.d.A.*) und dann hat man das nachher noch einmal spezifisch in den Bereichen besprochen, wo dann noch einmal zusammengefasst wurde, was gesagt wurde, was ist wirklich wichtig. Auch als das neue Leitbild erarbeitet wurde, war das genau gleich. Da konnte man wirklich sagen: ‹Ich finde, das sollte nicht drinstehen.› Also natürlich nicht jeder Einzelne. Aber im Gesamten hat es dann eine Mischung gegeben aus dem, was drin stehen muss, und dem, was wir noch sagen durften.» (I 7:72)
> «(...) es ist nicht so, dass ich für meine Mitarbeitenden sage: ‹Euer roter Faden ist das und das.› Sondern das ist eine Interaktion, sie mussten mir sagen, was seht denn ihr, was euer roter Faden ist. (...) Es ist so ein Suchprozess gewesen, an dem meine drei Mitarbeitenden, das ist ja kein großer Laden, dann ernsthaft einbezogen sind.» (I 4:43)
> «Dann hat man das mit dem Leiter dieser Unterkunft diskutiert und gesagt: ‹Schau, in einem halben Jahr musst du auf 540 Stellenprozent sein. Wie du das machst, ist deine Sache, außer du möchtest von uns Vorgaben›. Dann hat er oder sie selber mal überlegt, wie man das machen könnte, hat das vielleicht in einer nächsten Runde dem Team einmal angekündigt und dann gab es vielleicht Leute, die gesagt haben: ‹Ich möchte eigentlich gern 10 Prozent reduzieren›. Oder dann hat eine andere Person gerade gekündigt und dann konnte man die Prozente so irgendwie einsparen.» (I 16:33)

Der demokratische Aspekt dieses gleichwertigkeitsbetonenden Handlungsmusters wird daran sichtbar, dass die Mitarbeitenden einbezogen werden, wo sie von den Entscheidungen direkt betroffen sind. Gleichzeitig werden die Mitsprache und die Mitbestimmung aber auch von den Mitarbeitenden eingefordert.

> «Also dass wir sehr stark darauf achten, dass die Mitarbeitenden dort, wo es sie betrifft, wirklich auch einbezogen sind in die Entscheidungsprozesse, dass sie da auch Stellung beziehen können.» (I 5:68)
> «(...) sie sind besonders anspruchsvoll auch in Bezug auf die Mitsprache. Da gibt es schon eine andere Erwartungshaltung als beim Staat oder in der Privatwirtschaft.» (I 5:164)

Trotzdem versuchen die Führungspersonen die Sichtweisen der Mitarbeitenden nur dann einzuholen, wenn diese auch wirklich berücksichtigt werden können. Dies verdeutlicht die Grenzen und Widersprüche, die sich bei der Umsetzung des Gleichwertigkeitsgedankens im praktischen Alltag ergeben können. Gleichzeitig zeugt es wiederum von Respekt im Umgang mit den Mitarbeitenden.

Ausdruck der Berücksichtigung der Bedürfnisse ist die Förderung der Mitarbeitenden, so dass auch sie sich bestmöglich entfalten können. Die Caritas Schweiz ist deshalb bestrebt, den Mitarbeitenden einen ganzheitlichen Rahmen zur persönlichen Entfaltung zu bieten, sei das durch Weiterbildungsmöglichkeiten oder bezüglich der Vereinbarkeit von Familie und Beruf.

> «(...) weil die Leute eine hohe Erwartungshaltung haben, ist es auch sehr wichtig, dass sie sich hier wohl fühlen, dass sie sich entfalten können.» (I 5:170)

Das gleichwertigkeitsbetonende Handlungsmuster umfasst auch, dass das menschliche Bedürfnis nach Transparenz in der Kommunikationspolitik berücksichtigt wird. Wie sich am Beispiel von Personalentscheiden aufzeigen lässt, ist man darum besorgt, frühzeitig und transparent zu informieren, so dass Zeit zum Reagieren bleibt und es möglich ist, sich auf neue Situationen einzustellen. Außerdem ist nur so eine ernsthafte Einbindung der unterschiedlichen Sichtweisen in Entscheidungsprozesse überhaupt möglich.

> «Ich versuche wirklich, dass wenn ich sehe, es stehen Entscheide an, dass ich das kommuniziere. Dass ich die Leute nicht im Ungewissen hängen lasse und dann einfach am Tag x komme und sage: ‹Peng, so ist es.› Sondern dass ich versuche, die Leute darauf vorzubereiten.» (I 16:69)
> «Was zum Beispiel auch sehr wichtig ist, dass die Mitarbeitenden immer als erste informiert werden, wenn es grundlegende Änderungen im Haus gibt. Wenn zum Beispiel ein Bereichsleiter oder eine Bereichsleiterin geht, schreibe ich allen Mitarbeitenden einen persönlichen Brief, wo ich sie informiere darüber, dass diese Person geht und wie das Verfahren der Wiederbesetzung der Stelle aussieht und bis wann welche Entscheide getroffen werden. Die direkt betroffenen Mitarbeitenden informiere ich auch persönlich, indem ich sie zu einem Treffen einlade und sie bezüglich ihrer Erwartungen anhöre.» (I 5:153)

Die gleichwertigkeitsbetonenden Handlungsmuster wie zum Beispiel die Berücksichtigung der Bedürfnisse der Betroffenen und der Partnerorganisationen finden sich auch im Außenverhältnis in der Projektarbeit. Die Caritas Schweiz stellt an sich den Anspruch, den Menschen vor Ort auf Augenhöhe zu begegnen, sie als ebenbürtige Partner mit einzubeziehen. Dazu gehört einerseits die sorgfältige Eruierung der Bedürfnisse der Zielgruppe, andererseits die Einbindung von Partnerorganisationen bei der Ausgestaltung eines Projekts. Die Caritas Schweiz ist außerdem bestrebt, auch mit lokalen Mitarbeitenden den gleichen respektvollen Umgang wie in der schweizerischen Zentrale zu pflegen, auch wenn ihr das unter den extremen Bedingungen einer Katastrophe nicht immer gelingt.

> «Oder eben, und das ist auch sehr wichtig, dass man die Betroffenen und die Partnerorganisationen sehr eng in die Entwicklung eines Projekts einbezieht, also mit ihnen zusammen macht, so dass alle wissen, was überhaupt das Ziel ist.» (I 1:105)
> «Dort war es dann wirklich ein gemeinsames Entwickeln. Also, es ist immer so: Sie führen die Projekte aus und sie haben die Verantwortung. Das heißt ja nicht, dass wir nicht – also ich finde es ist wirklich ein Dialog auf Augenhöhe.» (I 21:52)
> «Grundlage ist, dass lokale und internationale Mitarbeitende in der Art und Weise gleichberechtigt behandelt werden. Das ist total wichtig, dass die Leute erkennen, man nimmt sie ernst, man bezieht sie ein. Das sind Grundsätze von Führung, die man überall hat, aber manchmal

> vergisst man sie in einem schwierigen Kontext. Einbeziehen, Transparenz, Erklären, Wertschätzung, Rückmeldungen, am Erfolg teilhaben, auch die Arbeit ihnen überlassen, die spannend ist.» (I 2:136)

Die Bedeutung der Grundannahme Gleichwertigkeit zeigt sich besonders deutlich an Konflikten in Bezug auf die Ausübung von Autorität, die in Verbindung mit den gleichwertigkeitsbezogenen Handlungsmustern im Arbeitsalltag auftreten. Aufgrund des stark ausgeprägten Wunschs es allen recht zu machen beziehungsweise alle in gebührender Weise einzubinden kommt es zu Situationen, in denen Entscheidungsprozesse sehr lange dauern oder sogar Entscheidungen verunmöglicht werden. Dies kann beispielsweise dann passieren, wenn, wie in folgenden Zitaten dargestellt, widersprüchliche Bedürfnisse vorhanden sind, die nicht alle berücksichtigt werden können oder wenn unklar ist, wer in welchen Belangen mitsprechen und mitentscheiden darf.

> «Der Umgang ist im Allgemeinen unkompliziert, es gibt eine gewisse Freiheit, man ist nicht so eingeengt. Aber es birgt die Gefahr, dass jeder denkt, er könne überall reinreden. Aber wenn es dann wichtige Entscheide zu fällen gibt, dann heißt es trotzdem wieder: ‹Ich bin nicht Derundder, der soll...›» (I 6:76)
>
> «Ich sage immer, da fällst du einen Entscheid und dann ziehst du den durch. Aber nicht, es geht vielleicht da durch. Denn da leiden alle darunter. Und wir hatten schon Situationen bis alle geheult haben und der eine hat gesagt, ich gehe jetzt auch und so. (...) Anstatt dass man mal gesagt hätte: ‹Gut es geht so nicht, denundden Entscheid müssen wir treffen und den müssen wir halt auch durchziehen.› (...) Das liegt an diesem Sozialen. Wissen Sie, dass ist ein sozialer Betrieb. Man möchte es allen recht machen, aber das geht einfach nicht. Es geht einfach nicht!» (I 6:85)
>
> «Aber dafür finde ich, dass manchmal mit der Führung zu leger umgegangen wird. So erlebe ich es wenigstens um mich herum. Mit zu human meine ich, dass auch zu wenig mal gesagt wird, so geht es nicht.» (I 7:31)

Die beobachteten Partizipationsprozesse gleichen denjenigen, welche in der Literatur als partizipative Entscheidungsprozesse (zum Beispiel Wagner 1994) oder Einbindung der Organisationsmitglieder in die Entscheidungen der Organisation (involvement; Lawler 1992; Denison & Mishra 1995) beschrieben werden. Spreitzer (1996) verweist darüber hinaus darauf, dass in einer partizipativen Organisationskultur (beziehungsweise Organisationsklima) die Mitarbeitenden und ihre Beiträge anerkannt und gewürdigt werden. Die Partizipationsprozesse bei der Caritas Schweiz unterscheiden sich dagegen von der Arbeitsweise von selbstgeführten Arbeitsteams, die auch die Autorität und Verantwortlichkeiten von Führungspersonen im Kollektiv übernehmen (self-managing work teams; Kirkman & Shapiro 1997; 2001). So sind bei dieser NPO dennoch die Vorgesetzten für die Entscheide verantwortlich, auch wenn diese im Team oder einer Abteilung gefällt wurden.

Die Grundannahmen Gleichwertigkeit und Betrieb als Familie beim SRK-SG sind dagegen mit einem starken Zusammengehörigkeitsgefühl zwischen den Organisationsmitgliedern in der Stadt St. Gallen verbunden. Die Beziehungen zwischen den

Frauen – denn erst seit zwei Jahren vor dem Untersuchungszeitpunkt gibt es männliche Mitarbeiter – sind vielfach über Jahre gewachsen. Die zwischenmenschlichen Handlungsmuster, welche aus den genannten Grundannahmen entstehen, sind ein unkomplizierter, familiärer Umgang miteinander, der insbesondere in den täglichen gemeinsamen Pausen, im informellen Zusammensein, ausgelebt wird.

Die Unsicherheiten, die der Kantonalisierung vorangingen, können in diesem Zusammenhang besser verstanden werden, denn eine große Sorge war, dass sich diese «Familie» auflösen könnte. Die Geschäftsführerin, vielfach als «Mutter» gesehen, versuchte außerdem die Gruppe in ihrem Bestand zu erhalten. Umgekehrt besteht bei den Mitarbeitenden in der Stadt St. Gallen deshalb auch der Wunsch, die neuen Organisationsmitglieder in den Regional- und Außenstellen vermehrt in diesen Kreis einzubeziehen, ihnen ein Zugehörigkeitsgefühl zu vermitteln.

> «(...) das ist immer so, wenn ein Betrieb – das ist schon jahrelang so gelaufen, viele, die schon jahrelang dabei sind –. Man wusste nicht, was kommt, man konnte es noch nicht greifen, was gibt es für Veränderungen personalmäßig. Ich denke, da war sicher eine nervöse Stimmung da.» (I 28:73)
>
> «Man muss sie viel mehr einbinden können, (...). Ich glaube, dass dort Bedarf ist – sie sind neu draußen –, zum Einbeziehen. Das glaub ich auf jeden Fall, damit sie spürbar sind. (...) sie aber auch wieder rein nehmen (...) dass diese Mitarbeiter spüren, dass es uns gibt. Dass die Verbindung da ist. Das ist sicher noch nicht so. Wir vom Haus merken sie nicht. Ich merke sie noch am allermeisten, wenn Zahltag ist. Ich denke auch an sie, für mich gehören sie dazu. Aber trotzdem glaube ich sonst viel weniger.» (I 32:204)

Die Grundannahme Betrieb als Familie verstärkt das Zusammengehörigkeitsgefühl und die emotionale Nähe zu den anderen Organisationsmitgliedern. Der Gleichwertigkeitsgedanke beziehungsweise die Wahrnehmung der Bedürfnisse der anderen bezieht sich aber nicht darauf, diese in die jeweiligen Arbeitstätigkeiten in den unterschiedlichen Aufgabenfeldern einzubinden. Im Gegensatz zu den gleichwertigkeitsbetonenden, partizipativen Entscheidungsprozessen bei der Caritas Schweiz führt die Grundannahme Betrieb als Familie zwar zu ausgeprägten (zwischenmenschliche) Handlungsmustern, aber diese sind nicht direkt relevant für die Arbeitsweise der Organisation (somit resultiert daraus kein direkter Einfluss auf die POE, siehe auch Bruch, Vogel & Cole 2006) .

Die Differenzierungssicht auf die Organisationskultur beim SRK-SG lässt erkennen, dass die Grundannahmen Gleichwertigkeit und Betrieb als Familie jedoch trotzdem in Bezug auf den Umgang mit Autorität und hierarchischen Vorgaben, zu ähnlichen arbeitsbezogenen, gleichwertigkeitsbetonenden Handlungsmustern wie bei der Caritas Schweiz führen. Dies zeigt sich daran, dass in einzelnen Bereichen des SRK-SG nur selten Vorgaben gemacht oder Aufgaben delegiert werden. Einige Organisationsmitglieder in Führungspositionen wollen Kolleginnen ihrer unterstellten Mitarbeitenden sein. Gleichzeitig versuchen sie aber dennoch, die Fäden und die abschließende Kontrolle über die Dinge in den Händen zu behalten.

«H. wollte immer eine Kollegin sein. Die Führungsrolle ist ihr nicht so richtig gelegen. Sie hat den anderen viel vorgeworfen, sie könnten nicht abgeben, sie müssten lernen abzugeben, aber sie hatte selber sehr Mühe mit dem.» (I 35:40)

«Ich bin mich schon gewöhnt, Leute unter mit zu haben, aber es scheint mir manchmal schon noch schwierig, mit dem Kollegin sein und trotzdem Vorgesetzte. Und vor allem, vorher waren wir ja auf der gleichen Stufe und jetzt nicht mehr. Das merke ich jetzt schon, das empfinde ich als anspruchsvoll, beidem gerecht zu werden: Meinem Verantwortungsgefühl, wie ich das Gefühl habe, wie ich führen müsste, und trotzdem dem Goodwill, den man beim Roten Kreuz einfach hat. Bei einem Hilfswerk ist der Ton halt einfach schon anders als in der Privatwirtschaft.» (I 33:58)

Dieses gleichwertigkeitsbetonende Handlungsmuster kollidiert im praktischen Arbeitsalltag mit den Anforderungen an eine Führungskraft. Die daraus entstehenden Konflikte lassen sich als Rollenmissverständnisse hinsichtlich der Führungsaufgaben in einer Organisation verstehen, welche auf den kulturellen Grundannahmen basieren.

Rollenkonflikte und Rollenambiguität haben schon verschiedene Forscher untersucht (zum Beispiel Kahn et al. 1964; Rizzo, House & Lirtzman 1970; Sawyer 1992; King & King 1990). Kahn und Kollegen beschreiben dabei verschiedene Konfliktsituationen, unter anderem den Person-Rollen-Konflikt (*role-person conflict*), der aus den Differenzen zwischen den Erwartungen der Organisationsmitglieder und der Rollenauffassung derjenigen Person, welche eine bestimmte Position einnimmt, resultiert (1964: 20). Dieser Rollenkonflikt ist mit den beschriebenen Situationen in den beiden NPOs zu vergleichen, in der sich das Rollenverständnis von Organisationsmitgliedern und Vorgesetzten in Bezug auf die Vorgesetztenrolle unterscheiden. Gleichzeitig resultieren diese Konfliktsituationen aber auch aus einer Rollenambiguität, die von Kahn und Kollegen als mangelnde Klarheit bezüglich der Aufgaben, Pflichten und Verantwortlichkeiten, welche mit einer bestimmten Position verbunden sind, beschrieben wird (1964: 22).

Trotz entsprechender Untersuchungen bleibt in der bestehenden Literatur das Verhältnis zwischen Rollenkonflikten und Rollenambiguitäten unklar (siehe die Übersicht bei King & King 1990: 56 ff.). Die Daten der vorliegenden Untersuchung lassen vermuten, dass die beiden Konzepte nicht gleichbedeutend sind, sondern zwei unterschiedliche Aspekte darstellen, welche beide einen entscheidenden Einfluss darauf ausüben, in welchem Ausmaß es im Arbeitsalltag zu entsprechenden Konflikten kommt: Der erstere der Rollenkonflikte basiert auf der mangelnden Übereinstimmung subjektiver Erwartungen an eine Rolle, der andere hingegen auf mangelnder formeller Klarheit der entsprechenden Position. Beide Varianten sind in den beschriebenen Konflikten bei den beiden NPOs festzustellen.

Zusammenfassend lässt sich festhalten, dass aufgrund der Bedeutung der Grundannahmen Gleichwertigkeit und Betrieb als Familie für die Mitarbeitenden, ausgeprägte gleichwertigkeitsbetonende Handlungsmuster in der Caritas Schweiz und dem SRK-SG entstehen (Diskussion der diesbezüglich relevanten Literatur siehe

Kapitel 4.4.1.1). Damit kann die schon zuvor festgestellte Proposition nochmals bekräftigt werden.

Proposition 5:
Je mehr Bedeutung die Organisationsmitglieder einer kulturellen Grundannahme beimessen, desto stärker bilden sich Handlungsmuster.

4.4.2.2 Gleichwertigkeitsbetonende Handlungsmuster und energiefördernde Kulturdimensionen

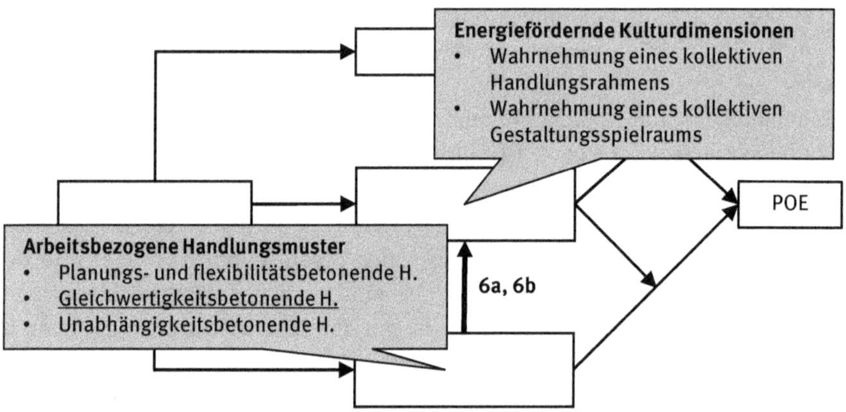

Abb. 4-14: Übersicht über gleichwertigkeitsbetonende Handlungsmuster und energiefördernde Kulturdimensionen (Quelle: eigene Darstellung)

Die arbeitsbezogenen, gleichwertigkeitsbetonenden Handlungsmuster bei der Caritas Schweiz und beim SRK-SG beeinflussen auch die energiefördernden Kulturdimensionen, indem sie die geteilte Wahrnehmung eines kollektiven Handlungsrahmens und diejenige von kollektiven Gestaltungsspielräumen fördern oder behindern. Gestützt auf die Datenanalyse wird dies nun für die Caritas Schweiz und dann für das SRK-SG dargestellt.

Dadurch, dass bei der Caritas Schweiz die Meinung der Organisationsmitglieder in vielen Momenten des Organisationsalltags berücksichtigt wird und sie an wichtigen Entscheidungsprozessen beteiligt sind, werden sie in ihrer kollektiven Überzeugung gestärkt, dass sie in gewissem Maß selbstbestimmt entscheiden und die Entwicklung der Organisation mit beeinflussen können. Dieses kollektive Verständnis wird insbesondere durch die Identifikation mit diesen Entscheidungen, aufgrund der vorhergehenden Mitwirkung, gestärkt. Das heißt, dass die Entscheidungen durch die partizipativen Prozesse in das eigene Selbstkonzept der Organisationsmitglieder integriert werden. Sie betrachten dadurch ihre jeweiligen Aufgaben innerhalb der Organisation beziehungsweise innerhalb des jeweiligen Teams als ihre eigenen (*ownership*) und bringen dann hohe intrinsische Motivation, hohen Leistungswillen und die Bereitschaft auf, Verantwortung für diese Tätigkeit zu übernehmen. Diese Aussagen werden durch die Mitarbeitenden-Befragung bei der Caritas Schweiz gestützt. Sie ergibt eine geteilte Auffassung darüber, dass in den jeweiligen Arbeitstätigkeiten weitgehend selbständig gearbeitet und auch Verantwortung übernommen werden kann (Mitarbeitenden-Befragung 2008: Grafik 3).

> «Und was auch wichtig ist, Transparenz, Miteinbezug der Mitarbeitenden, dass sie nicht den Eindruck haben, sie haben einfach auszuführen. Sondern dass sie auch Wesentliches dazu beitragen, wie dann oder was dann konkret getan wird. Und was auch sehr wichtig ist, wenn das einmal definiert ist, dann haben die Mitarbeitenden einen relativ großen Handlungsspielraum. Da ist es dann auch möglich, dass sie sich wirklich mit ihrer Arbeit identifizieren. In dem Sinne sind sie eigentlich die Owner, also die Eigentümer dieser Projekte, dass sie das Gefühl haben und nicht nur das Gefühl haben, dass sie mit einbezogen sind in die wichtigen Entscheidungsprozesse. Wenn das nicht der Fall wäre, dann hätten wir auch Motivationsprobleme.» (I 5:140)
>
> «Ja, wir machen ja einen Tätigkeitsplan, in dem grob festgelegt wird, was wir machen wollen während dieses Jahres. Im Rahmen dieses Tätigkeitsplans sind sie ziemlich frei, ihre Arbeit selbständig zu organisieren. Das sind ja auch Wissenschaftler, ich hüte ja keinen Kindergarten. Ich erwarte einfach, dass sie die Eigenverantwortung aufbringen und selber genau wissen, was sie zu tun haben.» (I 4:67)
>
> «Also gut, wir leben sowieso hier mit offenen Türen, das ist sicher auch ein Charakteristikum der Caritas an sich. Oder von der Abteilung. Da hört man eben alles und dann gehe ich ins Feld. Und ich zeige also auch immer, wenn ich zurückkomme, Fotos. Und dort sieht man dann genau, wie die Leute mitgelebt haben. Wenn sie sagen: ‹Genau, da haben wir das gemacht und jetzt sehe ich's!›» (I 23:38)

Allerdings führt die inhärente Spannung zwischen den ausgeprägt gleichwertigkeitsbetonenden, partizipativen Entscheiden und den hierarchischen Vorgaben teilweise zu Problemen bei der Caritas Schweiz wie schon an früherer Stelle beschrieben wurde (siehe auch Kapitel 4.4.2.1). Das gilt insbesondere auf unteren Führungsebenen, wo hierarchische Unterschiede möglicherweise noch weniger akzeptiert werden.

> «(...) da hatten wir am Freitag einen Anlass und ich bin unter anderem zuständig für die Organisation dieses Anlasses. Das ist in meinem Aufgabenbereich, da bin ich auch noch zuständig für die Organisation von Events. Und da muss man manchmal ziemlich klar sagen, wer was wann wo machen soll. Und das wird dann schon als militärisch angeschaut. Und da haben die Leute dann schon Mühe damit nach Vorgaben – nicht alle natürlich.» (I 7:138)

Das bedeutet, dass der Umgang mit Macht und bindenden Vorgaben im Zusammenhang mit der Grundannahme Gleichwertigkeit bei der Caritas Schweiz problematisch ist und damit auch, dass sich nicht durchgehend ein stark ausgeprägtes Gefühl eines kollektiven Handlungsrahmens mit klar definierten Rollen bilden kann. Die Organisationsmitglieder teilen also diesbezüglich keine Vorstellungen darüber, welche Aufgaben und Verantwortungen mit bestimmten hierarchischen Positionen verbunden sind.

Ein ähnlicher Zusammenhang zeigt sich beim SRK-SG. Die beschriebenen Rollenmissverständnisse erschweren auch dort, dass eine geteilte Vorstellung eines kollektiven Handlungsrahmens in Bezug auf klare Rollen entsteht. Es ist den Organisationsmitgliedern ebenfalls hier nicht klar, wo sie ihre Potenziale sinnvoll einbringen können und sollen.

> «(...) aber manchmal musst du sagen: ‹Wir gehen alle dorthin und alle müssen die Infos haben.› Und wenn da ein bisschen was war, dann hat das schon ganz viel Energie gebraucht, bis das wieder geregelt war, anstatt dass man gesagt hat: ‹Wir gehen in die Richtung und es geht an alle, dieser Informationsfluss!›» (I 32:50)
>
> «Mir hat es manchmal an Führung gefehlt. Ich hätte manchmal gerne ein bisschen mehr. Weißt du, ich finde es zwar schön, ich bin jemand, die sehr gern autonom arbeitet und so. Aber manchmal hätte ich gerne gehabt, es wäre für mich eine Erleichterung gewesen, ich weiß, ich habe es mit ihr besprochen (...). Weil ich denke, es ist herrlich, so viel Freiheiten zu haben wie ich, aber ich denke, es ist ja auch für mich auf eine Art angenehmer, wieder Führung zu spüren (...).» (I 33:52)

Negativ beeinflusst wird die Wahrnehmung eines kollektiven Handlungsrahmens wie hier beim SRK-SG beschrieben auch durch die mangelnde Orientierung über das gemeinsame Ziel und wie es erreicht werden könnte. Die Organisationsmitglieder sind dadurch verunsichert, ob sie den richtigen Weg beschreiten. Letzteres wirkt sich auch hindernd auf die Bildung eines geteilten Gefühls kollektiver Gestaltungsspielräume aus.

Bestehende Literatur untermauert die festgestellten Zusammenhänge. So hat Spreitzer (1996) empirisch nachgewiesen, dass eine partizipative Organisationskultur die (individuelle) Überzeugung stärkt, selbstbestimmt entscheiden und handeln zu können. Dies gilt vermutlich auch für die kollektive Wahrnehmung von selbstbestimmten Handlungsmöglichkeiten, wenn beispielsweise eine Abteilung gemeinsam über Themen entscheidet, welche alsdann die konkrete Tätigkeit dieser Abteilung betreffen. Allerdings kann ein einzelnes Organisationsmitglied durch eine solche Gruppenentscheidung in Bezug auf die Wahrnehmung seiner individuellen Autonomie eingeschränkt werden.

Gestützt wird außerdem die Aussage, dass mit hierarchischen Positionen verbundene Vorstellungen über Aufgaben und Verantwortlichkeiten Einfluss auf individuell wahrgenommenes Empowerment, das heißt auf die Befähigung zum Handeln, haben (Honeycutt Sigler & Pearson 2000; Spreitzer 1996). Die Untersuchung von Honeycutt Sigler und Pearson (2000) in zwei Textilfabriken ergibt, dass in einer Organisationskultur mit großen hierarchischen Unterschieden ein stärkeres Gefühl von individuell wahrgenommenem Empowerment entsteht. Zwar entsteht durch flache Hierarchien auch ein Gefühl der Autonomie (Kanter 1983), aber stärker noch scheint sich – zumindest in gewissen Belangen – das Gefühl herauszubilden, keinen Einfluss ausüben zu können. Die Untersuchung von Honeycutt Sigler und Pearson (2000) befasst sich insbesondere mit Partizipation in Personal- und Führungsfragen, beispielsweise mit der Beurteilung der Arbeitskollegen. Die Mitarbeitenden fürchten dabei, dass sich ein negatives Feedback später auch für sie selber nachteilig auswirkt: Diesbezüglich bildet sich kein Gefühl von gemeinsamem Gestaltungsspielraum. Bei den untersuchten NPOs könnte der negative Zusammenhang zwischen flachen Hierarchien und einem schwach wahrgenommenen kollektiven Gestaltungsspielraum in Bezug auf Personalfragen dadurch verstärkt sein, dass mit dem Gedanken der Gleichwertigkeit auch das Bedürfnis verbunden wird «zu allen nett sein zu wollen» (I 7:166), also niemandem schaden zu wollen. Spreitzers Studie (1996) belegt, dass Rollenklarheit, das heißt klare Aufgaben und Verantwortlichkeiten, förderlich für das Empowerment beziehungsweise die geteilte Wahrnehmung eines kollektiven Handlungsrahmens ist, da dadurch die mit Konflikten verbundenen Unsicherheiten und Stress verringert werden.

Aus der bisherigen Datenanalyse und den Hinweisen aus bestehender Literatur können auch im Zusammenhang mit den arbeitsbezogenen, gleichwertigkeitsbetonenden Handlungsmustern die folgenden Propositionen abgeleitet werden:

Proposition 6:

a) Je stärker die arbeitsbezogenen Handlungsmuster die geteilte Wahrnehmung eines Zielfokus und klarer Rollen fördern, desto stärker ausgeprägt ist die geteilte Wahrnehmung eines kollektiven Handlungsrahmens.
b) Je stärker die arbeitsbezogenen Handlungsmuster die geteilte Wahrnehmung von Selbstbestimmung und etwas erreichen zu können fördern, desto stärker ausgeprägt ist die geteilte Wahrnehmung eines kollektiven Gestaltungsspielraums.

4.4.2.3 Gleichwertigkeitsbetonende Handlungsmuster und POE

Die beschriebenen gleichwertigkeitsbetonenden Handlungsmuster in Bezug auf die Arbeitstätigkeit wirken in unterschiedlicher Weise auf die POE. Dies wird wiederum zuerst am Beispiel der Caritas Schweiz und dann an demjenigen des SRK-SG aufgezeigt.

Die gleichwertigkeitsbetonenden Handlungsmuster der Caritas Schweiz wirken positiv und negativ auf das Niveau an POE. Durch die Partizipation an Strategie- und Leitpapieren entsteht ein Rückhalt für diese Entscheide, die den Organisationsmitgliedern Sicherheit in Bezug auf die eingeschlagene Richtung geben, so dass sie sich voll für ihre Aufgaben einsetzen können. Dieser Rückhalt ermöglicht demnach eine Aktivierung der Handlungsenergien.

> Verbindlichkeit und Verlässlichkeit haben in dieser Organisation einen ganz anderen Stellenwert. Herangehensweise in X-Fabrik wäre völlig anders. Dort gäbe es Geschäftsleitungsentscheide. Dies würde hier Erdbeben auslösen, wäre unmöglich. Wichtige Elemente sind Leitbild und Strategie des Bereichs Internationale Zusammenarbeit, da durch partizipativen Prozess

entstanden. Jeder war in bestimmtem Moment involviert. Verlässlichkeit und Verbindlichkeit zum Beispiel bei H.: Er braucht die Sicherheit, dass jemand hinter ihm steht – gibt dafür das Seine. (P 24:14)
«Bei diesem Projekt ist es wirklich klar kommuniziert, es sind klare Ziele formuliert und die sind mir klar kommuniziert. Die habe ich ja selber auch mit erarbeitet.» (I 7:165)

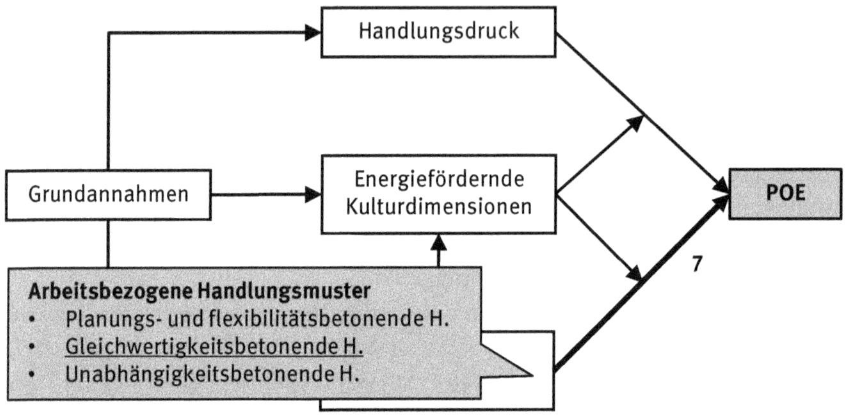

Abb. 4-15: Übersicht über gleichwertigkeitsbetonende Handlungsmuster und POE (Quelle: eigene Darstellung)

Je allgemeiner jedoch die Entscheidungen sind, das heißt je weniger sie die Alltagsarbeit betreffen, desto weniger wirken die gleichwertigkeitsbetonenden Handlungsmuster aktivierend und somit positiv auf die POE. Dies wird folgendermaßen beschrieben:

> «Es wurde ja eine neue Strategie entwickelt. Auch dort wurde das Personal mit einem solchen Tag (*Personaltag, A.d.A.*) mit einbezogen. Dort konnten sie ihre wichtigen Punkte einbringen. Und das fand ich wieder super. Da reden dann auch alle davon. Aber im Alltag ist es dann schnell vergessen. Es ist klar, jeder hat seine Probleme, die gerade zu lösen sind. Man kann ja nicht immer daran denken: ‹Was soll ich jetzt mit den anderen besprechen?›» (I 7:64)

Negativ beeinflusst wird die Aktivierung der Organisationsmitglieder, wenn die gleichwertigkeitsbetonenden Handlungsmuster die Entscheidungsprozesse übermäßig verzögern, wie dies am Beispiel der Caritas Schweiz festzustellen ist. Im Extremfall kommen dort Entscheide gar nicht zustande, weil es in gewissen Situationen unmöglich ist, die Bedürfnisse aller Beteiligten zu berücksichtigen oder weil unklar ist, wer wann mitdiskutieren und mitentscheiden darf.

> «Der Umgang ist im Allgemeinen unkompliziert, es gibt eine gewisse Freiheit, man ist nicht so eingeengt. Aber es birgt die Gefahr, dass jeder denkt, er könne überall reinreden. Aber wenn es dann wichtige Entscheide zu fällen gibt, dann heißt es trotzdem wieder: ‹Ich bin nicht Derundder, der soll...›» (I 6:76)

> «Und man braucht auch so viel Energie für so kleine Sachen! Ja! Da denke ich manchmal: ‹Es ist doch klar, und jetzt fangen wir nochmals an zu diskutieren!› Aber das ist bei allen sozialen Institutionen so. (...). Aber eben, man ist eine soziale Institution und man will auch gegenüber den Mitarbeitenden sozial sein. Aber für mich ist sozial halt nicht gleich large, oder. Oder keine Entscheidungen treffen. Damit habe ich manchmal Mühe.» (I 6:89)

Durch die Konflikte entstehen kollektive negative Emotionen und Frustrationen, die das Niveau der POE beeinträchtigen – die POE zeitweise sogar verdrängen, wenn negativ geprägte Energiezustände in den Vordergrund treten. Auch die Konflikte, die sich in Bezug auf die gleichwertigkeitsbetonenden Handlungsmuster gezeigt haben, das heißt vor allem unklare, schlecht kommunizierte Vorgaben beim SRK-SG (Kapitel 4.4.2.1), wirken sich nachteilig für die POE aus, da die Organisationale Energie nicht auf die Organisationstätigkeiten, sondern darauf ausgerichtet ist, den Streitpunkt zu beseitigen und die Wut der involvierten Personen auszuräumen. Dies wird auch im folgenden Zitat angesprochen:

> «Der U. ist dann zu mir gekommen und ich habe gesagt: ‹Ich möchte das und ich hoffe, dass die Emotion da vom Tisch ist›. Weil sie hat ja auch dementsprechend solches Zeug so ein bisschen Vorwand, jeder redet: ‹Und der andere und und und.› Ich weiß lieber wie er über jemand denkt (...). Das ist eine Führungsqualität. Und das hat ganz viel Energie gebraucht, um solches Zeug auszubügeln.» (I 32:164)

Ein Vergleich mit bestehender Literatur untermauert die festgestellten positiven wie negativen Wirkungen der gleichwertigkeitsbetonenden Handlungsmuster auf die POE. Dass durch Partizipation auf der individuellen Ebene die Identifikation mit Zielen und Werten der Organisation steigt (O'Reilly & Chatman 1996) sowie das Gefühl von Selbstbestimmung und Verantwortung gestärkt wird (Denison 1990; Lawler 1992; Denison & Mishra 1995), wird in der Literatur häufig postuliert. Allerdings ergeben Meta-Analysen früherer empirischer Untersuchungen, dass die damit assoziierten positiven Auswirkungen auf den Unternehmenserfolg oder die Arbeitszufriedenheit der Mitarbeitenden nur schwach sind und deshalb mehr statistische als praktische Relevanz haben (Wagner 1994; Miller & Monge 1986). Wagner (1994) schließt dabei nicht aus, dass die Wirkungen von Partizipation möglicherweise dann stärker zu Tage treten würden, wenn diese nicht nur hinsichtlich eines direkten Effekts auf den monetären Unternehmenserfolg oder die Arbeitszufriedenheit untersucht würden. Die bisherigen Forschungsergebnisse auf der individuellen Ebene widersprechen also den Ergebnissen dieses Forschungsprojektes nicht, da hier einerseits neu die Wirkung von partizipativen Prozessen auf die kollektive Organisationale Energie betrachtet wird, andererseits vielleicht auch die möglichen negativen Effekte der Partizipationsprozesse dafür mitverantwortlich sind, dass auf der individuellen Ebene die positiven Wirkungen schwach und umstritten sind.

In der Literatur finden sich auch bestärkende Hinweise auf die negativen Auswirkungen der dargestellten Rollenkonflikte. Diese bewirken beispielsweise Spannungen zwischen den Mitarbeitenden, Unzufriedenheit mit der Arbeitstätigkeit sowie niedriges Engagement (Kahn et al. 1964; King & King 1990), welche sich durch Ansteckungsprozesse auch auf die kollektive Ebene übertragen (Barsade 2002). Die POE wird dadurch gesenkt.

Aus den festgestellten positiven wie negativen Wirkungen der gleichwertigkeitsbetonenden Handlungsmustern auf die POE und dem Literaturvergleich kann an dieser Stelle nochmals die folgende Proposition formuliert werden.

Proposition 7:
Die arbeitsbezogenen Handlungsmuster wirken auf das Niveau an POE.

4.4.2.4 Moderierende Wirkung der energiefördernden Kulturdimensionen

Die Wirkung der arbeitsbezogenen, gleichwertigkeitsbetonenden Handlungsmuster kann, wie im vorigen Kapitel gesehen, positiv oder negativ ausfallen. Entscheidend dafür, dass die POE gesteigert wird sind auch hier die energiefördernden Kulturdimensionen. Also nur wenn von den Organisationsmitgliedern ein kollektiver Handlungsrahmen und ein kollektiver Gestaltungsspielraum wahrgenommen werden, wirken die Handlungsmuster positiv auf das Niveau an POE (siehe Abbildung 4-12). Dies wird nun für beide Organisationen ausgeführt.

In Bezug auf die energiefördernden Kulturdimensionen der Caritas Schweiz wurde zuvor in Kapitel 4.4.2.2 dargestellt, dass die Einbindung und Partizipation der Organisationsmitglieder förderlich für die Wahrnehmung eines kollektiven Gestaltungsspielraums ist. Dies ermöglicht beziehungsweise verstärkt die Aktivierung der Organisationsmitglieder für ihre Tätigkeiten beziehungsweise die POE maßgeblich. Allerdings wurde schon bei der Darstellung der partizipativen Handlungsmuster bei der Caritas Schweiz darauf hingewiesen, dass mit der gleichwertigkeitsbetonenden Handlungsweise auch Konflikte einhergehen können (siehe Kapitel 4.4.2.1). Diese entstehen beispielsweise dann, wenn die Organisationsmitglieder aus der Grundannahme Gleichwertigkeit schließen, dass sie überall mitreden können. Die negativen Wirkungen des gleichwertigkeitsbetonenden Handlungsmusters auf die POE entstehen insbesondere dadurch, dass der kollektive Handlungsrahmen für die Organisationsmitglieder in dieser Hinsicht nur teilweise klar ist und damit auch nicht immer, wo die kollektiven Energien eingesetzt werden können und sollen.

> «Wir hatten sehr viele Mitarbeitende – das hängt vielleicht auch mit der Kultur zusammen, die ich hier angetroffen habe – die war sehr basisdemokratisch orientiert –, die der Meinung waren, sie müssten zu allem und jedem mitentscheiden können. Wir hatten so eine Art WG-Kultur. Wir hatten relativ viele Alt-68er hier im Haus. Da ging es darum, zu klären und darauf hinzuweisen, wo sie mitsprechen und mitbestimmen können und (...) wer am Schluss entscheidet. Weil es nichts Frustrierenderes gibt für Mitarbeitende, als wenn sie den Eindruck haben, sie können zwar überall mitreden, aber nachher wird dann trotzdem ganz anders entschieden.» (I 5:69)

In den letzten Jahren war das obere Kader der Caritas Schweiz damit beschäftigt, zu präzisieren und zu klären, wann und wo Mitspracherechte bestehen und welche Verantwortungen mit der jeweiligen hierarchischen Position verbunden sind. In der Abteilung Katastrophenhilfe ist es gelungen, klare Aufgaben und Verantwortlichkeiten, das heißt eine klare Vorstellung des kollektiven Handlungsrahmens, zu schaffen, wie die Ausschnitte aus Gesprächen zeigen. Aus den Zitaten geht ebenfalls hervor, dass dadurch ein hohes Niveau an POE erreicht werden kann:

> «Also was ich bei der Caritas extrem schätze, ist, dass es eine klare Hierarchie und eine klare Organisation hat, ohne dass man das nicht hinterfragen dürfte. Also ich finde, es ist eine hierarchische Organisation. Also ich finde, dass ist für mich einfacher zum Arbeiten, weil dann weiß ich, wo mein Rahmen ist und aber auch, was nicht mein Rahmen ist. Das kann ich dann auch abgeben.» (I 23:94)
> «(...) also wir haben eine Katastrophenbereitschaft. Wir wissen (...), wenn morgen eine Katastrophe ist, dann wissen wir genau, die ist zuständig für das, der macht das. Wir können sogar mittelfristig planen. Das ist ein Riesenvorteil, wenn man die ganzen personellen Fragen nicht mehr ewig diskutieren muss in einer Situation selbst.» (I 2:23)

In Bezug auf die energiefördernden Kulturdimensionen beim SRK-SG wurde in Kapitel 4.4.2.2 ausgeführt, dass die gleichwertigkeitsbetonenden Handlungsmuster die geteilte Wahrnehmung eines kollektiven Handlungsrahmens und diejenige eines kollektiven Gestaltungsspielraums nicht fördern. Im Gegenteil führen die beschriebenen Rollenkonflikte dazu, dass dadurch die Wahrnehmung eines kollektiven Handlungsrahmens erschwert wird. Die schwach ausgeprägten energiefördernden Kulturausprägungen in Bezug auf die gleichwertigkeitsbetonenden Handlungsmuster beim SRK-SG erklären, weshalb in diesem Zusammenhang nur ein Zustand an niedriger POE entsteht.

> «Der U. ist dann zu mir gekommen und ich habe gesagt: ‹Ich möchte das und ich hoffe, dass die Emotion da vom Tisch ist›. Weil sie hat ja auch dementsprechend solches Zeug so ein bisschen Vorwand, jeder redet: ‹Und der andere und und und.› Ich weiß lieber wie er über jemand denkt (...). Das ist eine Führungsqualität. Und das hat ganz viel Energie gebraucht, um solches Zeug auszubügeln.» (I 32:164)

Diese Ergebnisse aus den Daten, dass die energiefördernden Kulturdimensionen moderierend auf die Wirkung der Handlungsmuster wirken, werden, wie schon an früherer Stelle ausgeführt, durch bestehende Literatur gestützt (siehe Kapitel 4.4.1.4). Deshalb kann an dieser Stelle nochmals die folgende Proposition bekräftigt werden:

Proposition 8:
Die Wirkung der arbeitsbezogenen Handlungsmuster auf die POE wird von den energiefördernden Kulturdimensionen moderiert. Das heißt: Nur wenn die beiden energiefördernden Kulturdimensionen stark ausgeprägt sind, entstehen hohe Niveaus an POE.

4.4.3 Unabhängigkeitsbetonende Handlungsmuster

Eine weitere prägende Grundannahme für das SRK-SG ist die Grundannahme Unabhängigkeit. Diese Grundannahme spielt hingegen für die Mitarbeitenden der Caritas Schweiz keine große Rolle. In diesem Kapitel werden die schon mehrfach beschriebenen Zusammenhänge nur für das SRK-SG herausgearbeitet und dabei die gegenstandsbezogenen Theorieelemente erweitert oder vertieft.

4.4.3.1 Grundannahme Unabhängigkeit und unabhängigkeitsbetonendes Handlungsmuster

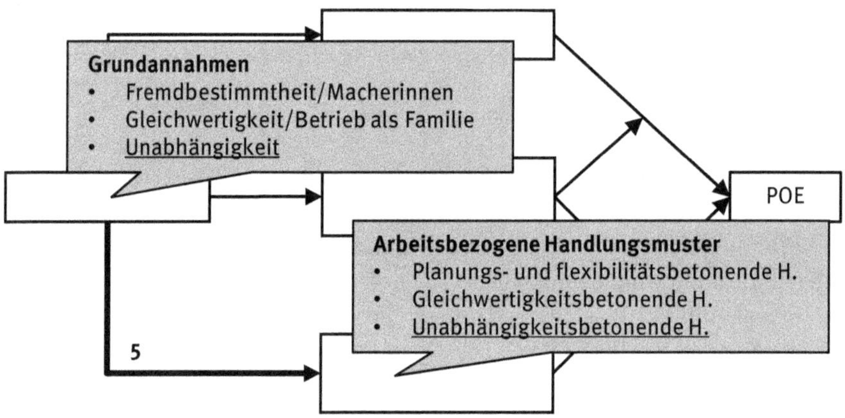

Abb. 4-16: Übersicht über Grundannahme Unabhängigkeit und unabhängigkeitsbetonendes Handlungsmuster (Quelle: eigene Darstellung)

Nachfolgend wird zunächst die relevante Grundannahme für das unabhängigkeitsbetonende Handlungsmuster und dann das eigentliche Handlungsmuster des SRK-SG vorgestellt.

Die Organisationsmitglieder des SRK-SG gehen davon aus, dass die Organisation nur vereinzelt direkt von der Umwelt beeinflusst wird. Sie empfinden dadurch wenig Handlungsdruck, um sich dem Umfeld anzupassen. Vielmehr teilen sie die Annahme, dass zum Erhalt der Organisation an Bewährtem festgehalten werden sollte.

Die Grundannahme Unabhängigkeit bezieht sich jedoch nicht nur auf die geteilte Interpretation der Umwelt, sondern auch auf die Arbeitsweise innerhalb der Organisation. Die Organisationsmitglieder sind der Meinung, dass sie unabhängig und als Einzelkämpfer in ihrem Bereich wirken, noch dazu, da die Bereiche teilweise nur aus ein bis zwei Mitarbeitenden bestehen. Trotz der festgestellten emotionalen Nähe beim SRK-SG, gilt in Bezug auf die Arbeitstätigkeit, dass jeder in der Zentrale sehr unabhängig von den anderen Bereichen arbeitet.

> «(...) ich denke, es hat aber auch damit zu tun: Jeder hat seinen Bereich und arbeitet in diesem Bereich, aber niemand funkt dem anderen groß drein.» (I 28:42)
> «Wir sind ja lauter so Einzelbereiche, weit voneinander entfernt (...)» (I 31:130)

Diese Grundannahme wird durch die Arbeit mit Freiwilligen verstärkt. Denn auch diese Zusammenarbeit wird geprägt von Unabhängigkeit und Freiwilligkeit. Zwar lassen sich die Freiwilligen auf gewisse Verbindlichkeiten ein, dennoch bestimmen sie maßgeblich mit, in welcher Form, wann und in welchem Umfang sie beim SRK-SG tätig sein wollen.

> «Wir richten uns grundsätzlich nach den Freiwilligen. Es ist nicht so, dass die Freiwilligen ihr Leben nach dem SRK-SG richten müssen. Gut, wir haben schon gern Leute, die regelmäßig fahren...» (I 34:58)
> «Ich kann ihnen schon eine Werthaltung rüberbringen, aber ich kann nicht so den Finger draufhalten und sagen: ‹So wollen wir das nicht, so geht das nicht und sonst...!› Außer wenn es einfach so prekär wird, dass wir sagen müssen: ‹Dann müssen wir uns trennen.› Aber da kommt dann auch das Argument daher: ‹Moment mal, ich mache das ja freiwillig!›» (I 34:154)
> «Wo das Problem ein bisschen liegt, aber das haben wir schon seit Jahren: Es will sich niemand mehr für längere Zeit verpflichten. Wenn Sie ein gezieltes Projekt hätten oder einen Anlass, ein auf den Freiwilligen abgestimmtes Angebot, dann finden Sie immer Leute.» (I 29:59)

Die Grundannahme Unabhängigkeit führt dazu, dass sich die Organisationsmitglieder des SRK-SG nur wenig in die Geschäfte der anderen einmischen. Das bedeutet umgekehrt, dass in jedem Tätigkeitsfeld die Entscheidungen von den jeweiligen Mitarbeiterinnen weitgehend selbständig getroffen werden. So organisieren sie die operativen Tätigkeiten sehr eigenständig.

> «Das ist schon noch so ein Thema, wo wir sowieso noch dran sind. Das ist auch schön, es gibt mir auch viele Freiheiten, auch mit der Arbeitseinteilung. (...) das heißt auch, dass, wenn ich jetzt ausfallen würde – ja, dann ist es relativ schwierig, weil dann niemand so Bescheid weiß über den Bereich.» (I 33:25)
> «Ich habe ja keine Vorgaben, wie viel Prozent ich für das arbeiten müsste. Also ich notiere mir jeden Tag Handgelenk-mal-Pi bei all meinen Sachen, wie viel ich dafür aufwende.» (I 33:86)
> «Das Kurswesen war schon immer an und für sich ein geschlossenes Ding, nicht nur räumlich. Die haben für sich gut funktioniert, bis auf gewisse Sachen, die man dann schauen und ‹einbetten› musste.» (I 29:129)

Selbständiges Arbeiten bedeutet auch, dass die Organisationsmitglieder selbständig entscheiden können, in welche Richtung sich die Organisationstätigkeiten entwickeln sollen. Das verdeutlichen beispielsweise folgende Zitate:

> «Einfach so, wenn ich an so etwas herankomme und es packt mich, dann muss ich, dann muss ich mit! Und jetzt machen wir Kompetenzenprofile. Das heißt jetzt aber auch wieder, dass der ganze Ding, den wir haben, dass wir den mittelfristig kompatibel machen müssen mit Kompe-

> tenzen. Nicht mehr nur mit Inhalt und Zielen. (Das krempelt alles wieder um?) Das krempelt alles wieder um, genau! Und solange (...) ich Freiräume habe für Solches...! Ich meine, Kompetenzenprofile, das ist heute –, das ist es! Da müssen wir doch mitziehen!» (I 31:106)
> «Das ist klar. In diesen Abläufen, dass das rein passt. Aber das macht es ja auch interessant. Was auch lässig ist, dass ich es eingerichtet habe und ich gesagt habe: ‹Ich mache mal ein Handbuch und beschreibe die Abläufe.›» (I 32:92)

Das unabhängigkeitsbetonende Handlungsmuster beim SRK-SG kann mit selbstbestimmtem oder autonomem Handeln in der Literatur verglichen werden, wie beispielsweise in der Selbstbestimmungstheorie thematisiert (*self-determination theory*, Deci & Ryan 1985; Deci & Ryan 2000). Zentrales Merkmal des individuellen, selbstbestimmten Handelns ist die Wahrnehmung von Wahlmöglichkeiten (Thomas & Velthouse 1990). Auf der kollektiven Ebene bedeutet Autonomie beziehungsweise Selbstbestimmung, dass die Organisationsmitglieder Handlungsmöglichkeiten, Gestaltungsspielraum und Unabhängigkeit für ihr Handeln sehen (Kirkman & Rosen 1999). Hackman & Oldham (1980) weisen darauf hin, dass kollektive Autonomie auch mit dem Gefühl von Verantwortung für das Arbeitsresultat verbunden ist.

Aus den Daten des SRK-SG wird in unterschiedlichen Situationen die große Bedeutung der Grundannahme Unabhängigkeit für den Umgang mit der Umwelt und demjenigen innerhalb der NPO offensichtlich. Es lässt sich diesbezüglich also eine starke Organisationskultur feststellen, aus denen stark ausgeprägte unabhängigkeitsbetonende Handlungsmuster hervorgehen. Wie schon an früherer Stelle angesprochen, lässt sich dieser Zusammenhang zwischen starken Kulturen und deren ausgeprägtem Einfluss auf die Handlungsweisen der Organisationsmitglieder mit bestehender Literatur untermauern (Deal & Kennedy 1982; Chatman & Eunyoung Cha 2003; Schwartz & Davis 1981; siehe auch Kapitel 4.4.1.1).

Aus der bisherigen Darstellung kann auch für die Grundannahme Unabhängigkeit und die unabhängigkeitsbetonenden Handlungsmuster auf folgende Proposition geschlossen werden:

Proposition 5:
Je mehr Bedeutung die Organisationsmitglieder einer kulturellen Grundannahme beimessen, desto stärker bilden sich Handlungsmuster.

4.4.3.2 Unabhängigkeitsbetonendes Handlungsmuster und energiefördernde Kulturdimensionen

Auch das unabhängigkeitsbetonende Handlungsmuster wirkt auf die energiefördernden Kulturdimensionen. Obwohl in diesem Fall die Trennung von faktisch möglicher Selbstbestimmung und der geteilten Wahrnehmung dieser energiefördernden Kulturdimension schwieriger ist als in Bezug auf die zuvor dargestellten Handlungsmuster, wird sie trotzdem so weit als möglich dargelegt, um dann im

Folgenden das Zusammenspiel der verschiedenen Faktoren und deren Wirkung auf die POE aufzuzeigen.

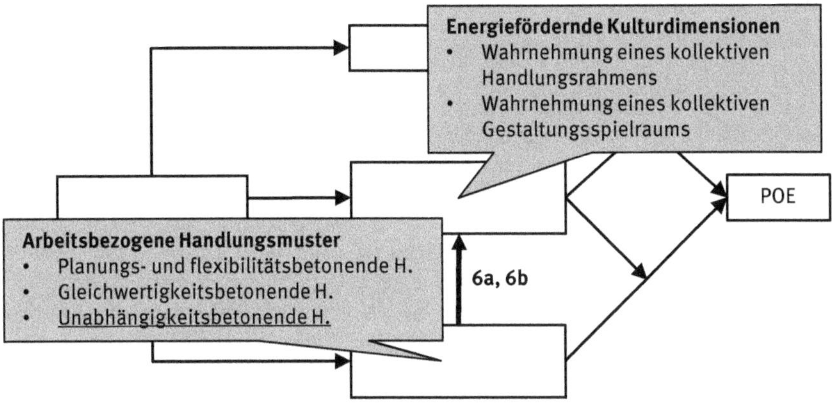

Abb. 4-17: Übersicht über unabhängigkeitsbetonendes Handlungsmuster und energiefördernde Kulturdimensionen (Quelle: eigene Darstellung)

Die Möglichkeiten, selbstbestimmt darüber zu entscheiden, wie die verschiedenen Organisationstätigkeiten in den Bereichen ausgeführt werden sollen, steigern das Gefühl, dass kollektive Gestaltungsmöglichkeiten vorhanden sind. Das bedeutet auch, dass innerhalb der Bereiche die Überzeugung herrscht, dass hinsichtlich der Bereichsziele etwas erreicht und verbessert werden kann. Wie eine Gesprächspartnerin ausführt, bedeutet das für sie, dass sie in jeder Hinsicht bei der Ausführung ihrer Aufgaben «nicht geschnitten» wird und sie also alle Möglichkeiten hat, diese Freiheiten auszuleben.

> «Viel Freiheiten, das ganze Potenzial ausschöpfen können, du wirst nicht geschnitten, das ist wirklich toll (lacht)!» (I 32:213)
>
> «Ich meine jetzt auch in der Bildung, wir stehen ja nie still, wir sind dauernd, permanent dabei zu schauen: ‹Wie könnten wir das besser machen, wie könnten wir etwas einfacher machen?› Wir sind permanent dran. (...) Das ist spannend, das ist interessant, das ist nur positiv!» (I 35:28)
>
> «Und weil bei uns jeder sehr auf seinen Bereich bezogen ist. Das macht bei uns etwas aus. Wir haben zwar Teamarbeit und doch kann jeder sehr eigendynamisch arbeiten. Das macht es noch ganz anders aus. Man kann für sich, man kann trotzdem für sich arbeiten.» (I 32:193)

Gleichzeitig erschwert das unabhängigkeitsbetonende Handlungsmuster aber die Herausbildung einer geteilten Vorstellung eines gemeinsamen Ziels beziehungsweise eines kollektiven Handlungsrahmens. Dies wurde beim SRK-SG bisher insbesondere auch deshalb verunmöglicht, weil zwischen den einzelnen Bereichen sehr wenig zu arbeitsrelevanten Themen kommuniziert wurde.

Die mit der Bereichsbildung eingeführten Sitzungen der Geschäftsleitung haben diese Situation verbessert. Denn an diesen Treffen werden die aktuellen Geschäfte jedes Bereichs im Zweiwochenrhythmus besprochen und beraten. Der intensivere, arbeitsbezogene Informationsfluss ermöglicht nun die Entstehung eines gemeinsamen, übergeordneten Handlungsrahmens, wie aus den folgenden Gesprächsausschnitten deutlich wird:

> «Also wir arbeiten nicht mehr so aneinander vorbei. Jeder hat wohl seinen Bereich, aber mit all den Instrumenten, die wir heute haben, sei das Email, sei das unsere Geschäftsleitungssitzungen, sei das die Bereichsleitungen, so wie man das jetzt eingeteilt hat, und die Kommunikation läuft einfach besser.» (I 28:16)
> «Jetzt ist so eine Ära gekommen, wo man erfährt, was läuft denn bei dir, was läuft bei dir. Wenn ich hier ein hure Gschiss habe und meine: ‹Mein Gott, ich ersaufe in der Arbeit›. (...) ich denke: ‹Die unten können doch meine Telefone mal eine Weile annehmen, dann kann mal mein Telefon eine Weile abstellen!› (...). Und die unten haben aber auch gerade ein Business, von dem sie mir nicht sagen, dass das bei ihnen gerade ansteht –. Also so Zeug. Jetzt wird es transparenter!» (I 31:133)
> «Ich bin relativ selbständig im Bereich. Und ich bringe meinen Teil in die Geschäftsleitung ein, der mir sehr wichtig ist im Bereich Entlastung. Ich denke, dass wir mit dieser neuen Struktur mehr von der Basis einbringen können.» (I 34:138)

So entsteht langsam ein Bewusstsein dafür, dass die eigene Tätigkeit in einen größeren Zusammenhang eingebettet ist. Eine Gesprächspartnerin beschreibt dies auch so, dass man es bis vor kurzem teilweise nicht gewöhnt war, jemand anderen zu konsultieren:

> «Wenn ich einen Zeitungseintrag mache, da ist mir – jetzt langsam schon – aber am Anfang ist mir nicht mal in den Sinn gekommen, dass ich ihm das zeigen müsste. Weißt du auch so, da bin ich mich noch ein bisschen –. Wobei ich glaube, jetzt läuft es schon. Wirklich schon. Schon besser. Weil ich habe manchmal vorher gar nicht daran gedacht. Ich war es so gewöhnt, dass ich einfach alles mache.» (I 33:80)

Das unabhängigkeitsbetonende Handlungsmuster wird dabei nicht aufgegeben, sondern, wie unten angesprochen, fokussiert durch die geteilte Wahrnehmung eines kollektiven Handlungsrahmens.

> «Sonst ist es so, dass sie als Bereichsleiterinnen für ihre Dienstleistung die Verantwortung haben. Also wenn sie eine Broschüre für ihr Bildungsprogramm gestalten, dann sollen sie die gestalten und dann schaue ich das nachher an und sage, ob es ins Gesamtkonzept passt. Aber die Idee, wie sie es machen wollen, die soll von der Bereichsleiterin kommen und nicht von mir. Das ist ihre Dienstleistung, sie muss wissen, wie sie die vermarkten will.» (I 30:61)

Die förderliche Wirkung von geteilter Wahrnehmung von Selbstbestimmung und der geteilten Überzeugung etwas bewegen zu können auf die Fähigkeit zu gemeinsamem Handeln wurde bereits früher dargestellt (siehe Kapitel 4.4.1.2 und 4.4.2.2), so dass hier nicht mehr darauf eingegangen wird.

Für den dargestellten Zusammenhang zwischen dem Informationsfluss und der Wahrnehmung eines kollektiven Handlungsrahmens findet sich ebenfalls Rückhalt in bestehender Literatur. Conger und Kanungo (1988) weisen darauf hin, dass der arbeitsbezogene Informationsfluss und die Kommunikation der Ziele der Organisation den gemeinsamen Handlungsrahmen für die Organisationsmitglieder abstecken. Die Autoren erläutern, dass diese Informationsprozesse insbesondere in Transitionsphasen oder bei einer Firmengründung eine große Bedeutung haben, da sie die Unsicherheiten der Organisationsmitglieder mindern und dabei das Gefühl der Ohnmacht verringern (1988: 477). Spreitzer (1995; 1996) hat empirische Bestätigung dafür gefunden, dass dieser Handlungsrahmen auch wiederum das Gefühl von Selbstbestimmung und die Auffassung, dass das Organisationsgeschehen beeinflusst werden kann, stärkt.

Aus der bisherigen Argumentation können auch für das unabhängigkeitsbetonende Handlungsmuster folgende Propositionen abgeleitet werden:

Proposition 6:

a) Je stärker die arbeitsbezogenen Handlungsmuster die geteilte Wahrnehmung eines Zielfokus und klarer Rollen fördern, desto stärker ausgeprägt ist die geteilte Wahrnehmung eines kollektiven Handlungsrahmens.

b) Je stärker die arbeitsbezogenen Handlungsmuster die geteilte Wahrnehmung von Selbstbestimmung und etwas erreichen zu können fördern, desto stärker ausgeprägt ist die geteilte Wahrnehmung eines kollektiven Gestaltungsspielraums.

4.4.3.3 Unabhängigkeitsbetonendes Handlungsmuster und POE

Wie schon am Beispiel der planungs- / flexibilitätsbetonenden sowie an den gleichwertigkeitsbetonenden Handlungsmustern ersichtlich, können die arbeitsbezogenen Handlungsmuster in unterschiedlicher Weise auf das Niveau an POE wirken. Der Einfluss auf die POE wird im Folgenden für das unabhängigkeitsbetonende Handlungsmuster des SRK-SG aufgezeigt.

Die unabhängigkeitsbetonende, selbständige Arbeitsweise beim SRK-SG schafft für die Organisationsmitglieder Gestaltungsfreiräume, die den Mitarbeitenden erlauben, in ihrem Bereich ihre Ideen zu verwirklichen und zwar im Rhythmus der eigenen Impulse. Damit ist eine emotionale, kognitive und handlungsbezogene Aktivierung verbunden, einerseits neue Ideen aufzustöbern und zu entwickeln, andererseits aber auch Wege zu finden, diese zu verwirklichen und die Bereichstätigkeit zu verbessern. Das selbständige Arbeiten wirkt sich somit förderlich auf die POE der Bereichsebene aus.

> «Einfach so, wenn ich an so etwas herankomme und es packt mich, dann muss ich, dann muss ich mit! Und jetzt machen wir Kompetenzenprofile. Das heißt jetzt aber auch wieder, dass der ganze Ding, den wir haben, dass wir den mittelfristig kompatibel machen müssen mit Kompetenzen. Nicht mehr nur mit Inhalt und Zielen. (Das krempelt alles wieder um?) Das krempelt al-

les wieder um, genau! Und solange (...) ich Freiräume habe für Solches...! Ich meine, Kompetenzenprofile, das ist heute –, das ist es! Da müssen wir doch mitziehen!» (I 31:106)
«Inspiriert hat mich, dass ich viel mehr Abläufe koordinieren kann und effizienter arbeiten. In der heutigen Zeit. – Das ist klar, wenn ich an früher denken, dass ich das alles mache und dass das eine Person ist, dass das möglich ist, mit so vielen Schritten, das geht ja nur (*mit dem Computer A.d.A.*) – und ich mache ja nichts, gar nichts. Was das große Highlight war, war, dass ich beim Aufbau dabei war.» (I 32:98)

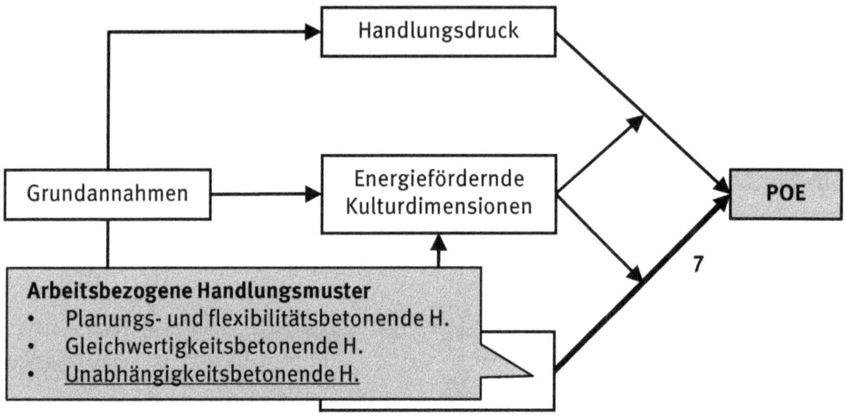

Abb. 4-18: Übersicht über unabhängigkeitsbetonendes Handlungsmuster und POE (Quelle: eigene Darstellung)

Allerdings sind die Bereiche sehr klein, das heißt, dass in der Zentrale nur ein bis zwei ständige Mitarbeitende pro Bereich arbeiten. Die POE prägt sich daher schwach aus, da insbesondere in Bezug auf die kognitive Aktivierung die gegenseitige Inspiration, welche für die mentale Aktivierung eines Kollektivs charakteristisch ist, nur begrenzt entstehen kann. Dies wird einerseits in den Fällen verstärkt, in denen die Tätigkeiten innerhalb eines Bereichs relativ unabhängig voneinander sind. Andererseits erschwert die räumliche Distanz und weniger intensiver Kontakt zu externen Mitarbeitenden in den Regionalstellen oder den Freiwilligen die kollektive Aktivierung. Die emotionale und die handlungsbezogene Aktivierungsdimension sind dagegen weniger von der kleinen Teamgröße beeinflusst, da dort der inhaltliche Zusammenhang und intensive Interaktionen weniger stark als Voraussetzung der kollektiven Aktivierung wirken.

In Bezug auf die übergeordnete Ebene beschränkt und zersplittert die Grundannahme Unabhängigkeit die POE, das heißt dass keine Ausrichtung auf ein gemeinsames Ziel möglich ist, da der Fokus der Mitarbeitenden jeweils auf der eigenen Bereichstätigkeit liegt. Dies wurde vor der Schaffung der gemeinsamen Geschäftsleitung, welche sich heute aus den jeweiligen Bereichsleiterinnen zusammensetzt, auch dadurch verstärkt, dass die Kolleginnen sich nur in sehr geringem Maß über ihre Arbeitstätigkeit austauschten. So wusste niemand, was in den anderen Tätigkeitsfeldern vor sich ging. Dies wird so beschrieben:

> «Wir sind ja lauter so Einzelbereiche, weit voneinander entfernt und jeder hatte das Gefühl, nur ich bin der arme Siech, nur ich arbeite, die anderen lachen nur (lacht)! Haben noch Zeit zum Lachen!» (I 31:129)

Daraus resultierten Frustrationen und Selbstbemitleidung, da die anderen Organisationsmitglieder in Bezug auf die Arbeitstätigkeit nicht die erwartete Unterstützung leisteten, weder auf der konzeptionellen Ebene noch durch aktives Anpacken. Diese Frustrationen senkten die POE in Bezug auf die jeweilige Tätigkeit, beinhalteten aber ebenso negative Emotionen gegenüber den Kolleginnen, so dass auch die organisationsbezogene POE darunter litt.

Wie schon an anderer Stelle ausgeführt (siehe Kapitel 4.4.1.4), gilt selbständiges Arbeiten beziehungsweise selbstbestimmtes Handeln und Entscheiden als zentraler Faktor für die Aktivierung eines Teams (Hackman & Oldham 1980; Kirkman & Rosen 1997; 1999). Dies stärkt die Argumentation für eine positive Wirkung dieses unabhängigkeitsbetonenden Handlungsmusters auf die POE.

Gleichzeitig findet sich auch Rückhalt für die negative Wirkung des unabhängigkeitsbetonenden Handlungsmuster auf die POE. Bruch und Vogel (2005) weisen darauf hin, dass mangelnder Fokus in Bezug auf die Organisationsziele die POE in mehrfacher Hinsicht senken kann. Die Autoren führen unter anderem aus, dass es aufgrund der mangelhaften Fokussierung der produktiven Energien zu kontraproduktiven Aktivitäten in verschiedenen Einheiten kommen kann. Zu den energiesenkenden Faktoren zählen sie in diesem Zusammenhang beispielsweise Doppelspurigkeiten oder schlecht koordinierte Arbeitsabläufe (Bruch & Vogel 2005: 150 f.). Darüber hinaus unterstützt ihre Forschung auch die Argumentation, dass aus bewusst oder unbewusst gegeneinander gerichteten (kontraproduktiven) Aktivitäten Konflikte entstehen, welche die POE senken können. Es besteht die Gefahr, dass in einer solchen Situation die POE langfristig durch andere Energiezustände verdrängt wird (Bruch & Vogel 2005: 150 f.).

Aus der bisherigen Datenanalyse und dem Vergleich mit bestehender Literatur kann auch hier die folgende Proposition formuliert werden:

Proposition 7:
Die arbeitsbezogenen Handlungsmuster wirken auf das Niveau an POE.

4.4.3.4 Moderierende Wirkung der energiefördernden Kulturdimensionen

Die im vorigen Kapitel dargestellten positiven und negativen Wirkungen des unabhängigkeitsbetonenden Handlungsmusters auf die POE sind, wie schon mehrfach angesprochen, mit der Ausprägung und der Stärke der energiefördernden Kulturdimensionen zu erklären. Am Beispiel der unabhängigkeitsbetonenden Handlungsmuster beim SRK-SG können insbesondere zwei Aspekte nochmals hervorgehoben werden. Einerseits ermöglicht und verstärkt die geteilte Wahrnehmung von Selbstbestimmung und in der Folge eines ausgeprägten kollektiven Gestaltungsspielraums (siehe dazu Kapitel 4.4.3.2) die Aktivierung der POE. Dazu ist es nicht ausreichend, dass reale Handlungsalternativen möglich sind, sondern diese müssen von den Organisationsmitgliedern wahrgenommen werden, damit sie ihre aktivierende Wirkung entfalten und die POE steigern können.

> «Ich meine jetzt auch in der Bildung, wir stehen ja nie still, wir sind dauernd, permanent dabei zu schauen: ‹Wie könnten wir das besser machen, wie könnten wir etwas einfacher machen?› Wir sind permanent dran. (...) Das ist spannend, das ist interessant, das ist nur positiv!» (I 35:28)

Andererseits wird in Bezug auf das unabhängigkeitsbetonende Handlungsmuster besonders deutlich, dass nur bei einem Gleichgewicht zwischen den beiden energiefördernden Kulturdimensionen hohe Niveaus an POE entstehen können. Denn um die Aktivierung zu bündeln und auszurichten, welche durch die Wahrnehmung eines kollektiven Gestaltungsspielraums freigesetzt wird, ist gleichzeitig die Wahrnehmung eines kollektiven Handlungsrahmens erforderlich. Andernfalls wird die POE auf Einzelaspekte oder einzelne Bereiche einer Organisation zersplittert. Im SRK-SG ist ein solches Gleichgewicht im Entstehen (siehe dazu Kapitel 4.4.3.2), seit die Strukturen der Organisation durch die Kantonalisierung und durch die Schaffung der Bereiche sowie des gemeinsamen Geschäftsleitungsgremiums angepasst wurden. Diese strukturellen Veränderungen ermöglichen es, einen kollektiven Handlungsrahmen stärker wahrzunehmen und so die POE aus den unabhängigkeitsbetonenden Handlungsmustern zu steigern.

> «Also wir arbeiten nicht mehr so aneinander vorbei. Jeder hat wohl seinen Bereich, aber mit all den Instrumenten, die wir heute haben, sei das Email, sei das unsere Geschäftsleitungssitzungen, sei das die Bereichsleitungen, so wie man das jetzt eingeteilt hat, und die Kommunikation läuft einfach besser.» (I 28:16)

Dies wird auch dadurch bestätigt, dass mehrere Gesprächspartner erwähnen, dass seit diesen Veränderungen ein höheres Niveau an POE erreicht wird.

Aus der bisherigen Argumentation und den bekräftigenden Literaturhinweisen an früherer Stelle (siehe Kapitel 4.4.1.4 und 4.4.2.4) kann an dieser Stelle nochmals folgende Proposition formuliert werden:

Proposition 8:
Die Wirkung der arbeitsbezogenen Handlungsmuster auf die POE wird von den energiefördernden Kulturdimensionen moderiert. Das heißt: Nur wenn die beiden energiefördernden Kulturdimensionen stark ausgeprägt sind, entstehen hohe Niveaus an POE.

4.5 Zusammenfassende Kulturbetrachtung und Energieeinschätzung in den untersuchten NPOs

Die vorangegangene Darstellung der Zusammenhänge zwischen der Organisationskultur und der POE hat Einblicke in das Niveau der POE in den beiden untersuchten NPOs gewährt. In den folgenden zwei Kapiteln sollen die Ergebnisse der durchgeführten Kulturanalyse und der entwickelten gegenstandsbezogenen Theorieelemente in Bezug auf die einzelnen Organisationen zusammengeführt werden. Dies ermöglicht eine Einschätzung, wie die POE bei der Caritas Schweiz und beim SRK-SG ausgeprägt ist.

4.5.1 Caritas Schweiz

Die POE der Caritas Schweiz wird in vielfältiger Weise von der Organisationskultur geprägt, wie in der Tabelle 4-1 dargestellt ist.

Tab. 4-1: Einschätzung POE Caritas Schweiz (Quelle: eigene Darstellung)

	Wahrnehmung des kollektiven Handlungsrahmens			**Wahrnehmung des kollektiven Gestaltungsspielraums**		
	stark	mittel	schwach	schwach	mittel	stark
Handlungsdruck						
Umweltinterpretationen						
(Ziel-)Wertidentifikation						
Arbeitsbezogene Handlungsmuster						
Planungs- / flexibilitätsbetonende Handlungsmuster						
Gleichwertigkeitsbetonende Handlungsmuster						
Unabhängigkeitsbetonende Handlungsmuster						

* Legende: Unterbrochener Balken: Unterschiede in Bereichen

Durch die übereinstimmende Umweltinterpretation, welche die Dringlichkeit und den Handlungsbedarf in Bezug auf festgestellte Veränderungen in der Umwelt vermittelt, entsteht eine hohe Aktivierung der POE vorwiegend auf der kognitiven und der handlungsbezogenen Ebene. Der Handlungsdruck variiert in einzelnen Bereichen, da die Dringlichkeit unterschiedlich eingeschätzt wird, und in der Folge variiert die Reaktionsgeschwindigkeit auf externe Impulse. Je dringlicher die Anpassungen an die Umwelt interpretiert werden, desto mehr steigt in einzelnen Bereichen der Organisation das Aktivitätsniveau und damit die POE.

Energiefördernd wirkt dabei die geteilte Auffassung, dass Veränderungen Herausforderungen und nicht Bedrohungen darstellen. Dies bedeutet, dass die Organisationsmitglieder einen kollektiven Gestaltungsspielraum wahrnehmen, da sie davon ausgehen, dass die Organisation zwar von außen mitbestimmt wird, dass aber Möglichkeiten verbleiben, die Caritas Schweiz an veränderte Situationen anzupassen oder sogar die Umwelt proaktiv zu beeinflussen. Die Interpretation der Umwelt führt bei der Caritas Schweiz auch dazu, dass die geteilte Vorstellung eines kollektiven Handlungsrahmens stark ausgeprägt ist. Diese energiefördernde Kulturausprägung klärt für die Organisationsmitglieder die Ausgangslage für die Tätigkeit der Organisation. Da beide energiefördernden Kulturdimensionen ausgewogen sind, beeinflussen die kulturell verankerten Umweltinterpretationen die POE in vielen Bereichen sehr positiv.

In der Caritas Schweiz identifizieren sich die Organisationsmitglieder sehr stark mit den (Ziel-)Werten Gutes tun und Benachteiligten helfen. Es liegt eine Übereinstimmung der kulturellen Grundannahmen über Ziel und Zweck der Organisation sowie der offiziellen Aussagen über die Organisationsziele mit den persönlichen Zielen der Mitarbeitenden vor. Dies erzeugt einen Handlungsdruck, der eine sehr starke emotionale, kognitive und handlungsbezogene Aktivierung der Mitarbeitenden bewirkt, da die organisationale Zielausrichtung ins eigene Selbstkonzept passt. Insbesondere die Begeisterung für die Arbeit sowie der geteilte Leistungs- und Durchhaltewille, um sich diesen Zielen anzunähern, werden dadurch gesteigert.

Die Stärke der kollektiven Aktivierung wird durch die geteilte Wahrnehmung des kollektiven Handlungsrahmens und des kollektiven Gestaltungsspielraums bestimmt. Die mittlere Ausprägung der geteilten Wahrnehmung des kollektiven Handlungsrahmens ergibt sich dadurch, dass die Organisationsmitglieder zwar durch die Identifikation mit den (Ziel-)Werten den Zielfokus der Organisation verinnerlicht haben, aber die geteilte Wahrnehmung des kollektiven Handlungsrahmens wird dadurch geschwächt, dass sich die Organisationsmitglieder teilweise nur mit einem Einzelaspekt der (Ziel-)Werte identifizieren oder sich nur auf einzelne Projekte ausrichten (Gärtlidänke). In Bezug auf die geteilte Wahrnehmung eines kollektiven Gestaltungsspielraums nehmen die Organisationsmitglieder kollektive Gestaltungsspielräume wahr. Da sie aufgrund der Integration der (Ziel-)Werte der Caritas Schweiz in ihr Selbstkonzept ihre Beiträge nicht nur für möglich, sondern auch als sinnvoll erachten, ist die energiefördernde Wirkung des wahrgenommenen kollektiven Gestaltungsspielraums besonders groß.

Bezüglich der arbeitsbezogenen Handlungsmuster ist festzustellen, dass die Caritas Schweiz aufgrund der Grundannahme Fremdbestimmtheit sehr systematisch arbeitet. Durch die planungsbetonende Arbeitsweise entsteht ein sehr stark ausgeprägter Fokus der Organisationstätigkeit, welcher die kollektiven Energien bündelt und auf die durchgehend herunter gebrochenen Organisationsziele ausrichtet. Gleichzeitig ermöglicht die kulturell geprägte systematische Arbeitsweise der Caritas Schweiz auch Flexibilität, da Evaluationen und Anpassungen auch während der Umsetzungsphase vorgenommen werden. Mit der hohen Anpassungsfähigkeit der NPO ist ein hohes Niveau an POE verbunden.

Die positive Wirkung der planungsbetonenden Handlungsmuster auf die POE der Caritas Schweiz resultiert insbesondere aus einer mittel ausgeprägten geteilten Wahrnehmung eines kollektiven Gestaltungsspielraums und der starken Ausprägung der geteilten Wahrnehmung eines kollektiven Handlungsrahmens. Letztere entsteht dadurch, dass die planungsbetonenden Handlungsmuster den Organisationsmitgliedern sehr klar vermitteln, wo und wie sie tätig werden und ihre POE einsetzen sollen. Das ständige Beobachten, Evaluieren, Nischen suchen und Anpassen an neue Umstände tragen hingegen zur geteilten Überzeugung bei, dass Handlungsmöglichkeiten und Handlungsalternativen bestehen. Sie stärken also das geteilte Gefühl eines kollektiven Gestaltungsspielraums.

In der Grundannahme Gleichwertigkeit sind gleichwertigkeitsbetonende Handlungsmuster wie die Partizipation der Mitarbeitenden in strategische sowie praktische Entscheidungen und die Einbindung in den organisationalen Informationsfluss verwurzelt. Diese kulturell geprägten, arbeitsbezogenen Handlungsmuster führen zu einer kollektiven Aktivierung auf den drei Energieebenen. Da sich die Organisationsmitglieder der Caritas Schweiz stärker mit diesen Entscheidungen identifizieren, fällt es ihnen leichter, die Verantwortung für die jeweiligen Aufgaben zu übernehmen, nach Umsetzungswegen zu suchen und sich dafür einzusetzen. Dies wird durch den positiven emotionalen Bezug unterstützt, der durch partizipative Prozesse ebenfalls zunimmt. Missverständnisse in Bezug auf Verantwortlichkeiten und Entscheidungskompetenzen führen jedoch immer wieder zu Konflikten, welche die POE negativ beeinflussen.

Die Wirkung der gleichwertigkeitsbetonenden Handlungsmuster auf die POE wird von der Ausprägung der energiefördernden Kulturdimensionen bestimmt. Die verstärkte geteilte Wahrnehmung eines kollektiven Gestaltungsspielraums wird durch die Einbindung der Mitarbeitenden der Caritas Schweiz in die Entwicklung der Organisation sehr stark gefördert. Dieses gleichwertigkeitsbetonende Handlungsmuster steigert einerseits das geteilte Gefühl der Selbstbestimmung, aber auch die geteilte Auffassung, dass wesentlich zur Entwicklung der NPO beigetragen werden kann. Die arbeitsbezogenen, gleichwertigkeitsbetonenden Handlungsmuster stärken in geringerem Umfang auch die geteilte Wahrnehmung eines kollektiven Handlungsrahmens, da sich die Organisationsmitglieder durch ihre Mitwirkung stärker mit der Zielausrichtung der Organisation identifizieren. Allerdings rührt die schwache Ausprägung des wahrgenommenen kollektiven Handlungsrahmens in dieser Hinsicht vor allem daher, dass es Rollenmissverständnisse in gewissen Situationen erschweren, ein geteiltes Verständnis über die mit jeder Position verbundenen Aufgaben und Verantwortungen zu bilden.

Die Grundannahme Unabhängigkeit ist in Bezug auf die Caritas Schweiz nicht relevant.

Zusammenfassend wird bei der Caritas Schweiz ein relativ hohes Niveau an POE festgestellt, welches durch die Organisationskultur in vielfacher Weise gestärkt wird. Energiefördernde Wirkung entsteht insbesondere dadurch, dass die Organisationskultur aufgrund der spezifischen Grundannahmen in Verbindung mit den unterschiedlichen Handlungsmustern insgesamt zu einer mittleren bis starken Wahrnehmung eines kollektiven Handlungsrahmens und eines kollektiven Gestaltungsspielraums beiträgt.

4.5.2 Schweizerisches Rotes Kreuz Kanton St. Gallen

Der Einfluss der Organisationskultur des SRK-SG auf die POE wird im Überblick in der Tabelle 4-2 gezeigt.

Tab. 4-2: Einschätzung POE Schweizerisches Rotes Kreuz Kanton St. Gallen (Quelle: eigene Darst.)

	Wahrnehmung des kollektiven Handlungsrahmens			**Wahrnehmung des kollektiven Gestaltungsspielraums**		
	stark	mittel	schwach	schwach	mittel	stark
Handlungsdruck						
Umweltinterpretationen						
(Ziel-)Wertidentifikation						
Arbeitsbezogene Handlungsmuster						
Planungs- / flexibilitätsbetonende Handlungsmuster						
Gleichwertigkeitsbetonende Handlungsmuster						
Unabhängigkeitsbetonende Handlungsmuster						

* Legende: Unterbrochener Balken: Veränderungen nach Neustrukturierung

Das Niveau an POE wird beim SRK-SG von keinem Handlungsdruck aktiviert, der mit der kulturell geprägten Interpretation der Umwelt verbunden wäre.

Dagegen ist festzustellen, dass durch die Identifikation der Organisationsmitglieder mit den (Ziel-)Werten des SRK-SG ein Handlungsdruck erzeugt wird. Dieser aktiviert die Mitarbeitenden in ähnlicher Weise wie jener in der Caritas Schweiz (siehe Kapitel 4.5.1): Indem die Mitarbeitenden die organisationalen (Ziel-)Werte in ihr Selbstkonzept integrieren und dadurch von dieser Zielausrichtung und der Notwendigkeit darauf hinzuarbeiten überzeugt sind, werden Energien auf allen drei Energieebenen aktiviert.

Diese positive Wirkung des Handlungsdrucks auf die POE geht mit einer starken Ausprägung der geteilten Wahrnehmung eines kollektiven Gestaltungsspielraums und einer mittel ausgeprägten Wahrnehmung eines kollektiven Handlungsrahmens einher. In Bezug auf die Erstere besteht die Überzeugung der Organisationsmitglieder, dass Möglichkeiten vorhanden sind, mit der Tätigkeit beim SRK-SG einen wesentlichen und sinnvollen Beitrag zur Verwirklichung der organisationalen (Ziel-) Werte und gleichzeitig ihrer eigenen Ziele zu leisten. Gleichzeitig fördert die Identifikation mit den (Ziel-)Werten der Organisation auch die Wahrnehmung eines kollektiven Handlungsrahmens. Allerdings lassen sich in den einzelnen Bereichen unterschiedliche Interpretationen der (Ziel-)Werte finden, welche eine starke Herausbildung einer geteilten Vorstellung über den kollektiven Handlungsrahmen behindern. Dies führt zu einer mittleren Ausprägung dieser energiefördernden Kulturausprägung.

Das flexibilitätsbetonende Handlungsmuster beim SRK-SG ist in der Grundannahme Macherinnen verankert und besteht aus intuitivem und experimentellem Handeln. Die POE wird positiv davon beeinflusst, dass Ideen ausprobiert werden können und sich das von Intuition geleitete Handeln durch viel Flexibilität auszeichnet – es wird nicht durch eine detaillierte Planung und formelle Strukturen eingeengt. Außerdem ist die Arbeitsweise von der positiven emotionalen Bindung an die organisationalen (Ziel-)Werte und von einem überdurchschnittlichen Leistungs- und Durchhaltewillen geprägt. Die Organisationsmitglieder sind auf allen drei Energieebenen, insbesondere aber auf der kognitiven und handlungsbezogenen Ebene der POE, aktiviert. Negativ beeinflusst die POE jedoch ein mangelnder Fokus auf Kernaktivitäten der Organisation bei der Generierung von neuen Projektideen.

Die Wirkung dieses flexibilitätsbetonenden Handlungsmusters auf die POE wird davon bestimmt, wie die energiefördernden Kulturdimensionen ausgeprägt sind. Gestärkt wird die Wahrnehmung eines kollektiven Gestaltungsspielraums durch die stark ausgeprägte geteilte Überzeugung, dass die Organisationsmitglieder gemeinsam über einen kollektiven Gestaltungsspielraum verfügen. In Bezug auf die geteilte Wahrnehmung eines kollektiven Handlungsrahmens wirkt sich das flexibilitätsbetonende Handlungsmuster dagegen nur sehr schwach aus. In dieser Hinsicht hat sich die Organisationskultur des SRK-SG durch die Kantonalisierung und die Schaffung der Bereichsstruktur jedoch verändert. Diese Neustrukturierung der Organisation auf dem ganzen Kantonsgebiet hat bewirkt, dass auch die Organisationskultur stärker von strukturierten und formalisierten Abläufen geprägt wird. Durch die bereichsübergreifende Informationspolitik bilden sich nun geteilte Vorstellungen hinsichtlich eines kollektiven Handlungsrahmens heraus, da klarer wird, wer welche Verantwortungen trägt. Auch die Wahrnehmung einer bereichsübergreifenden Ausrichtung der Organisation hat sich verstärkt.

In Bezug auf die Ausprägungen von Gleichwertigkeit ist das SRK-SG von der Grundannahme Betrieb als Familie beeinflusst. Diese umfasst den Gleichwertigkeitsaspekt – noch verstärkt betont ist darin jedoch die Annahme, als eine Art Familie zusammen zu gehören. Das Zusammengehörigkeitsgefühl ist zwischen den Mitarbeitenden in der Zentrale in St. Gallen sehr stark ausgebildet, bezieht sich jedoch kaum auf die bereichsübergreifende Arbeitstätigkeit beim SRK-SG. Dadurch stellt es in erster Linie ein zwischenmenschliches und kein arbeitsbezogenes Handlungsmuster dar. Es ist deshalb keine direkte Wirkung des Zusammengehörigkeitsgefühls auf die POE feststellbar.

Allerdings wirken die arbeitsbezogenen, gleichwertigkeitsbetonenden Handlungsmuster aufgrund der Grundannahmen Gleichwertigkeit und Betrieb als Familie durch den teilweise schwierigen Umgang mit hierarchischen Vorgaben auch direkt auf die POE. Diese Grundannahmen betonen den Aspekt der Gleichwertigkeit so stark, dass daraus in einzelnen Bereichen Rollenmissverständnisse vor allem in Bezug auf die Vorgesetztenrolle entstehen. Die Folgen davon sind negativ für die POE, da Konflikte entstehen und andere kollektive, negative Energieformen freigesetzt werden.

Die negative Wirkung des arbeitsbezogenen, gleichwertigkeitsbetonenden Handlungsmusters auf die POE ist durch die mangelnde Wahrnehmung eines kollektiven Handlungsrahmens begründet. Die Rollenunklarheiten erschweren es den Organisationsmitgliedern, einen kollektiven Handlungsrahmen wahrzunehmen. Gleichzeitig sind in diesem Fall aber auch die kollektiven Gestaltungsspielräume schwer zu erkennen. In beiderlei Dimensionen sind deshalb die Ausprägungen in einzelnen Bereichen des SRK-SG nur schwach, so dass die Wirkung des arbeitsbezogenen, gleichwertigkeitsbetonenden Handlungsmusters die POE verringert.

Einen starken Einfluss übt die Grundannahme Unabhängigkeit auf das SRK-SG aus. Diese bezieht sich nach außen auf die Interpretation der Umwelt, aber auch nach innen auf die Arbeitsweise der Organisationsmitglieder. Aufgrund der großen Bedeutung dieser Grundannahme für die Mitarbeitenden wird daraus ein ausgeprägtes, arbeitsbezogenes Handlungsmuster erzeugt. Die Organisationsmitglieder sind vom unabhängigkeitsbetonenden Handlungsmuster auf allen Energieebenen aktiviert: Dies zeigt sich an der Begeisterung für die Tätigkeiten, am Interesse, nach Neuerungen und Verbesserungen zu suchen, und am großen Einsatzwillen. Eingeschränkt wird die POE allerdings durch die kleinen beziehungsweise auf unterschiedliche Lokalitäten verstreuten Bereichsteams. Außerdem entwickelt sich POE insbesondere auf der Ebene der Bereiche, denn die selbständige Arbeitsweise führt dazu, dass der geteilte, bereichsübergreifende Zielfokus vernachlässigt wird.

Die Wirkung des unabhängigkeitsbetonenden Handlungsmusters auf die POE lässt sich auf den Einfluss der energiefördernden Kulturausprägungen zurückführen. Durch das unabhängigkeitsbetonende Handlungsmuster tritt eine sehr starke Überzeugung der Selbstbestimmung in den Vordergrund, welche die geteilte Wahrnehmung der kollektiven Gestaltungsspielräume stärkt. Allerdings entsteht durch diese Arbeitsweise keine geteilte Vorstellung eines kollektiven Handlungsrahmens. Dies liegt insbesondere auch daran, dass bis vor kurzem kaum arbeitsrelevante Informationen über die Bereichsgrenzen hinweg ausgetauscht wurden. Seit der Neustrukturierung trägt allerdings der intensivere arbeitsbezogene Informationsfluss zur Bildung einer geteilten Wahrnehmung eines kollektiven Handlungsrahmens bei.

In der Gesamtschau lässt sich feststellen, dass beim SRK-SG ein mittleres Niveau an POE vorliegt. Dies beruht darauf, dass die Organisationskultur insbesondere die geteilte Wahrnehmung kollektiver Gestaltungsspielräume unterstützt (fast überall mittlere bis starke Ausprägung). Bisher wird der kollektive Handlungsrahmen davon weit weniger klar definiert (schwache bis mittlere Ausprägung). Beim SRK-SG ist zwar POE vorhanden, aber das Energiepotenzial ist nicht vollständig aktiviert, da die POE wenig fokussiert ist.

5 Diskussion der empirischen Ergebnisse

5.1 Zusammenfassung der empirischen Ergebnisse

Aus den Daten ist hervorgegangen, dass zwischen der Organisationskultur und der POE zwei Wirkungsmechanismen bestehen. Einer davon wirkt über die geteilte Wahrnehmung von Druck, welcher zum Handeln drängt. Ein solcher Handlungsdruck kann auf zweierlei Weise entstehen: Erstens ist es möglich, dass die kulturellen Grundannahmen über die Umwelt Handlungsdruck erzeugen. Dies beispielsweise dann, wenn die Organisationsmitglieder davon ausgehen, dass die Organisationstätigkeiten ständig an Umweltveränderungen angepasst werden müssen, damit die NPO erfolgreich agieren und langfristig bestehen kann (Proposition 1a).

Die Umweltinterpretationen können die energiefördernden Kulturdimensionen fördern. Die Klärung der Ausgangslage kann die Wahrnehmung eines kollektiven Handlungsrahmens stärken (Proposition 2a). Entsteht aus den Umweltinterpretationen die geteilte Auffassung, dass etwas erreicht werden kann, fördert dies dagegen die Wahrnehmung eines kollektiven Gestaltungsspielraums (Proposition 2b).

Durch die Übertragung erfolgreicher Interpretation aus der Vergangenheit auf die aktuelle Einschätzung der Umwelt werden die Veränderungsbereitschaft und die Wahrnehmung von Dringlichkeit beeinflusst. Der Handlungsdruck aus Umweltinterpretationen kann dabei positive und negative Wirkungen auf die POE haben – je nachdem ob und welche energiefördernden Kulturausprägungen in Verbindung mit diesem Handlungsdruck auftreten. Der Handlungsdruck aus Umweltinterpretationen hat nur dann eine aktivierende Wirkung auf die Organisationsmitglieder, wenn die kollektive Auffassung herrscht, dass in dieser Situation überhaupt Handlungsmöglichkeiten und Erfolgschancen bestehen. Das heißt, nur wenn ein kollektiver Gestaltungsspielraum wahrgenommen wird. Gleichzeitig muss jedoch auch ein kollektiver Handlungsrahmen wahrgenommen werden, so dass die durch den Handlungsdruck aktivierten Energien auch gebündelt und gelenkt werden können (Propositionen 3 und 4).

Zweitens kann Handlungsdruck auch dann entstehen, wenn die Grundannahmen über die Ziele der Organisation mit den individuellen Zielen der Organisationsmitglieder übereinstimmen. Wenn sich die Mitglieder der Organisation mit dieser Zielausrichtung stark identifizieren, dann empfinden sie Handlungsdruck, denn sie betrachten es als Notwendigkeit, auf diese (Ziel-)Werte hinzuarbeiten (Proposition 1b).

Eine positive, aktivierende Wirkung auf allen Energieebenen der POE ergibt sich allerdings auch in diesem Fall nur dann, wenn die Organisationsmitglieder einen kollektiven Gestaltungsspielraum und einen kollektiven Handlungsrahmen wahrnehmen (Propositionen 3 und 4). Letzterer wird durch eine übereinstimmende

https://doi.org/10.1515/9783110555271-009

(Ziel-)Wertidentifikation gestärkt und steigert die POE dadurch, dass die vom Handlungsdruck freigesetzten kollektiven Energien auf gleich verstandene (Ziel-)Werte ausgerichtet werden (Proposition 2c).

Die mit den Grundannahmen verbundenen arbeitsbezogenen Handlungsmuster stellen einen zweiten – in den Daten beinhalteten – Wirkungsmechanismus dar, wie die Organisationskultur direkt und indirekt auf die POE einwirkt. Die Grundannahmen, beruhend auf vergangenen Erfahrungen, sind eng mit geteilten Überzeugungen verbunden, wie in bestimmten Situationen «angemessen» beziehungsweise «richtig» gehandelt oder reagiert wird. Kommt einer Grundannahme in der Organisation große Bedeutung zu, dann fördert dies die Bildung von Handlungsmustern, da in diesen Fällen die gegenseitige Kontrolle der Organisationsmitglieder hinsichtlich des erwünschten Verhaltens besonders stark ist (Proposition 5).

Die Handlungsmuster können dazu beitragen, dass die geteilte Wahrnehmung eines kollektiven Handlungsrahmens durch die Klärung der Ausgangslage, des Zielfokus und der Rollen gestärkt wird. Die geteilte Wahrnehmung eines kollektiven Gestaltungsspielraums wird dagegen von der geteilten Wahrnehmung von Selbstbestimmung und etwas [Sinnvolles] bewegen zu können gesteigert (Propositionen 6a und 6b).

Die konkreten Auswirkungen eines arbeitsbezogenen Handlungsmusters auf die POE hängen davon ab, inwieweit und in welcher Stärke die zwei energiefördernden Kulturdimensionen vorliegen. Wenn die Organisationskulturen in den NPOs einzelne oder eine Kombination der energiefördernden Kulturausprägungen enthalten, ermöglicht oder verstärkt die geteilte Wahrnehmung eines kollektiven Gestaltungsspielraums die Aktivierung der Organisationsmitglieder. Die geteilte Wahrnehmung eines kollektiven Handlungsrahmens hingegen stärkt den Fokus der POE, da die Mitarbeitenden die Zielausrichtung der NPO dadurch verinnerlichen. Damit allerdings hohe Niveaus an POE erreicht werden können, müssen jeweils die geteilte Wahrnehmung eines gemeinsamen Handlungsrahmens *und* diejenige eines kollektiven Gestaltungsspielraums stark ausgeprägt sein. Nur so entsteht eine Basis für die produktiven Energien, gleichzeitig aber auch eine Bündelung und Ausrichtung der POE, so dass sich die Mitglieder einer Organisation für die Arbeitstätigkeiten begeistern lassen, Lösungswege zur Erreichung der Organisationsziele suchen und diese dann auch umsetzen. In anderen Worten heißt das, dass die Organisation die emotionalen, kognitiven und handlungsbezogenen Ressourcen dann besonders ausschöpfen kann, wenn die Organisationskultur durch klare Zielvorstellungen und die Überzeugung, selbstbestimmt etwas (sinnvolles) erreichen zu können, geprägt ist (Propositionen 7 und 8).

In der folgenden Tabelle 5-1 werden alle Propositionen nochmals in der Übersicht dargestellt.

Tab. 5-1: Übersicht über die gegenstandsbezogenen Propositionen (Quelle: eigene Darstellung)

Proposition 1:

a) Je stärker die Grundannahme über die Umwelt zum Handeln drängt, desto größer ist der Handlungsdruck.

b) Je stärker die (Ziel-)Wertidentifikation der Organisationsmitglieder mit den (Ziel-)Werten der Organisation, desto größer ist der Handlungsdruck.

Proposition 2:

a) Je stärker die Umweltinterpretationen die Ausgangslage klären, desto ausgeprägter ist die geteilte Wahrnehmung eines kollektiven Handlungsrahmens.

b) Je stärker die Umweltinterpretationen die geteilte Wahrnehmung etwas erreichen zu können fördern, desto ausgeprägter ist die geteilte Wahrnehmung eines kollektiven Gestaltungsspielraums.

c) Eine übereinstimmende (Ziel-)Wertidentifikation fördert die geteilte Wahrnehmung eines kollektiven Handlungsrahmens durch einen geteilten Zielfokus.

Proposition 3: Je stärker der Handlungsdruck, desto höher das Niveau an POE.

Proposition 4: Die Wirkung des Handlungsdrucks auf die POE wird von den energiefördernden Kulturdimensionen moderiert. Das heißt: Nur wenn ein kollektiver Gestaltungsspielraum und ein kollektiver Handlungsrahmen wahrgenommen werden, entsteht eine positive Wirkung auf die POE.

Proposition 5: Je mehr Bedeutung die Organisationsmitglieder einer kulturellen Grundannahme beimessen, desto stärker bilden sich Handlungsmuster.

Proposition 6:

a) Je stärker die arbeitsbezogenen Handlungsmuster die geteilte Wahrnehmung eines Zielfokus und klarer Rollen fördern, desto stärker ausgeprägt ist die geteilte Wahrnehmung eines kollektiven Handlungsrahmens.

b) Je stärker die arbeitsbezogenen Handlungsmuster die geteilte Wahrnehmung von Selbstbestimmung und etwas erreichen zu können fördern, desto stärker ausgeprägt ist die geteilte Wahrnehmung eines kollektiven Gestaltungsspielraums.

Proposition 7: Die arbeitsbezogenen Handlungsmuster wirken auf das Niveau an POE.

Proposition 8: Die Wirkung der arbeitsbezogenen Handlungsmuster auf die POE wird von den energiefördernden Kulturdimensionen moderiert. Das heißt: Nur wenn die beiden energiefördernden Kulturdimensionen stark ausgeprägt sind, entstehen hohe Niveaus an POE.

5.2 Beiträge zum Forschungsstand

Die Beurteilung der Forschungsergebnisse ist vor dem Hintergrund der Forschungsfragen (siehe Kapitel 1.4) zu betrachten, denn daran lässt sich die Diskussion anknüpfen, inwiefern das Forschungsprojekt zum aktuellen Forschungsstand beiträgt.

5.2.1 Beitrag zur Erforschung der Ausprägungen der POE in NPOs

Die Forschung geleitet hat zunächst die Frage nach den spezifischen Ausprägungen der POE in den untersuchten NPOs. Hintergrund dieser Frage waren die Hinweise in der Literatur darauf, dass der Organisationstyp NPO mit besonders hohen Zuständen an POE verbunden ist (zum Beispiel Dichter 1999: 43; Salamon, Hems & Chinnocks 2000). Zudem hatte sich die Erforschung der POE bisher nur auf Unternehmen beschränkt (zum Beispiel Bruch & Ghoshal 2003; Bruch, Vogel & Cole 2006; Bruch & Vogel 2009), so dass unklar war, ob sich die Energieausprägungen in NPOs von denjenigen in Unternehmen unterscheiden würden.

In dieser Hinsicht liegt der Beitrag der vorliegenden Ergebnisse darin, durch die explorative Erforschung der POE in NPOs erste empirisch gestützte Aussagen zu ermöglichen. Wie die deskriptiven Ergebnisse in Bezug auf die POE in den zwei untersuchten NPOs andeuten, sind die Zustände hoher POE nicht am Organisationstyp NPO festgemacht, sondern sind, wie in Unternehmen auch, von verschiedenen anderen Faktoren abhängig. Seien das wie angesprochen einschneidende Ereignisse (wie die Neustrukturierung beim SRK-SG) (so auch Bruch & Vogel 2009), das in der Literatur erwähnte unterschiedliche Führungsverhalten (Bruch & Ghoshal 2004; Bruch & Vogel 2009) oder der hier vertieft untersuchte Kontextfaktor Organisationskultur.

Auffallend ist allerdings, dass die POE in beiden NPOs besonders ausgeprägt durch die Identifikation der Organisationsmitglieder mit den (Ziel-)Werten der Organisation entstanden ist (siehe insbesondere Kapitel 4.5). Dies könnte bedeuten, dass NPOs zwar nicht per se ein hohes Niveau an POE aufweisen, dass sie aber – zumindest hinsichtlich der Identifikation mit den organisationalen (Ziel-)Werten – besonders günstige Voraussetzungen für die Entstehung von hoher POE mitbringen.

Ohne Vergleichsmöglichkeiten mit weiteren NPOs sind jedoch keine generalisierbaren Aussagen über die Ausprägungen der POE in solchen Organisationen möglich. Ebenso können ohne den Vergleich mit profitorientierten oder staatlichen Organisationen keine abschließenden Aussagen über Gemeinsamkeiten und Unterschiede der POE Ausprägungen in diesen unterschiedlichen Organisationstypen getroffen werden.

5.2.2 Beitrag zur Erforschung der Organisationskulturen in NPOs

Die zweite Forschungsfrage betraf die spezifischen Ausprägungen der Organisationskulturen in den untersuchten NPOs. Obwohl die Bedeutung der Organisationskultur auch im NPO Bereich längst offensichtlich ist, da die Organisationskultur der NPOs als Erfolgsfaktor für Performance (Salamon, Hems & Chinnock 2000), Innovations- und Wandlungsfähigkeit (DiBella 1992) sowie für die Zusammenarbeit mit profitorientierten und staatlichen Organisationen (Lewis 1998; Parker & Selsky 2004; Dichter 1999) gilt, gab es dazu bislang nur wenig empirische und systematische Untersuchungen. Die Kenntnisse über die Organisationskulturen in NPOs stammten zum Teil aus der Praxis (Zauner 2002; Zauner & Simsa 2002), zum Teil aus Hinweisen auf den ausgeprägten Gleichwertigkeitgedanken in NPOs im Rahmen von nicht spezifischen Kulturstudien (Kanter & Zurcher 1973; Rotschild-Whitt 1979; Borkman 2006) oder auch aus einer Studie, welche die Organisationskultur in NPOs mit einem für Unternehmen entwickelten Messinstrument analysierte (Jaskyte 2004).

Der Beitrag dieses Forschungsprojekts liegt in dieser Hinsicht einerseits darin, die Kulturausprägungen in zwei NPOs vertieft empirisch zu untersuchen. Andererseits wird durch diese Studie zum Forschungsstand beigetragen, weil die Organisationskulturen in den NPOs mit einer Kulturkonzeption untersucht werden, die einen unvoreingenommen Zugang zulässt und es ermöglicht, die relevanten Ausprägungen einer Nonprofit Kultur herauszuarbeiten. Zu diesem Zweck wird mittels des Dreiebenenmodells der Organisationskultur von Schein (1992) detailliert dargestellt, in welchen Grundannahmen die festgestellten Werte und Handlungsmuster bei der Caritas Schweiz und beim SRK-SG verankert sind. Außerdem wird die auf der Außensicht basierende und nach Konsens suchende Perspektive auf die Organisationskultur nach den Empfehlungen von Martin (1992) auch aus der Sicht der Organisationsmitglieder analysiert. Dadurch werden unterschiedliche Bedeutungen und Subkulturen innerhalb der untersuchten Organisationen offensichtlich, vereinzelt auch die Einbettung der Interpretationen in die weitere gesellschaftliche Kultur.

Die Ergebnisse zeigen die Einzigartigkeit der beiden Organisationskulturen auf, da sie die spezifischen Prägungen der jeweiligen Organisationsgeschichte beziehungsweise auch den Einfluss einzelner (Führungs-)Persönlichkeiten darlegen. So wird die Bandbreite der Kulturausprägungen im NPO Kontext deutlich. Gleichzeitig kann dennoch auch gezeigt werden, dass sich die Organisationskulturen bei der Caritas Schweiz und beim SRK-SG insoweit ähneln, dass gewisse Gemeinsamkeiten und Unterschiede herausgearbeitet werden können. Gemeinsamkeiten lassen sich beispielsweise in Bezug auf die Annahmen bezüglich der Zielvorstellungen (Gutes tun und Benachteiligten helfen, siehe Kapitel 4.3.2.1) oder auch bezüglich der geteilten Annahmen über menschliche Beziehungen (Gleichwertigkeit und Betrieb als Familie, siehe Kapitel 4.4.2.1) festmachen. Unterschiedliche Grundannahmen wurden hingegen in Bezug auf die Umwelt (Fremdbestimmtheit und Unabhängigkeit, siehe Kapitel 4.3.1.1 und 4.4.3.1) festgestellt.

Aufgrund der vorliegenden Ergebnisse scheint es möglich, die Nonprofit Kulturen anhand der Kulturausprägungen Planung – Flexibilität, Gleichwertigkeit sowie hinsichtlich der Grundannahmen über die Umwelt und die Zielvorstellungen zu vergleichen. Damit schafft die Untersuchung die Ausgangsbasis für weitere Studien – auch quantitativer Art –, um die Kenntnisse über Nonprofit Kulturen zu erweitern und zu vertiefen.

5.2.3 Beitrag zur Erforschung der Wirkungsmechanismen zwischen der Organisationskultur und der POE

Die dritte forschungsleitende Frage war diejenige nach möglichen Wirkungsmechanismen zwischen der Organisationskultur und der POE. Diese Frage stellte sich vor dem Hintergrund, dass die Organisationskultur als ein zentraler Einflussfaktor auf die POE gilt (Bruch & Vogel 2005: 36; Ackerman Anderson 1998: 139 f.), welcher bislang in der Energieforschung jedoch nicht explizit untersucht worden war. Morgeson und Hofmann (1999) wiesen in Bezug auf die Erforschung kollektiver Konstrukte auf die Bedeutung hin, welche permanenten Kontextfaktoren, wie in diesem Fall der Organisationskultur, zukommt. Denn durch diese Einflussfaktoren wird ein Rahmen abgesteckt, innerhalb dessen die zwischenmenschlichen Interaktionsprozesse, die zur Entstehung kollektiver Konstrukte führen, stattfinden (Morgeson & Hofmann 1999). Erkenntnisse über die Wirkungsmechanismen zwischen Kontextfaktoren und kollektivem Konstrukt tragen also maßgeblich zum Verständnis über die Entstehung und Beeinflussung des untersuchten kollektiven Phänomens bei.

In diesem Zusammenhang leistet die vorliegende Studie wichtige Beiträge zur Erweiterung des theoretischen Verständnisses über die Beziehung zwischen Organisationskultur und POE. Die Ergebnisse verdeutlichen den vermuteten Zusammenhang zwischen der Organisationskultur und der POE, indem zwei verschiedene Wirkungsmechanismen zwischen Kontextfaktor und kollektivem Konstrukt in den Daten aufgedeckt werden. Zum einen kann ein Handlungsdruck durch die geteilten Annahmen über die Umwelt oder über die gemeinsamen (Ziel-)Werte erzeugt werden, der die Organisationsmitglieder zum Handeln drängt (siehe Kapitel 4.3.1 und 4.3.2). Zum anderen implizieren die kulturellen Grundannahmen, welche Verhaltens- und Interaktionsweisen in diesem Kulturkontext «angemessen» und «richtig» sind. Aus den Daten ergibt sich, dass die Organisationskulturen dadurch die zwischenmenschlichen Interaktionsweisen, aber auch die kollektiven Kognitionsprozesse beeinflussen, welche sich in der Folge auch auf den Zustand an POE auswirken (siehe Kapitel 4.4). Auf den Zusammenhang zwischen Organisationskultur und den Verhaltensweisen der Organisationsmitglieder wird in der Literatur zwar verwiesen (zum Beispiel Schein 1992; Schwartz & Davis 1981; O'Reilly 1989), allerdings trägt die vorliegende Untersuchung dazu bei, diesen spezifischen Wirkungsmechanismus neu zwischen Organisationskultur und POE induktiv aus den Daten herauszuarbeiten.

Die Erweiterung des theoretischen Verständnisses über das Zusammenspiel zwischen Kontextfaktoren und POE trägt nicht allein zur Energieforschung bei. Vielmehr erweitert die Identifizierung von zwei Wirkungsmechanismen zwischen der Organisationskultur und der POE auch die Kenntnisse der Kulturforschung: Sie tragen dazu bei, die Wirkung von Organisationskulturen auf bestimmte organisationale Variablen (hier die POE) besser zu verstehen. Schließlich sind diese Ergebnisse auch aus Sicht der NPO-Forschung von Bedeutung: Sie fördern das Verständnis über die Prozesse, die innerhalb der NPO vor sich gehen. Damit werden die Erkenntnisse bezüglich des Funktionierens von NPOs vertieft, für welches ein besonderes Forschungsinteresse vorliegt (Anheier 2005: 115 f.; Anheier & List 2005: xix; Lewis 2002: 341).

5.2.4 Beitrag zur Erforschung der energiefördernden Organisationskulturausprägungen

Die vierte Forschungsfrage betraf die förderliche oder hinderliche Wirkung der Kulturausprägungen auf den Zustand an POE in den zwei untersuchten NPOs. Die Erforschung der Bedingungen, welche sich auf die POE besonders günstig auswirken, ist von großer Bedeutung, da dieser Energiezustand am engsten mit Spitzenleistungen (Spreitzer & Sonenshein 2003; Bruch & Ghoshal 2003; 2004; Vaill 1982) sowie Wandlungs- und Innovationsfähigkeit (Bruch & Ghoshal 2003; 2004; Dutton 2003; Jansen 2004) in Verbindung steht. Die Ausschöpfung der produktiven Energien gilt dabei als zentraler Erfolgsfaktor einerseits für Unternehmen (Bruch & Ghoshal 2003; Bruch & Vogel 2009), andererseits aber auch für NPOs, welche sich ebenso in einem zunehmend von Wandel ergriffenen Umfeld bewegen.

In der bestehenden Literatur waren über die energiefördernden Merkmale von Organisationskulturen bisher nur Vermutungen geäußert worden. So gingen beispielsweise Bruch und Ghoshal (2004) davon aus, dass innovations- und handlungsorientierte Organisationskulturen besonders förderlich auf die POE wirken. Widersprüchliche Meinungen wurden in Bezug darauf vertreten, ob «starke» Kulturen, das heißt Organisationskulturen mit einer besonders ausgeprägten Wertübereinstimmung und einer starken geteilten Überzeugung von der Bedeutung dieser Werte, sich positiv auf das Niveau von POE auswirkten (zustimmend Chatman & Eunyoung Cha 2003; ablehnend Bruch & Ghoshal 2004).

Die Untersuchung leistet in dieser Hinsicht einen bedeutenden Beitrag zum aktuellen Forschungsstand der POE. Denn aus den empirischen Daten werden zwei energiefördernde Kulturdimensionen identifiziert. Wenn es die Organisationskultur ermöglicht, dass zum einen eine geteilte Wahrnehmung eines kollektiven Handlungsrahmens und zum anderen die geteilte Wahrnehmung eines kollektiven Gestaltungsspielraums entstehen, dann wirkt dies positiv auf das Niveau an POE. Das bedeutet, dass es von der Ausprägung der energiefördernden Kulturdimensionen abhängt, ob Handlungsdruck (siehe dazu Kapitel 4.3) oder kulturell bedingte Handlungsmuster (siehe dazu Kapitel 4.4) das Niveau an POE erhöhen oder senken. Die vorliegenden Ergebnisse zeigen, dass mit zunehmender Ausprägung der geteilten Wahrnehmung eines gemeinsamen Handlungsrahmens oder derjenigen eines kollektiven Gestaltungsspielraums die POE steigt. Der Energiezustand wird allerdings besonders positiv beeinflusst – und kann nur dann völlig ausgeschöpft werden –, wenn beide energiefördernden Kulturdimensionen stark ausgeprägt sind.

Die Ergebnisse erweitern auch das Verständnis über die energiefördernde Wirkung der Organisationskultur in Bezug auf die Hinweise aus der Literatur. So konkretisiert die Forschungsarbeit die inhaltlichen Ausprägungen, welche die POE fördern oder hindern. Die von Bruch und Ghoshal (2004) angeführte Innovationsorientierung, welche beispielsweise mit dem ständigen Überprüfen, Hinterfragen und der Suche nach Nischen bei der Caritas Schweiz verglichen werden kann, ist nicht allein für einen hohen Zustand an POE verantwortlich (siehe Kapitel 4.4.1.3). Zwar stärkt diese Kulturausprägung die geteilte Wahrnehmung eines kollektiven Gestaltungsspielraums, aber ohne eine geteilte Wahrnehmung eines kollektiven Handlungsrahmens, welcher die Ausrichtung der POE bestimmt, können die produktiven Energien nicht vollständig ausgeschöpft werden.

Auch in Bezug auf die unklare Wirkung von starken Kulturen auf die POE (Chatman & Eunyoung Cha 2003; Bruch & Ghoshal 2004) verdeutlichen und erweitern die Resultate das Verständnis über diesen Zusammenhang. Zunächst geht aus der Analyse der (Ziel-)Werteübereinstimmung hervor, dass eine starke Übereinstimmung der Werte nicht unbedingt mit einer starken positiven Wirkung auf die POE gleichzusetzen ist. Die Übereinstimmung der Werte, in diesem Fall (Ziel-)Werte, kann zwar die POE steigern, aber wenn aufgrund vielfältiger Interpretationsmöglichkeiten diesen Werten von den Organisationsmitgliedern unterschiedliche Bedeutungen zugewiesen werden, hindert das die geteilte Wahrnehmung eines kollektiven Handlungsrahmens und führt gegebenenfalls zu Konflikten. Dies senkt die POE (siehe Kapitel 4.3.2). Darüber hinaus wird bei der Herausarbeitung der energiefördernden Kulturausprägungen deutlich, dass nicht allein die Stärke der Kultur für die förderliche Wirkung auf die POE entscheidend ist, sondern ob sich eine gemeinsame Wahrnehmung eines kollektiven Handlungsrahmens *und* diejenige eines kollektiven Gestaltungsspielraums bilden kann.

Wie schon zu den Beiträgen zur Erforschung der Wirkungsmechanismen zwischen der Organisationskultur und der POE ausgeführt (siehe Kapitel 5.2.3), dient ein erweitertes und vertieftes Verständnis über die POE und darüber, wie Letztere durch die Organisationskulturen beeinflusst wird, zunächst der Energieforschung. Gleichzeitig tragen diese Ergebnisse aber auch zum Forschungsstand der Kulturforschung und der NPO-Forschung bei. Insbesondere in Bezug auf die dritte und die vierte Forschungsfrage zeigt die Diskussion über die geleisteten Beiträge zum Forschungsstand auf, dass diese theoretischen Erkenntnisse auch praktische Implikationen haben.

5.3 Beiträge zur Managementpraxis

5.3.1 Veränderungsfähigkeit von Organisationskulturen

Die im Folgenden dargestellten Handlungsempfehlungen zur Stärkung energiefördernder Organisationskulturen werden zuvor in eine kurze Diskussion über Kulturwandel und Veränderungsfähigkeit von Organisationskulturen eingebettet. Dazu wird an die theoretische Konzeption der Organisationskultur (siehe Kapitel 2.2) angeknüpft.

Organisationskultur wird in der Studie als Reaktion darauf verstanden, als Gruppe oder als Organisation mit den Komplexitäten und Unklarheiten der externen Umwelt, aber auch mit denjenigen innerhalb der Gruppe umzugehen. Die geteilten Grundannahmen bilden sich aus den wiederholt erfolgreichen Umgangsstrategien, werden immer stärker verinnerlicht und vermitteln den Organisationsmitgliedern Sicherheit und Stabilität (zum Beispiel Schein 1992: 10; Trice & Beyer 1993: 8 ff.). Insbesondere diese sicherheits- und stabilitätsvermittelnde Funktion der Organisationskulturen erklärt deren trägen, erhaltenden Charakter. Grundannahmen und damit verbundene Handlungsmuster werden von den Organisationsmitgliedern nicht ohne weiteres und vorschnell revidiert oder aufgegeben (Schein 1992: 298). Dennoch ist die Organisationskultur auch nicht statisch, denn die permanente Interaktion mit veränderten internen und externen Situationen bewirken fortlaufende Anpassungen der Interpretationen dieser Ereignisse und damit inkrementelle Kulturanpassungen (Hatch 1993; 2000; Schein 1992: 304 f.). Dies bedeutet, dass in der vorliegenden Studie davon ausgegangen wird, dass sich Organisationskulturen zwar ständig verändern, aber trotzdem schwer zu verändern sind.

Zur Veränderung von Organisationskulturen im Sinne eines Managementinstruments kommt den Führungskräften eine zentrale und verantwortungsvolle Rolle zu. Einerseits können sie die Organisationskultur durch ihre eigenen Wertvorstellungen und vor allem durch ihr eigenes Handeln prägen (Schein 1992). Darüber hinaus müssen sie, gemäß Trice und Beyer (1993), für einen bewussten Wandel der Organisationskultur erstens verstehen, was Organisationskulturen sind und was von Veränderungen der Organisationskulturen erwartet werden kann. Zweitens müssen sie eine den tatsächlichen Gepflogenheiten entsprechende Sicht auf die eigene Organisationskultur erlangen. Und drittens muss ihnen im konkreten Fall vorrangig das Ziel der Veränderungen der Organisationskultur klar sein: Soll die Organisationskultur beibehalten und gestärkt oder soll diese grundsätzlich verändert werden (Trice & Beyer 1993: 356 ff.)? Der zentrale Unterschied zwischen diesen beiden Möglichkeiten besteht darin, dass nur im zweiten Fall die tiefliegenden Grundannahmen verändert werden müssen, während bei der Erhaltung und Stärkung der Organisationskultur auf den bisherigen Grundannahmen aufgebaut wird. Je nachdem kommen aufgrund unterschiedlicher Zielvorstellungen dann andere Veränderungsmaßnahmen zur Anwendung (siehe zum Beispiel Schein 1992: 304; Trice & Beyer 1993: 355 ff., 393 ff.).

Die aus den theoretischen Ergebnissen der Untersuchung ableitbaren Handlungsempfehlungen für die Praxis beziehen sich insbesondere auf die Erhaltung und Stärkung einer Organisationskultur. Sie stammen aus Beobachtungen der Organisationskulturen, die sich nicht in Phasen geplanter kultureller Erneuerung befanden. Aus den Erkenntnissen gehen deshalb auch keine Empfehlungen hervor, welche in erster Linie darauf abzielen, die bisherigen Grundannahmen aufzubrechen und diese durch neue Grundannahmen zu ersetzen (im Sinn von Lewins Modell des Wandels [1947; 1951], beschrieben bei Schein 1992: 298 ff. und Sathe & Davidson 2000: 280 f.). Dies bedeutet umgekehrt aber auch, dass diese Handlungsempfehlungen nur dann von positiver Wirkung sein können, wenn diese in einem Kontext umgesetzt werden, in dem diese Maßnahmen in Einklang mit den bisherigen (oder allenfalls den neu geschaffenen) Grundannahmen zu bringen sind. Maßnahmen im Widerspruch zu den tiefliegenden Grundannahmen führen dagegen zu Widerstand bei den Organisationsmitgliedern und letztlich wahrscheinlich zum Scheitern der Reformbemühungen (Zammuto, Gifford & Goodman 2000: 277).

In Bezug auf Eingriffe in die Organisationskultur einer NPO müssen insbesondere auch die spezifischen Umstände einer solchen Organisation bedacht und gegebenenfalls auch ein anderer kultureller und gesellschaftlicher Kontext in die Abwägungen einbezogen werden (Lewis 2003). Dichter (1989) weist darauf hin, dass in der Entwicklungszusammenarbeit einzelne NPOs tätig sind, welche nicht einmal über grundlegendste Strukturen wie eine funktionierende Verwaltung oder eine Buchhaltung verfügen. Er zeigt an Beispielen, dass in solchen Fällen die meisten mitarbeiterorientierten Managementinstrumente unwirksam sind, teilweise sogar kontraproduktive Effekte haben (1989: 397 ff.). Dichter vertritt die Auffassung, dass in einer solchen Ausgangslage zunächst dafür gesorgt werden muss, dass faktisch eine funktionierende Organisation geschaffen wird.

Zu den Abwägungen allgemeiner Art, ob in einer bestimmten Organisation und in einer bestimmten Situation Eingriffe in die Organisationskultur sinnvoll sind (siehe auch Kapitel 5.3.5), kommt in Bezug darauf, eine energiefördernde Organisationskultur zu stärken oder zu schaffen, die spezifische Überlegung hinzu, welche aus den theoretischen Erkenntnissen dieser Studie hervorgeht. Die Analyse der Grundannahmen und der zugehörigen Handlungsmuster haben gezeigt, dass einzelne Kulturausprägungen für sich allein betrachtet meist positive wie negative Auswirkungen haben. Auch wenn sich eine bestimmte Ausprägung positiv auf die POE auswirkt, kann aus einer Übersteigerung dieser kulturellen Ausprägung die

Wirkung auf die POE in ihr Gegenteil kippen (so auch Denison & Mishra 1995; Trice & Beyer 1993: 357). Die positive Wirkung eines Handlungsmusters auf die POE hängt ganz entscheidend davon ab, ob energiefördernde Kulturausprägungen vorliegen, aber auch, ob ein Gleichgewicht zwischen den beiden energiefördernden Kulturdimensionen entsteht. Ziel von Maßnahmen zur Erhaltung oder Schaffung von energiefördernden Organisationskulturen ist es deshalb, die Kulturausprägungen so zu beeinflussen, dass dadurch die geteilte Wahrnehmung eines kollektiven Handlungsrahmens und diejenige eines kollektiven Gestaltungsspielraums gestärkt werden.

Die aus den theoretischen Erkenntnissen abgeleiteten Handlungsempfehlungen unterteilen sich in solche, die sich auf beide energiefördernden Dimensionen der Organisationskulturen auswirken und solche, die sich auf die Stärkung einer der beiden energiefördernden Kulturdimensionen beziehen. Die folgende Tabelle 5-2 ermöglicht einen ersten Überblick über die Handlungsempfehlungen, welche in den folgenden Kapiteln detailliert vorgestellt werden.

Tab. 5-2: Übersicht über die Handlungsempfehlungen (Quelle: eigene Darstellung)

<table>
<tr><th colspan="2">Stärkung beider energiefördernder Kulturdimensionen</th></tr>
<tr><td colspan="2">Stärkung der (Ziel-)Wertübereinstimmung im Rekruting
Förderung des bereichs- / abteilungsübergreifenden Informationsflusses
Kommunikation einer Vision</td></tr>
<tr><th>Stärkung der Wahrnehmung eines kollektiven Handlungsrahmens</th><th>Stärkung der Wahrnehmung eines kollektiven Gestaltungsspielraums</th></tr>
<tr><td>Einbindung in Visions- und Strategieprozesse
Steigerung von Dringlichkeit
Klärung der Rollen</td><td>Delegation von Aufgaben und Verantwortung
Wertschätzung von neuen Ideen</td></tr>
</table>

5.3.2 Handlungsempfehlungen zur Stärkung beider energiefördernder Kulturdimensionen

Für die Stärkung beider energiefördernden Kulturdimensionen bieten sich mehrere Maßnahmen an, auf die nun näher eingegangen werden soll.

Das Rekruting einer Organisation kann bewusst darauf ausgerichtet werden, die energiefördernden Kulturdimensionen zu stärken, indem bei der Selektion neuer Organisationsmitglieder auf die Wertübereinstimmung geachtet wird (zum Beispiel Kotter 1990: 42; O'Reilly & Chatman 1996). Wie bereits bei der Bildung der Theorieelemente beschrieben (siehe Kapitel 4.3.2), fördert die (Ziel-)Wertübereinstimmung die geteilte Wahrnehmung eines kollektiven Gestaltungsspielraums insbesondere deshalb, da sie die Organisationsmitglieder in der Überzeugung bestärkt, dass sie in der jeweiligen Organisation auf ein sinnvolles Ziel hinarbeiten und dazu bedeutende Beiträge leisten können. Gleichzeitig schärft die (Ziel-)Wertübereinstimmung das geteilte Gefühl eines kollektiven Handlungsrahmens, weil damit die POE auf einen gemeinsamen (Ziel-)Wert ausgerichtet wird. Wie die Untersuchung der Caritas Schweiz zeigt, können die Wertvorstellung der Bewerber explizit in den Vorstellungsgesprächen thematisiert und abgeklärt werden, um so eine besonders ausgeprägte (Ziel-)Wertübereinstimmung zu erlangen. Bedeutsam für eine hohe (Ziel-) Wertübereinstimmung scheint auch die Einarbeitung der neuen Mitarbeitenden in der jeweiligen NPO. Denn dabei bietet sich die Gelegenheit, den neuen Organisationsmitgliedern Ziele, Werte und Arbeitsweisen der Organisation zu vermitteln.

Zur Stärkung der energiefördernden Kulturdimensionen trägt auch ein abteilungs- beziehungsweise bereichsübergreifender Informationsfluss bei. Dieser ist einerseits deshalb förderlich für die Wahrnehmung eines gemeinsamen Gestaltungsspielraums, weil die Organisationsmitglieder dadurch überhaupt in die Lage versetzt werden, selbstbestimmte Entscheidungen zu treffen (Kirkman & Rosen 1999). Andererseits wirkt ein abteilungs- beziehungsweise bereichsübergreifender Informationsfluss auch auf eine stärkere Wahrnehmung eines kollektiven Handlungsrahmens ein, da Gemeinsamkeiten der Tätigkeiten und der Zielausrichtung erkennbar werden. Natürlich können sich diesbezüglich auch Unterschiede offenbaren. Der abteilungs- beziehungsweise bereichsübergreifende Informationsfluss bildet jedoch die Ausgangsbasis, um die Tätigkeiten bezüglich einer übergeordneten Zielausrichtung zu koordinieren.

Wie aus der Datenanalyse hervorgeht, eignen sich unterschiedliche Maßnahmen zur Verbesserung des abteilungs- beziehungsweise bereichsübergreifenden Informationsflusses. So tragen beispielsweise die vierzehntägigen Bereichsleitersitzungen beim SRK-SG zu einem intensiveren Informationsaustausch über die Bereichsgrenzen hinweg bei. Darüber hinaus können bestimmte aktuelle oder wichtige Themen in zusätzlichen Treffen vertieft werden. Bei der Caritas Schweiz werden zu diesem Zweck zum Beispiel quartalsweise Informationskonferenzen mit dem mittleren Kader und halbjährlich so genannte Kadertage, an denen alle Führungskräfte teilnehmen, durchgeführt. Der Informationsfluss zwischen den verschiedenen Einheiten lässt sich auch durch abteilungs- beziehungsweise bereichsübergreifende Veranstaltungen verbessern. Dazu zählen insbesondere Workshops, in welchen die unterschiedlichen Tätigkeiten vorgestellt und die Gemeinsamkeiten herausgearbeitet werden. Wie aus Gesprächen und Beobachtungen bei der Caritas Schweiz hervorgeht, erweitern solche Veranstaltungen die Kenntnisse der einzelnen Organisationsmitglieder darüber, wer in der Organisation über welches Wissen verfügt. Die Informationen fließen durch diese Anknüpfungspunkte in der Folge leichter.

Schließlich lassen sich die beiden energiefördernden Kulturdimensionen auch durch das Aufzeigen und Verdeutlichen einer organisationalen Vision stärken. Eine solche muss top-down, also von der Führungsspitze kaskadenartig nach unten, überzeugend und klar kommuniziert werden. Damit kann die geteilte Wahrnehmung einer gemeinsamen Ausrichtung und somit diejenige eines kollektiven Handlungsrahmens gestärkt werden (Kotter 1990). Darüber hinaus können die Führungskräfte durch die Verdeutlichung einer Vision der Organisation auch die Ausprägung des gemeinsam wahrgenommenen Gestaltungsspielraums beeinflussen. Je nachdem, wie die Führungspersonen diese Organisationsausrichtung darstellen, eröffnen sie damit den Organisationsmitgliedern ein gemeinsames Verständnis, in welcher Weise dieses Ziel tatsächlich auch erreicht werden kann (Schein 1992: 300 f.). Besonders geeignet scheint in dieser Hinsicht der transformationale beziehungsweise charismatische Führungsstil zu sein (zum Beispiel Bass 1985; Nanus 1992; Shamir, House & Arthur 1993), da dieser einerseits die Inspiration der Organisationsmitglieder durch die Vision, andererseits aber auch das Aufzeigen von Gestaltungsmöglichkeiten umfasst (Berson et al. 2001). Auch zur Kommunikation einer Vision sind wiederum Informationsveranstaltungen mit unterschiedlichen Teilnehmergruppen denkbar.

5.3.3 Handlungsempfehlungen zur Stärkung einer geteilten Wahrnehmung eines kollektiven Handlungsrahmens

Steht für das Management dagegen hauptsächlich die Stärkung der geteilten Wahrnehmung eines kollektiven Handlungsrahmens im Vordergrund können die nachfolgend beschriebenen Maßnahmen von den Forschungsergebnissen abgeleitet werden.

Die Einbindung der Organisationsmitglieder in Prozesse zur Festlegung einer Vision oder auch einer Strategie (*direction-setting*; Kotter 1990: 36) wirken sich positiv auf die Wahrnehmung des kollektiven Handlungsrahmens aus. Dies gelingt insbesondere dann, wenn diese Prozesse bottom-up, also durch die Einbindung der Meinungen und Ideen von der Basis weg, durchgeführt werden (so auf der individuellen Ebene auch Conger & Kanungo 1988). Die Einbindung der Organisationsmitglieder in diese Prozesse bedeutet in diesem Zusammenhang, dass dadurch das kollektive Gefühl gesteigert werden kann, entscheidenden Einfluss auf die Entwicklung der Organisation ausüben zu können. Zudem fördern solche Prozesse die Wahrnehmung von Selbstbestimmung der Organisationsmitglieder. Durch die Mitwirkung der Organisationsmitglieder an der Ausrichtung der NPO steigt aber vor allem die Identifikation mit der festgelegten Zielausrichtung und somit die geteilte Überzeugung eines kollektiven Handlungsrahmens.

Zur praktischen Umsetzung solcher Visions- und Strategieprozesse sollten die Ideen in allen Einheiten diskutiert und zentral gesammelt werden. Beispielsweise wurden die Mitarbeitenden bei der Caritas Schweiz in die Entwicklung der Strategie und des Leitbilds insofern eingebunden, als dass sie in den jeweiligen Bereichen die unterschiedlichen Meinungen diskutierten, Ideen entwickelten und der Geschäftsleitung eine gemeinsame Stellungnahme zukommen ließen. Eingebunden waren die Organisationsmitglieder dann wiederum auch, wenn in den einzelnen Bereichen die Organisationsstrategie auf die jeweilige Bereichstätigkeit heruntergebrochen wurde.

Aus den Erkenntnissen der Datenanalyse kann außerdem geschlossen werden, dass auch die Vermittlung von Dringlichkeit zur Stärkung einer geteilten Wahrnehmung des kollektiven Handlungsrahmens führt und somit förderlich auf die POE wirkt. Auf die wahrgenommene Dringlichkeit kann durch die Art und Weise Einfluss genommen werden, wie die Führungskräfte die Ausgangslage, in der sich die Organisation befindet, darstellen. Sie können dabei die Aufmerksamkeit vermehrt auf die Aspekte lenken, die Handeln dringlich und erforderlich machen (Trice & Beyer 1993: 368 f.). Durch die Einbindung der Organisationsmitglieder in die Umweltanalyse kann geklärt werden, welche Interpretation der Umwelt im Vordergrund steht, so dass eine geteilte Einschätzung der Ausgangslage gebildet werden kann. Zu diesem Zweck ist die Durchführung von Veranstaltungen denkbar, in denen gemeinsame Umweltanalysen erarbeitet werden. Sinnvoll scheint auch zu sein, wie aus den Erfahrungen der Caritas Schweiz deutlich wird, wenn Mitglieder der Geschäftsleitung in Bereichs- und Abteilungssitzungen die aktuellen Gefahren, aber auch die damit verbundenen Chancen, verdeutlichen. Eine andere Möglichkeit sind interne Informationsmitteilungen an alle Mitarbeitenden, welche die aktuelle Ausgangslage darstellen. Diese Maßnahme ist erfolgreich im Unternehmen ABB eingesetzt worden. Dort hat der Geschäftsführer Jürgen Dormann seine Mitarbeitenden einmal wöchentlich mit den so genannten «Dormann-Letters» über die Risiken und Chancen für das Unternehmen informiert und so die Dringlichkeit des Veränderungsprozesses unterstrichen (Steel, Lewis & Brügger 2006).

Förderlich für die geteilte Wahrnehmung eines gemeinsamen Handlungsrahmens ist ferner auch, wenn die Rollen in Bezug auf die Verantwortung und die Entscheidungsmodi einzelner Entscheidungen geklärt sind. Dadurch wird für die Organisationsmitglieder die Unterscheidung leichter, wo und in welcher Form sie die individuellen und kollektiven Energien einsetzen können und sollen. Rollenklarheit vermindert Unsicherheiten, welche bei den Organisationsmitgliedern in Bezug auf den Prozess der Aufgabenerfüllung entstehen können (auf der individuellen Ebene Spreitzer 1996). Klarheit in Bezug auf die Führungsrollen und Entscheidungsmodi vereinfachen für die Organisationsmitglieder aber auch die Wahl eines effektiven Vorgehens, wie sich ein Team einer Aufgabe annähern möchte (Hackman & Oldham 1980). Als Maßnahme zur Stärkung der Rollenklarheit wäre beispielsweise denkbar, für wiederkehrende Entscheidungen den Entscheidungsmodus vorab festzulegen, so dass diejenigen darüber entscheiden können, die von der jeweiligen Entscheidung betroffen sind. Dies wird bei der Caritas Schweiz in vielen Situationen praktiziert.

5.3.4 Handlungsempfehlungen zur Stärkung einer geteilten Wahrnehmung eines kollektiven Gestaltungsspielraums

Schließlich ergeben sich auch hinsichtlich der Stärkung der geteilten Wahrnehmung eines kollektiven Gestaltungsspielraums praktische Handlungsempfehlungen, die im Folgenden erläutert werden.

Im Zusammenhang mit der Erhaltung oder Veränderung von Organisationskulturen wird die symbolische Bedeutung von Führungshandeln hervorgehoben (Pfeffer 1981). Die Organisationsmitglieder werten die Rückschlüsse daraus gewichtiger als mündliche Verkündungen, da im Führungshandeln die zu Grunde liegenden Annahmen und Werte der Führungskräfte beziehungsweise diejenigen der Organisationskultur offensichtlich werden (Trice & Beyer 1993: 365). Auch bezüglich der Stärkung der Wahrnehmung eines gemeinsamen Gestaltungsspielraums kommt deshalb den Handlungen der Führungskräfte große Bedeutung zu. Durch die Delegation von Aufgaben und Verantwortung werden die Organisationsmitglieder in ihrer gemeinsamen Auffassung bestärkt, über Gestaltungsspielräume zu verfügen in denen sie selbstbestimmt handeln und entscheiden können (Kirkman & Rosen 1999). Unterstützend wirkt in diesem Zusammenhang, wenn es den Führungskräften gelingt, den Organisationsmitgliedern den Sinn dieser Tätigkeiten zu vermitteln und dabei aufzuzeigen, dass wesentliche Beiträge für die Organisation geleistet werden können (Conger & Kanungo 1988; Hackman & Oldham 1980).

Aus der Datenanalyse in Bezug auf die beiden NPOs geht schließlich hervor, dass die Ausprägung der geteilten Wahrnehmung eines kollektiven Gestaltungsspielraums auch damit positiv beeinflusst werden kann, wenn neue Ideen geschätzt werden. Fehler sollten in diesem Zusammenhang als Möglichkeiten zu lernen und zu verbessern verstanden werden, so dass die Organisationsmitglieder in ihrer Auffassung bestärkt werden, dass Gestaltungsspielräume zum Experimentieren und zur Suche nach neuen Lösungen vorhanden sind (Khan 1997). Wiederum können Führungskräfte diese Auffassung symbolisch verdeutlichen, indem sie erfolgreiche Innovationen und neue Lösungswege entsprechend anerkennen und würdigen (Khan 1997). In NPOs wäre beispielsweise denkbar, die besten Ideen auszuzeichnen, da montetäre Leistungslohnsysteme in diesen Organisationen unklare Wirkungen haben (zum Beispiel Theuvsen 2004). Eine weitere Möglichkeit besteht darin, mit einem Briefkasten für Verbesserungsvorschläge – praktisch wie symbolisch – zu signalisieren, dass Interesse an neuen Ideen besteht. Damit eine solche Maßnahme aber Wirksamkeit entfalten kann, ist es für die Organisationsmitglieder wichtig zu wissen, dass auf die Verbesserungsvorschläge ernsthaft eingegangen wird. Bei der Caritas Schweiz ist die zuständige Person für die betreffende Frage verpflichtet, eine Antwort auf diesen Impulse zu geben. Kanter weist darauf hin, dass die Wertschätzung auch in der Form gezeigt werden kann, dass den Organisationsmitgliedern die Umsetzung dieser Innovationen ermöglicht wird (1983: 152 ff.). Beim SRK-SG erwähnte die frühere Geschäftsleiterin diesbezüglich, dass sie bei guten neuen Projektideen jeweils anbot, unterstützend zur Verfügung zu stehen, den Mitarbeitenden aber gleichzeitig freie Hand bei der Umsetzung ließ. Damit ließ sich die geteilte Auffassung stärken, dass mit neuen Ideen Einfluss auf die Entwicklung der Organisation ausgeübt werden kann.

5.3.5 Mögliche Gefahren im Umgang mit der Organisationskultur und der POE

Obwohl es reizvoll ist, Organisationskulturen im Hinblick darauf zu beeinflussen, dass sie besonders energiefördernd ausgeprägt sind, gilt es auch die mit Organisationskulturen und mit der POE verbundenen Gefahren zu bedenken.

In Bezug auf die Organisationskulturen ist insbesondere auf die Gefahr hinzuweisen, dass diese als Kontrollinstrument missbraucht werden können. Die tief verankerten Grundannahmen und die geteilten Werte einer Organisationskultur prägen die Handlungsweisen der Organisationsmitglieder maßgeblich. Aber nicht nur das – sie bestimmen gemäß Schein auch die «richtige Art der Wahrnehmung, des Denkens und des Fühlens» in Bezug auf die Anpassung an die Umwelt und die Integration der Gruppe (1992: 12). Die Organisationskultur ist damit ein mächtiges Instrument der Aktivierung, aber auch der Kontrolle der Organisationsmitglieder im Arbeitsalltag. Kunda umschreibt diese normative Kontrolle wie folgt:

> «Under normative control, members act in the best interest of the company not because they are physically coerced, nor purely from an instrumental concern with economic rewards and sanctions. It is not just their behaviors and activities that are specified, evaluated, and rewarded or punished. Rather they are driven by internal commitment, strong identification with company goals, intrinsic satisfaction from work. (...) In short, under normative control it is the employee's *self* – that ineffable source of subjective experience – that is claimed in the name of the corporate interest.» (1992: 11)

Damit wird klar, dass die Organisationskulturen als Instrument totaler Institutionen (Goffman 1961) missbraucht werden können, wenn sie den Menschen vollkommen kontrollieren und seine Freiheit dadurch – selbst auf der Ebene der subjektiven Erfahrung, des Denkens und Fühlens – negieren. Die normative Kontrolle ist im Gegensatz zu traditionellen Kontrollinstrumenten wie Zwang und ökonomische Anreize subtiler, aber nicht weniger effektiv, denn sie wird von der gesamten Gruppe auf alle Gruppenmitglieder ausgeübt. So genannte «Clan»-Organisationen (Ouchi & Price 1978), also auch NPOs, unterscheiden sich von Staat und Wirtschaft gerade durch eine ausgeprägte Sozialisierung der Mitglieder und mithin ausgeprägter normativer Kontrollsysteme. Der Gefahr von uniformem Denken (*groupthink*; Janis 1982), welches die Folge von starken Kulturen sein kann (Levine & Moreland 1991), ist im Bereich der NPOs also noch mehr Gewicht zu geben. Allerdings wirkt sich ein solcher Verlust an Meinungsvielfalt letztlich auch negativ auf die POE aus, da insbesondere die kognitive Aktivierung und damit verbunden die Fähigkeit, Neues zu konzipieren, von unterschiedlichen Sichtweisen und gegensätzlichen Einschätzungen genährt wird (Losada & Heaphy 2004). Hinsichtlich der Stärkung einer energiefördernden Organisationskultur ist somit eine übermäßige normative Kontrolle nicht wünschenswert, denn Meinungsvielfalt ist für eine hoch ausgeprägte POE unabdingbar.

In bestimmten Situationen sind Gefahren möglicherweise auch direkt mit der Verstärkung der POE verbunden. Bisher wurde argumentiert, dass POE allein positiv auf Organisationen wirkt (Bruch & Ghoshal 2003; Bruch & Vogel 2009). Allerdings gibt Dichter (1989) zu bedenken, dass es beispielsweise in einem korrupten Umfeld und Organisationsstrukturen, in denen persönliche Bereicherung zur Tagesordnung gehört, nicht wünschenswert ist, dass sich Mitarbeitende vermehrt mit der jeweiligen Organisation identifizieren. In diesem Sinn wäre auch eine Verstärkung der POE auf der kollektiven emotionalen Ebene, also der Festigung der positiven emotionalen Bindung an die Organisationstätigkeit, nicht wünschenswert. Diese negative Wirkung der POE könnte wiederum durch stark ausgeprägte Organisationskulturen und das uniforme Gruppendenken gefördert werden. Janis (1982) geht davon aus, dass bei sehr stark integrierten Gruppen häufig unhinterfragtes Vertrauen in die Moral der Gruppe und die Gruppenentscheidungen gesetzt wird.

Schließlich kann sich in bestimmten Situationen vielleicht auch das mit der POE verbundene hohe Aktivitätsniveau negativ auf eine Organisation auswirken. Insbesondere die empirischen Befunde zu den unterschiedlichen Reaktionszeiten auf die externen Impulse seitens verschiedener Abteilungen der Caritas Schweiz (siehe Kapitel 4.3.1.4), werfen die Frage auf, ob höhere POE wirklich in allen Fällen wünschenswert ist. Könnte eine Beschleunigung der jeweiligen Abteilungstätigkeit nicht auch zu überstürztem Handeln und Aktivismus führen? Und dies, obwohl die Aktivitäten grundsätzlich auf die Erreichung der Organisations- beziehungsweise der Abteilungsziele ausgerichtet sind?

5.4 Stärken und Grenzen des Forschungsprojekts sowie neue Forschungsimpulse

5.4.1 Inhaltliche Stärken / Grenzen und neue Forschungsimpulse

Für die inhaltliche Beurteilung des Forschungsprojekts kann auf die Reflexionen zurückgegriffen werden, welche in Bezug auf die Beiträge zum Forschungsstand und zur Managementpraxis gemacht wurden (siehe Kapitel 5.2 und 5.3). Die Stärken dieses Forschungsprojekts sind die theoretischen (deskriptiven) Beiträge zur Erforschung der POE, der Organisationskulturen und der NPOs in Form von detaillierten Darstellungen der untersuchten Phänomene, der Bildung von gegenstandsbezogenen Theorieelementen hinsichtlich zentraler Forschungsfragen sowie die daraus abgeleiteten Handlungsempfehlungen für die Managementpraxis.

Die Beurteilung der inhaltlichen Grenzen kann an die im letzten Kapitel geäußerten Überlegungen zu möglichen negativen Auswirkungen und Gefahren im Umgang mit Organisationskulturen und POE anknüpfen (siehe Kapitel 5.3.5). In dieser Studie wurde von der Annahme ausgegangen, dass die Stärkung der POE erstrebenswert für NPOs ist. Daraus folgte eine intensive Erforschung der Einflussfaktoren, welche positive Auswirkungen auf die Zustände hoher POE haben. Allerdings sollte es in der künftigen Forschung nicht unterlassen werden, auch die negativen Auswirkungen zu erforschen, so dass eine ganzheitliche Beurteilung der POE in Theorie und Praxis ermöglicht wird.

Die entwickelten Theorieelemente beschränken sich auf die kulturellen Auswirkungen auf die gesamte POE. Das heißt, dass die Theorieelemente nicht in Bezug auf die emotionalen, kognitiven und handlungsbezogenen Aktivierungseffekte differenziert sind. Zur Erweiterung dieser Theorieelemente wäre es wünschenswert, in künftigen Forschungsprojekten auch die Aktivierung der Organisationsmitglieder auf den drei Aktivierungsebenen einzubeziehen. Dadurch könnte beispielsweise geklärt werden, ob gewisse Handlungsmuster tatsächlich stärker auf einzelne Energieebenen einwirken, wie dies die vorliegenden empirischen Ergebnisse teilweise andeuten. Oder ob diese Resultate darauf beruhen, dass in den nicht standardisierten Gesprächen und aus den teilnehmenden Beobachtungen die Aktivierung der kognitiven und der handlungsbezogenen Energieebenen stärker als diejenige auf der emotionalen Ebene zum Ausdruck gekommen ist.

Das Forschungsprojekt ist weiter auf die Untersuchung von zwei NPOs aus dem sozialen, entwicklungspolitischen Bereich begrenzt, welche beide bezahlte Mitarbeitende beschäftigen. Ein Auswahlkriterium für die zwei Organisationen war ein unterschiedlicher Grad an Freiwilligkeit, da dies gemäß Smith (1999; 2000) ausschlaggebend für unterschiedliche organisationale Strukturen, Prozesse und kulturelle Grundannahmen ist. Obwohl die Ausführung einzelner Projekte des SRK-SG sehr stark auf freiwilliger Mitarbeit basiert und sich das SRK-SG diesbezüglich klar von der Caritas Schweiz unterscheidet, zeigen sich davon in den Daten nur geringe Auswirkungen auf die administrativen Abläufe der Organisation. Künftige Forschungsprojekte könnten diesbezüglich klären, ob sich die von Smith (1999; 2000) vermuteten Unterschiede allenfalls in Bezug auf NPOs bestätigen lassen, in denen allein Freiwillige tätig sind (zum Beispiel so genannte Basisorganisationen (*grassroots organizations*) wie Nachbarschaftshilfen oder Selbsthilfegruppen). Erweitern ließen sich die theoretischen Erkenntnisse über die interessierende Beziehung auch dadurch, dass die entwickelten gegenstandsbezogenen Theorieelemente in NPOs aus dem Umwelt- oder Bildungsbereich, das heißt in NPOS mit unterschiedlichen Zielausrichtungen, erforscht und überprüft würden. Somit würde die Weiterentwicklung der Theorieelemente zu einer materialen gegenstandsbezogenen Theorie, im Sinne von Glaser und Strauss (1998), unterstützt.

Begrenzt ist das vorliegende Forschungsprojekt schließlich in der Hinsicht, dass sich die Untersuchung nur auf die Beziehung zwischen Organisationskultur und

POE konzentriert. Die von Morgeson und Hofmann (1999) angesprochenen Kontextfaktoren, welche einen bedeutenden Einfluss auf ein kollektives Phänomen wie hier die POE ausüben, beschränken sich nicht allein auf die Organisationskultur. Denkbar ist ebenso, dass der weitere kulturelle, wirtschaftliche und rechtliche Kontext auf die POE wirkt. So weist Steinberg (1987) darauf hin, dass die Marktsituation in einem spezifischen Bereich – verstanden als Konkurrenzsituation zwischen NPOs oder auch zwischen NPOs sowie profit- und staatlichen Organisationen – die Verhaltensweisen der NPOs maßgeblich beeinflusst. Dies kann sich ebenfalls auf die Möglichkeiten zur Aktivierung der Organisationsmitglieder auswirken. Außerdem könnten die rechtliche Rahmenordnung (Steinberg 1987) sowie förderungspolitische Anreizsysteme der staatlichen Behörden Konsequenzen für den Zustand an POE haben, beispielsweise dadurch, wie Osborne, McLaughlin und Chew (2008) zeigen, dass sie auf die Innovationsfähigkeit der NPOs wirken. Schließlich können neben der Organisationskultur weitere interne Kontextfaktoren die Entstehung und das mögliche Niveau an POE beeinflussen. Bedeutender Einfluss geht gemäß Bruch und Vogel (2005) beispielsweise von den Strukturen der Organisation auf die POE aus. In diesem Zusammenhang werden bedeutende Forschungsfragen sichtbar, welche durch weitere Forschungsprojekte in der Zukunft analysiert werden sollten, um die Kenntnisse der Energieforschung zu erweitern und vertiefen.

5.4.2 Methodische Stärken / Grenzen und neue Forschungsimpulse

Zu den methodischen Stärken des Forschungsprojekts gehört primär die explorative Annäherung an die interessierenden Phänomene mittels der Methode der Grounded Theory. Angesichts der geringen Erforschung der Beziehung zwischen der Organisationskultur und der POE einer Organisation sowie eines großen Forschungsbedarfs in Bezug auf die Funktionsweise von NPOs ist die Methode der Grounded Theory bestens dafür geeignet, anfänglich alle möglichen theoretischen Zusammenhänge zu erwägen, die in den Daten angelegt sind (zum Beispiel Mayring 2002: 107; Goulding 2002: 55). Dadurch sind gegenstandsbezogene Theorieelemente entstanden, welche die tatsächlich relevanten Faktoren in den zwei untersuchten Organisationen des Nonprofit Bereichs aufgreifen und die Wirkungszusammenhänge zwischen Organisationskultur und POE in diesem Kontext erklären. In anderen Worten heißt das, dass durch dieses methodische Vorgehen verhindert wurde, die verschiedenen Konstrukte und die sie verbindenden Beziehungen allein aus der Sicht von deduktiv hergeleiteten Zusammenhängen zu sehen und die Untersuchung darauf zu beschränken.

Als weitere methodische Stärke hervorzuheben ist der Einsatz von drei verschiedenen Datenerhebungsmethoden. Erstens wurden zahlreiche offizielle Interviews, ergänzt durch viele informelle Gespräche, welche ich als Notizen in meinem Forschungstagebuch festhielt, auf allen hierarchischen Ebenen in den zwei untersuchten NPOs geführt. Zweitens verbrachte ich bei der Caritas Schweiz und beim SRK-SG jeweils einige Zeit vor Ort. Während dieser Feldaufenthalte war ich teilnehmende Beobachterin, da ich jeweils einzelne Personen durch ihren Arbeitsalltag begleitete. Auch diese Beobachtungen notierte ich in meinem Forschungstagebuch, so dass sie später direkt in die Datenanalyse einbezogen werden konnten. Schließlich wurde die Untersuchung durch die Auswertung von Sekundärmaterialien der beiden Organisationen ergänzt. Diese unterschiedlichen Erhebungsmethoden haben eine Triangulation der Daten ermöglicht. Das bedeutet, dass die Ergebnisse aus einer Datenquelle anhand der anderen überprüft werden konnten und so die Glaubwürdigkeit der Resultate gestiegen ist (so auch Diekmann 2001: 18; Mayring 2002: 147). Während die Gesprächsdaten rückblickende – möglicherweise durch die Erinnerung oder soziale Erwünschtheit verzerrte – Betrachtungen sind, wurde es durch die teilnehmenden Beobachtungen möglich, die von POE energetisierten Kollektive im Moment und durch eine externe Sichtweise zu erfassen. Allerdings entstehen auch durch diese subjektiv geprägte Perspektive Verzerrungen. Indem die unterschiedlichen Daten einander gegenübergestellt werden konnten, wurden die spezifischen Verzerrungen jeder Erhebungsmethode transparenter – die unterschiedlichen Datenquellen haben sich also gegenseitig ergänzt (so auch Frick 1987: 258 f.).

Schließlich ist die vertiefte Untersuchung von zwei NPOs als methodische Stärke der Studie zu betrachten. Dadurch dass zwei Organisationen Untersuchungsgegenstand waren, wurden Vergleichsmöglichkeiten geschaffen, die es erlaubten, durch die Analyse der Gemeinsamkeiten und der Unterschiede die theoretischen Aussagen zu differenzieren (so auch Charmaz 2000). Vorteilhaft war vor allem, dass sich die beiden NPOs gerade nicht direkt vergleichen lassen, weil sie sich bezüglich Organisationsgröße, Umfang der Tätigkeiten sowie ihrer Funktion und Beziehungen zu den anderen nationalen Schwesterorganisationen unterscheiden. Dadurch entstanden viele wertvolle Impulse für die Bildung der Theorieelemente. Gleichzeitig ließen sich dennoch Ähnlichkeiten der Organisationskulturen herausarbeiten, welche die Theoriebildung ebenso unterstützten.

Die Untersuchung von zwei NPOs bildet jedoch gleichzeitig eine methodische Grenze des Forschungsprojekts. Denn die komparative Analyse und die Überprüfung der theoretischen Zusammenhänge in den Daten beschränkten sich somit auf die Ereignisse in zwei Organisationen des Nonprofit Bereichs. Die Generalisierbarkeit der gegenstandsbezogenen Theorieelemente und der Aussagen in Bezug auf die Nonprofit Organisationskulturen ist deshalb vorläufig klein. Ohne zusätzliche qualitative Forschung in weiteren Organisationen zur Bildung einer gegenstandsbezogenen Theorie und einer anschließenden quantitativ-testenden Überprüfung lassen sich die Ergebnisse deshalb nicht verallgemeinern. Gerade auch in Bezug auf die Exploration der spezifischen Ausprägungen der POE in NPOs wurde schon an anderer Stelle darauf hingewiesen, dass diese nur im Vergleich mit profitorientierten und staatlichen Organisationen genauer untersucht werden können (siehe Kapitel 5.2.1).

Schließlich ist das Forschungsprojekt durch die Art der erhobenen Daten begrenzt. Zwar haben die qualitativen Interviews sowie die komplementären Beobachtungsdaten und Sekundärmaterialien eine Annäherung an die POE zugelassen und Aussagen über den jeweiligen Energiezustand ermöglicht, jedoch war teilweise schwer abzuschätzen, in welcher Stärke die Aktivierungen auf den verschiedenen Ebenen vorlag oder ob eine Energiedimension im jeweiligen Fall besonders stark aktiviert war. Zur Vertiefung des theoretischen Verständnisses scheint es daher angebracht, den Zusammenhang zwischen Organisationskultur und POE künftig auch mit einem Forschungsdesign zu untersuchen, welches eine quantitative Erfassung der Aktivierung auf den einzelnen Energieebenen erlaubt.

5.5 Schlusswort und Ausblick

Im einleitenden Teil der Studie wurde das Bild der Forschungsreise verwendet; es soll an dieser Stelle noch einmal im Rück- und im Ausblick aufgenommen werden. Nach den ersten theoretischen Erkundungen zur Vorbereitung der Reise, insbesondere der Bestimmung des Ausgangspunktes und der Zielrichtung, führte der erste Reiseabschnitt zu einer vertieften Auseinandersetzung und konzeptionellen Klärung der drei zentralen Untersuchungsgegenstände: der POE, der Organisationskultur und der Organisationen des Nonprofit Bereichs. Dann kam der Aufbruch in unbekannte Forschungsgebiete. Beim Erkunden der beiden NPOs wurden möglichst viele Daten über das weitgehend unbekannte Territorium gesammelt, das Gelände beschrieben und nach Erklärungsmöglichkeiten für die beobachteten Ereignisse gesucht. Im Verlauf der Reise traten sodann immer deutlicher die zu Grunde liegenden theoretischen Zusammenhänge hervor, die zu gegenstandsbezogenen Theorieelementen zusammengefügt wurden. Ergebnisse dieser Forschungsreise sind einerseits die Beschreibung der Topographie des erkundeten Gebiets, andererseits auch die Freilegung erster theoretischer Pfade, mit welchen das Gelände zwischen Organisationskultur und der POE in NPOs erschlossen werden kann. Die Studie trägt mit anderen Worten dazu bei, die Wirkungsmechanismen zwischen dem Kontextfaktor Organisationskultur und dem kollektiven Phänomen der POE im Bereich der NPOs zu verstehen sowie förderliche und hinderliche Ausprägungen der Organisationskulturen auf die POE zu identifizieren.

Die freigelegten Pfade ermöglichen neue Perspektiven auf das vormals unbekannte Gebiet. Es werden neue Forschungsfragen sichtbar, welche die angelegten Pfade weiterführen und erweitern können. Für die Erforschung der Organisationskultur und der POE steht dabei im Vordergrund, die vorliegenden Ergebnisse in weiteren Organisationen zu untersuchen, um den Geltungsbereich der entwickelten Theorieelemente und der Ausprägungen der Nonprofit Kulturen zu definieren beziehungsweise die Theorieelemente zu gegenstandsbezogenen Theorien weiterzuentwickeln. Zu diesem Zweck scheint es angebracht, die Untersuchung des interessierenden Zusammenhangs auf weitere NPOs (zum Beispiel NPOs aus anderen Bereichen oder reine Freiwilligenorganisationen), dann aber auch auf profitorientierte und staatliche Organisationen auszudehnen. In einem ersten Schritt empfehlen sich dazu qualitative Forschungsstrategien, mit welchen die spezifischen Eigenheiten der Organisationstypen berücksichtigt werden können, so dass vertiefte vergleichende Betrachtungen möglich sind. In einem zweiten Schritt wäre es dagegen sinnvoll, die postulierten Theorieelemente beziehungsweise die erweiterte gegenstandsbezogene Theorie mit quantitativ-testenden Methoden zu überprüfen.

Erweitert und vertieft werden könnten die Untersuchungen der POE und der Organisationskulturen außerdem in Bezug auf die Wirkung einzelner Kulturausprägungen auf die drei Energieebenen der POE. Diesbezüglich liegt es an der künftigen Forschung zu klären, in welcher Stärke die Aktivierung der POE auf der emotionalen, kognitiven und handlungsbezogenen Ebenen ausfällt oder auch, ob jeweils alle drei Energieebenen von einer einzelnen Kulturausprägung beeinflusst werden. Die Vertiefung des theoretischen Verständnisses scheint in dieser Hinsicht insbesondere durch eine quantitative Erfassung der Aktivierungseffekte möglich.

Von Bedeutung wären schließlich für die Erforschung der POE die Untersuchung, wie andere Kontextfaktoren auf dieses kollektive Phänomen wirken, beispielsweise das weitere kulturelle, wirtschaftliche und rechtliche Umfeld oder auch die organisationalen Strukturen.

Am Ende der dargestellten Forschungsreise steht die Hoffnung, dass die freigelegten Pfade und die neuen Perspektiven auf das Forschungsgebiet andere Forscherinnen dazu inspirieren, weitere Forschungsreisen zur Ergänzung und Vertiefung der untersuchten Konstrukte zu unternehmen. Damit könnten bedeutsame Beiträge dazu geleistet werden, dass Organisationen aller Art die kollektiven Energien ihrer Organisationsmitglieder vollständig aktivieren und dadurch ihre Ziele erfolgreich verwirklichen können.

«Each completed sentence represents a tenuous victory over the infinite complexity of facts.» (Kunda 1992: 240)

Literaturverzeichnis

Ackerman Anderson, Linda S. (1998): The Flow State: A New View of Organizations and Managing, in: Adams, John D. (Hrsg.), *Transforming Work*, 2. Aufl., Alexandria: Miles River Press, 130–159.

Adler, Paul S. (1988): Managing Flexible Automation, *California Management Review*, 30 (3): 34–56.

Adler, Paul S. & Borys, Bryan (1996): Two Types of Bureaucracy: Enabling and Coercive, *Administrative Science Quarterly*, 41 (1): 61–89.

Adler, Paul S., Goldoftas, Barbara & Levine, David I. (1999): Flexibility Versus Efficiency? A Case Study of Model Changeovers in the Toyota Production System, *Organization Science*, 10 (1): 43–68.

Albert, Stuart & Whetten, David A. (1985): Organizational Identity, *Research in Organizational Behavior*, 7: 263–295.

Alderfer, Clayton P. (1972): Existence, Relatedness, and Growth, Human Needs in Organizational Settings, New York: Free Press.

Allen, Natalie J. & Meyer, John P. (1990): The Measurement and Antecedents of Affective, Continuance and Normative Commitment to the Organization, *Journal of Occupational Psychology*, 63 (1): 1–18.

Amburgey, Terry L. & Miner, Anne S. (1992): Strategic Momentum: The Effects of Repetitive, Positional, and Contextual Momentum on Merger Activity, *Strategic Management Journal*, 13 (5): 335–348.

Andersen, Jon A. (2000): Intuition in Managers, Are Intuitive Managers more Effective?, *Journal of Managerial Psychology*, 15 (1): 46–63.

Anheier, Helmut K. (2005): *Nonprofit Organizations, Theory, Management, Policy*, London, etc.: Routledge.

Anheier, Helmut K. & List, Regina A. (2005): *A Dictionary of Civil Society, Philanthropy and the Non-Profit Sector*, London, etc.: Routledge.

Argyris, Chris (1999): *On Organizational Learning*, 2. Aufl., Oxford: Blackwell.

Argyris, Chris & Schön, Donald A. (1978): *Organizational Learning: A Theory of Action Perspective*, Reading: Addison-Wesley.

Ashforth, Blake E. (1985): Climate Formation: Issues and Extensions, *Academy of Management Review*, 10 (4): 837–847.

Ashforth, Blake E., Harrison, Spencer H. & Corley, Kevin G. (2008): Identification in Organizations: An Examination of Four Fundamental Questions, *Journal of Management*, 34 (4): 325–374.

Ashforth, Blake E. & Humphrey, Ronald H. (1995): Emotion in the Workplace: A Reappraisal, *Human Relations*, 48 (2): 97–125.

Ashforth, Blake E. & Mael, Fred (1989): Social Identity Theory and the Organization, *Academy of Management Review*, 14 (1), 20–39.

Ashkanasy, Neal M., Wilderom, Celeste P. M. & Peterson, Mark F. (2000): Introduction, in: Ashkanasy, Neal M., Wilderom, Celeste P. M. & Peterson, Mark F. (Hrsg.): *Handbook of Organizational Culture and Climate*, Thousand Oaks: Sage Publications, 1–20.

Bandura, Albert (2001): Social Cognitive Theory: An Agentic Perspective, *Annual Review of Psychology*, 52 (1): 1–26.

Barr, Pamela S., Stimpert, J. L., Huff, Anne S. (1992): Cognitive Change, Strategic Action, and Organizational Renewal, *Strategic Management Journal*, 13 (1): 15–36.

Barsade, Sigal G. (2002): The Ripple Effect: Emotional Contagion and Its Influence on Group Behavior, *Administrative Science Quarterly*, 47: 644–675.

Bartel, Caroline A. & Saavedra, Richard (2000): The Collective Construction of Work Group Mood, *Administrative Science Quarterly*, 45 (2): 197–231.

https://doi.org/10.1515/9783110555271-010

Bass, Bernard M. (1985): *Leadership and Performance Beyond Expectations*, New York: Free Press.
Belk, Russell W., Wallendorf, Melanie & Sherry, John F., Jr. (1989): The Sacred and the Profane in Consumer Behavior: Theodicy on the Odyssey, *Journal of Consumer Research*, 16: 1–38.
Berson, Yair, Shamir, Boas, Avolio, Bruce J. & Popper, Micha (2001): The Relation Between Vision Strength, Leadership Style, and Context, *The Leadership Quarterly*, 12 (1): 53–73.
Beveridge, William Henry (1948): *Voluntary Action*, London: George Allen & Unwin Ltd.
Beyeler, Daniel (2003): Rituale im Wandel, Zur Bedeutung eines ritualbewussten Managements in tief greifenden Veränderungsprozessen von Organisationen, Diss. Universität St. Gallen.
Billis, David & Glennerster, Howard (1998): Human Services and the Voluntary Sector: Towards a Theory of Comparative Advantage, *Journal of Social Policy*, 27 (1): 79–98.
Bogner, Wiliam C. & Barr, Pamela S. (2000): Making Sense of Hypercompetitive Environments: A Cognitive Explanation for the Persistence of High Velocity Competition, *Organization Science*, 11 (2): 212–226.
Borkman, Thomasina (2006): Sharing Experience, Conveying Hope, Egalitarian Relations as the Essential Method of Alcoholics Anonymous, *Nonprofit Management & Leadership*, 17 (2): 145–161.
Borzaga, Carlo & Tortia, Ermanno (2006): Worker Motivations, Job Satisfaction, and Loyality in Public and Nonprofit Social Services, *Nonprofit and Voluntary Sector Quarterly*, 35 (2): 225–248.
Brown David L. & Covey, Jane G. (1987): Development Organizations and Organizational Development, *Research in Organizational Change and Development*, 1: 59–87.
Brown, David L. & Kalegaonkar, Archana (2002): Support Organizations and the Evolution of the NGO Sector, *Nonprofit and Voluntary Sector Quarterly*, 31 (2): 231–258.
Brown, David L. (1991): Bridging Organizations and Sustainable Development, *Human Relations*, 44 (8): 807–831.
Brown, Eleanor (1999): Assessing the Value of Volunteer Activity, *Nonprofit and Voluntary Sector Quarterly*, 28 (1): 3–17.
Bruch, Heike & Ghoshal, Sumantra (2003): Unleashing Organizational Energy, *MIT Sloan Management Review*, 45 (1): 45–51.
Bruch, Heike & Ghoshal, Sumantra (2004): A Bias for Action, How Effective Managers Harness their Willpower, Achieve Results, and Stop Wasting Time, Boston: Harvard Business School Press.
Bruch, Heike & Vogel, Bernd (2005): Organisationale Energie, Wie Sie das Potenzial Ihres Unternehmens ausschöpfen, Wiesbaden: Gabler.
Bruch, Heike & Vogel, Bernd (2006): *Productive Organizational Energy: A Collective Construct, its Emergence and Consequences*, Working paper submitted to the Academy of Management Meeting, Atlanta.
Bruch, Heike, Vogel, Bernd & Cole, Michael (2006): *Productive Organizational Energy: A Collective Level Model and Empirical Testing*, Working paper submitted to the Academy of Management Meeting, Atlanta.
Bruch, Heike & Vogel, Bernd (2009): Organisationale Energie, Wie Sie das Potenzial Ihres Unternehmens ausschöpfen, 2. Aufl., Wiesbaden: Gabler.
Burrell, Gibson & Morgan, Gareth (1979): *Sociological Paradigms and Organisational Analysis*, Aldershot, etc.: Ashgate.
Cameron, Kim S. & Caza, Arran (2004): Contributions to the Discipline of Positive Organizational Scholarship, *American Behavioral Scientist*, 47 (6): 731–739.
Chao, Georgia T. (2000): Multilevel Issues and Culture, An Integrative View, in: Klein, Katherine J. & Kozlowski, Steve W. J. (Hrsg.), *Multilevel Theory, Research, and Methods in Organizations*, San Francisco: Jossey-Bass Publishers, 308–346.

Charmaz, Kathy (2000): Grounded Theory, Objectivist and Constructivist Methods, in: Denzin, Norman K. & Lincoln, Yoanna S. (Hrsg.), *Handbook of Qualitative Research*, 2. Aufl., Thousand Oaks, etc.: Sage Publications, 509–535.

Chatman, Jennifer A. & Eunyoung Cha, Sandra (2003): Leading by Leveraging Culture, *California Management Review*, 45 (4): 20–34.

Chell, Elizabeth (1998): Critical Incident Technique, in: Symon, Gillian & Cassell, Catherine (Hrsg.), *Qualitative Methods and Analysis in Organizational Research*, London, etc.: Sage Publications, 51–72.

Chen, Gilad & Kanfer, Ruth (2006): Toward a System Theory of Motivated Behavior in Work Teams, *Research in Organizational Behavior*, 27: 223–267.

Christians, Clifford G. (2005): Ethics and Politics in Qualitative Research, in: Denzin, Norman K. & Lincon, Yvonna S. (Hrsg.); *The SAGE Handbook of Qualitative Research*, 3. Aufl., Thousand Oaks, etc.: Sage Publications, 139–164.

Clary, Gil E., Snyder Mark & Stukas, Arthur A. (1996): Volunteers' Motivations: Findings From a National Survey, *Nonprofit and Voluntary Sector Quarterly*, 25 (4): 485–505.

Collins, Randall (1990): Stratification, Emotional Energy, and Transient Emotions, in: Kemper, Theodore D. (Hrsg.), *Research Agendas in the Sociology of Emotions*, Albany: State University of New York Press, 27–57.

Conger, Jay A. & Kanungo, Rabindra N. (1988): The Empowerment Process: Integrating Theory and Practice, *Academy of Management Review*, 13 (3): 471–482.

Cooke, Nancy J., Salas, Eduardo, Cannon-Bowers, Janis A. & Stout, Renée J. (2000): Measuring Team Knowledge, *Human Factors*, 42 (1): 151–173.

Cornel, Dora (1994): 100 Jahre Rotes Kreuz Sektion St. Gallen, Sonderdruck aus dem *St. Galler Tagblatt* vom 4. Mai 1994.

Cross, Rob, Baker, Wayne & Parker, Andrew (2003): What Creates Energy in Organizations?, *MIT Sloan Management Review*, 44 (4): 51–56.

Daft, Richard L. (1998): *Organization Theory and Design*, 6. Aufl., Cincinnati: South-Western College Publishing.

Daft, Richard L. & Weick, Karl E. (1984): Towards a Model of Organizations as Interpretation Systems, *Academy of Management Review*, 9 (2): 284–295.

Deal, Terrence E. & Kennedy, Allen A. (1982): *Corporate Cultures, The Rites and Rituals of Corporate Life*, London, etc.: Addison-Wesley Publishing Company.

Deci, Edward L. & Ryan, Richard M. (1985): *Intrinsic Motivation and Self-Determination in Human Behavior*, New York, etc.: Plenum Press.

Degenbol-Martinussen, John & Engberg-Pedersen, Poul (2003): *AID: Understanding International Development Cooperation*, London, etc.: Zed Books Ltd.

Denison, Daniel R. (1990): *Corporate Culture and Organizational Effectiveness*, New York, etc.: John Wiley & Sons.

Denison, Daniel R. (1996): What is the Difference between Organizational Culture and Organizational Climate? A Native's Point of View on a Decade of Paradigm Wars, *Academy of Management Review*, 21 (3): 619–654.

Denison, Daniel R. & Mishra, Aneil K. (1995): Toward a Theory of Organizational Culture and Effectiveness, *Organization Science*, 6 (2): 204–223.

Denison, Daniel R. & Spreitzer, Gretchen M. (1991): Organizational Culture and Organizational Development: A Competing Values Approach, *Research in Organizational Change and Development*, 5: 1–21.

Denzin, Norman K. & Lincoln, Yvonna S. (2000): Introduction, The Discipline and Practice of Qualitative Research, in: Denzin, Norman K. & Lincoln, Yoanna S. (Hrsg.), *Handbook of Qualitative Research*, 2. Aufl., Thousand Oaks, etc.: Sage Publications, 1–36.

Detert, James R., Schroeder, Roger G. & Mauriel, John J. (2000): A Framework for Linking Culture and Improvement Initiatives in Organizations, *Academy of Management Review*, 25 (4): 850–863.
Dey, Ian (2007): Grounding Categories, in: Bryant, Anthony & Charmaz, Kathy (Hrsg.), *The SAGE Handbook of Grounded Theory*, Los Angeles, etc.: Sage Publications, 167–190.
DiBella, Anthony J. (1992): Planned Change in an Organized Anarchy: Support for a Postmodernist Perspective, *Journal of Organizational Change*, 5 (3): 55–65.
Dichter, Thomas W. (1989): Development Management: Plain or Fancy? Sorting Out Some Muddles, *Public Administration and Development*, 9 (4): 381–393.
Dichter, Thomas W. (1999): Globalization and its Effects on NGOs: Efflorescence or a Blurring of Roles and Relevance?, *Nonprofit and Voluntary Sector Quarterly*, 28 (4): 38–58.
Diekmann, Andreas (2001): *Empirische Sozialforschung, Grundlagen, Methoden, Anwendungen*, 7. Aufl., Reinbek bei Hamburg: Rowohlt Taschenbuch Verlag GmbH.
DiMaggio, Paul (1997): Culture and Cognition, *Annual Review of Sociology*, 23: 263–287.
Douglas, James (1987): Political Theories of Nonprofit Organization, in: Powell, Walter W. (Hrsg.), *The Nonprofit Sector, A Research Handbook*, New Haven, etc.: Yale University Press, 43–54.
Drucker, Peter F. (1990): *Managing the Non-Profit Organization, Practice and Principles*, Guildford: Butterworth-Heinemann.
Dukerich, Janet M., Golden, Brian R. & Shortell, Stephen M. (2002): Beauty Is in the Eye of the Beholder: The Impact of Organizational Identification, Identity, and Image on the Cooperative Behaviors of Physicians, *Administrative Science Quarterly*, 47 (3): 507–533.
Duncan, Robert B. (1976): The Ambidextrous Organization: Designing Dual Structures for Innovation, in: Kilmann, Ralph H., Pondy, Louis R. & Slevin, Dennis P. (Hrsg.): *The Management of Organization Design, Strategies and Implementation*, New York, etc.: North-Holland, 167–188.
Dutton, Jane E. (2003): Energize your Workplace: How to Create and Sustain High-Quality Connections at Work, San Francisco: Jossey-Bass Publishers.
Dutton, Jane E. & Heaphy, Emily D. (2003): The Power of High-Quality Connections in: Cameron, Kim S., Dutton, Jane E. & Quinn, Robert E. (Hrsg.), *Positive Organizational Scholarship, Foundations of a New Discipline*, San Francisco: Berrett-Koehler Publishers, 263–278.
Dyer, Gibb W., Jr. (1985): The Cycle of Cultural Evolution in Organizations, in: Kilmann, Ralph H., Saxton, Mary J. & Serpa, Roy (Hrsg.): *Gaining Control of the Corporate Culture*, San Francisco, etc.: Jossey-Bass Publishers, 200–229.
Earley, F. Christopher (1993): East Meets West Meets Mideast: Further Explorations of Collectivistic and Individualistic Work Groups, *Academy of Management Journal*, 36 (2): 319–348.
Egri, Carolyn P. & Herman, Susan (2000): Leadership in the North American Environmental Sector: Values, Leadership Styles, and Contexts of Environmental Leaders and their Organizations, *Academy of Management Journal*, 43 (4): 571–604.
Eichhorn, Peter (2001): Konstitutive Merkmale von Non-Profit-Organisationen, in: Witt, Dieter (Hrsg.), *Non-Profit-Management im Aufwind?: Festschrift für Karl Oettle zum 75. Geburtstag*, Wiesbaden: Deutscher Universitäts-Verlag, 45–52.
Eisenhardt, Kathleen M. (1987): Building Theories from Case Study Research, *Academy of Management Review*, 14 (4): 532–550.
Fetterman, David M. (1989): *Ethnography: Step by Step*, Newbury Park, etc.: Sage Publications.
Flanagan, John C. (1954): The Critical Incident Technique, *Psychological Bulletin*, 51 (4): 327–358.
Flick, Uwe (1987): Methodenangemessene Gütekriterien in der qualitativ-interpretativen Forschung, in: Bergold, Jarg B. & Flick, Uwe (Hrsg.), *Ein-Sichten, Zugänge zur Sicht des Subjektes mittels qualitativer Forschung*, Tübingen: DGVT, 247–262.
Fowler, Alan (1998): Striking a Balance, A Guide to Enhancing the Effectiveness of Non-Governmental Organizations in International Development, London: Earthscan.

Fredrickson, Barbara L. (2003): Positive Emotions and Upward Spirals in Organizations, in: Cameron, Kim S., Dutton, Jane E. & Quinn, Robert E. (Hrsg.), *Positive Organizational Scholarship, Foundations of a New Discipline*, San Francisco: Berrett-Koehler Publishers, 163–224.

Fredrickson, Barbara L. & Branigan, Christine (2005): Positive Emotions broaden the Scope of Attention and Thought-Action Repertoires, *Cognition and Emotion*, 19 (3): 313–332.

Frumkin, Peter & Andre-Clark, Alice (2000): When Missions, Markets, and Politics Collide: Values and Strategy in the Nonprofit Human Services, *Nonprofit and Voluntary Sector Quarterly*, 29 (1): 141–163.

Gagné, Marylène & Deci, Edward L. (2005): Self-Determination Theory and Work Motivation, *Journal of Organizational Behavior*, 26 (4): 331–362.

Geertz, Clifford (1973): *The Interpretation of Cultures*, New York: Basic Books.

Gibson, Cristina B. (2001): From Knowledge Accumulation to Accommodation: Cycles of Collective Cognition in Work Groups, *Journal of Organizational Behavior*, 22 (2): 121–134.

Gioia, Dennis A. & Pitre, Evelyn (1990): Multiparadigm Perspectives on Theory Building, *Academy of Management Review*, 15 (4): 584–602.

Gioia, Thomas & Thomas, James B. (1996): Identity, Image, and Issue Interpretation: Sensemaking during Strategic Change in Academia, *Administrative Science Quarterly*, 41 (4): 370–403.

Glaser, Barney G. (1978): *Theoretical Sensitivity*, Mill Valley: Sociology Press.

Glaser, Barney G. & Strauss, Anselm L. (1998): *Grounded Theory, Strategien qualitativer Forschung*, Bern, etc.: Verlag Hans Huber.

Glisson, Charles & James, Lawrence R. (2002): The Cross-Level Effects of Culture and Climate in Human Service Teams, *Journal of Organizational Behavior*, 23 (6): 767–794.

Goffman, Erving (1961): *Asylums*, Garden City: Doubleday, Anchor Books.

Goodenough, Ward H. (1981): *Culture, Language and Society*, 2. Aufl., Menlo Park, etc.: Benjamin / Cummings Publishing Company.

Goulding, Christina (2002): Grounded Theory, A Practical Guide for Management, Business and Market Research, London, etc.: Sage Publications.

Greenberger, David B., Strasser, Stephen & Soonmook, Lee (1988): Personal Control as a Mediator between Perceptions of Supervisory Behaviors and Employee Reactions, *Academy of Management Journal*, 31 (2): 405–417.

Gremler, Dwayne D. (2004): The Critical Incident Technique in Service Research, *Journal of Service Research*, 7 (1): 65–89.

Guba, Egon G. & Lincoln, Yvonna S. (1989): *Fourth Generation Evaluation*, Newbury Park, etc.: Sage Publications.

Guba, Egon G. & Lincoln, Yvonna S. (1998): Competing Paradigms in Qualitative Research, in: Denzin, Norman K. & Lincoln, Yvonna S. (Hrsg.), *The Landscape of Qualitative Research, Theories and Issues*, Thousand Oaks, etc.: Sage Publications, 195–220.

Guzzo, Richard A., Yost, Paul R., Campbell, Richard J. & Shea, Gregory P. (1993): Potency in Groups: Articulating a Construct, *British Journal of Social Psychology*, 32 (1): 87–106.

Hackman, J. Richard & Oldham, Greg R. (1980): *Work Redesign*, Reading: Adisson-Wesley.

Hammersley, Martyn (1998): *Reading Ethnographic Research, A Critical Guide*, 2. Aufl., London, etc.: Longman.

Handy, Femida & Katz, Eliakim (1998): The Wage Differential between Nonprofit Institutions and Corporations: Getting More by Paying less?, *Journal of Comparative Economics*, 26 (2): 246–261.

Hansmann, Henry B. (1980): The Role of Nonprofit Enterprise, *Yale Law Journal*, 89 (5): 835–901.

Hansmann, Henry B. (1987): Economic Theories of Nonprofit Organizations, in: Powell, Walter W. (Hrsg.), *The Nonprofit Sector, A Research Handbook*, New Haven, etc.: Yale University Press, 27–42.

Harrison, Jeffrey S. & Freeman, R. Edward (2004): Democracy in and around Organizations, Is Organizational Democracy worth the Effort?, *Academy of Management Executive*, 18 (3): 49–53.
Hatch, Mary J. (1993): The Dynamics of Organizational Culture, *Academy of Management Review*, 18 (4): 657–693.
Hatch, Mary J. (2000): The Cultural Dynamics of Organizing and Change, in: Ashkanasy, Neal M., Wilderom, Celeste P. M. & Peterson, Mark F. (Hrsg.): *Handbook of Organizational Culture and Climate*, Thousand Oaks: Sage Publications, 245–260.
Hatfield, Elaine, Cacioppo, John T. & Rapson, Richard L. (1994): *Emotional Contagion*, Cambridge: Cambridge University Press.
Hayes, John & Allinson, Christopher W. & Armstrong, Stephen J. (2004): Intuition, Women Managers and Gendered Stereotypes, *Personnel Review*, 33 (4): 403–417.
Heckhausen, Heinz (1980): Motivation und Handeln, Lehrbuch der Motivationspsychologie, Berlin, etc.: Springer-Verlag.
Hochschild, Arlie Russell (1983): *The Managed Heart, Commercialization of Human Feeling*, Berkley, etc.: University of California Press.
Hofstede, Geert, Neuijen, Bram, Daval Ohayv, Denise & Sanders, Geert (1990): Measuring Organizational Cultures: A Qualitative and Quantitative Study across Twenty Cases, *Administrative Science Quarterly*, 35 (2): 286–319.
Honeycutt Sigler, Tracey & Pearson, Christine M. (2000): Creating an Empowering Culture: Examining the Relation between Organizational Culture and Perceptions of Empowerment, *Journal of Quality Management*, 5: 27–52.
Horak, Christian & Heimerl, Peter (2002): Management von NPOs – Eine Einführung, in: Badelt, Christoph (Hrsg.), *Handbuch der Nonprofit Organisationen*, 3. Aufl., Stuttgart: Schäffer-Poeschel, 181–196.
Howard, Larry W. (1998): Validating the Competing Values Model as a Representation of Organizational Cultures, *The International Journal of Organizational Analysis*, 6 (3): 231–250.
Hutchins, Edwin (1991): The Social Organization of Distributed Cognition, in: Resnick, Lauren B., Levine, John M. & Teasley, Stephanie D. (Hrsg.): *Perspectives on Socially Shared Cognition*, Washington: American Psychological Association, 283–307.
Inglis, Scott (1994): *Making the Most of Action Learning*, Hampshire: Gower.
Isabella, Lynn A. (1990): Evolving Interpretations as Change Unfolds: How Managers Construe Key Organizational Events, *Academy of Management Journal*, 33 (1): 7–41.
Jackofsky, Ellen F. & Slocum, John W., Jr. (1988): A Longitudinal Study of Climates, *Journal of Organizational Behavior*, 9 (4): 319–334.
James, Estelle (1987): The Nonprofit Sector in Comparative Perspective, in: Powell, Walter W. (Hrsg.), *The Nonprofit Sector, A Research Handbook*, New Haven, etc.: Yale University Press, 397–415.
Jammer, Max (1967): Energy, in: Borchert, Donald (Hrsg.) (2005), *Encyclopaedia of Philosophy*, 2. Aufl., Detroit, etc.: Thomson Gale, 225–234.
Janis, Irving L. (1982): Groupthink, Psychological Studies of Policy Decisions and Fiascoes, Boston: Houghton Mifflin Company.
Jansen, Karen J. (2004): From Persistence to Pursuit: A Longitudinal Examination of Momentum During the Early Stages of Strategic Change, *Organization Science*, 15 (3): 276–294.
Jaskyte, Kristina (2004): Transformational Leadership, Organizational Culture, and Innovativeness in Nonprofit Organizations, *Nonprofit Management & Leadership*, 15 (2): 153–168.
Jonsson, Eskil (1998): Identity and Resources, *Financial Accountability and Management*, 14 (3): 233–248.
Joyce, William F. & Slocum, John W., Jr. (1984): Collective Climate: Agreement as a Basis for Defining Aggregate Climates in Organizations, *Academy of Management Journal*, 27 (4): 721–742.

Kahn, Robert L., Wolfe, Donald M., Quinn, Robert P. & Snoek, J. Diedrick (1964): *Organizational Stress, Studies in Role Conflict and Ambiguity*, New York, etc.: John Wiley & Sons Inc.

Kahn, William A. (1990): Psychological Conditions of Personal Engagement and Disengagement at Work, *Academy of Management Journal*, 33 (4): 692–724.

Kakkonen, Marja-Liisa (2005): Intuition in Family Entrepreneurs: An Exploratory Study of Perceptions and Experiences, *Journal of Enterprising Culture*, 13 (1): 47–67.

Kanter, Rosabeth M. (1983): The Change Master, Innovation and Entrepreneurship in the American Corporation, New York: Simon & Schuster Inc.

Kanter, Rosabeth M. & Zurcher, Louis A., Jr. (1973): Concluding Statement: Evaluating Alternatives and Alternative Valuing, *Journal of Applied Behavioral Science*, 9 (2/3): 381–397.

Kelle, Udo (2007): The Development of Categories: Different Approaches in Grounded Theory, in: Bryant, Anthony & Charmaz, Kathy (Hrsg.), *The SAGE Handbook of Grounded Theory*, Los Angeles, etc.: Sage Publications, 191–212.

Kelly, Janice R. & Barsade, Sigal G. (2001): Mood and Emotions in Small Groups and Work Teams, *Journal of Organizational Behavior and Human Decision Process*, 86 (1): 99–130.

Kerr, Jeffrey L. (2004): The Limits of Organizational Democracy, *Academy of Management Executive*, 18 (3): 81–95.

Khan, Sharafat (1997): The Key to Being a Leader Company: Empowerment, *The Journal of Quality and Participation*, 20 (1): 44–50.

Kiesler, Sara & Sproull, Lee (1982): Managerial Response to Changing Environments: Perspectives on Problem Sensing from Social Cognition, *Administrative Science Quarterly*, 27 (4): 648–570.

King, Lynda A. & King, Daniel W. (1990): Role Conflict and Role Ambiguity: A Critical Assessment of Construct Validity, *Psychological Bulletin*, 10 (1): 48–64.

Kirk, Jerome & Miller, Marc L. (1986): *Reliability and Validity in Qualitative Research*, Newbury Park, etc.: Sage Publications.

Kirkman, Bradley L. & Rosen, Benson (1997): A Model of Work Team Empowerment, *Research in Organizational Change and Development*, 10: 131–167.

Kirkman, Bradley L. & Rosen, Benson (1999): Beyond Self-Management: Antecedents and Consequences of Team Empowerment, *Academy of Management Journal*, 42 (1): 58–74.

Kirkman, Bradley L. & Shapiro, Debra L. (1997): The Impact of Cultural Values on Employee Resistance to Teams: Toward a Model of Globalized Self-Managing Work Team Effectiveness, *Academy of Management Review*, 22 (3): 730–757.

Kirkman, Bradley L. & Shapiro, Debra L. (2001): The Impact of Team Members' Cultural Values on Productivity, Cooperation, and Empowerment in Self-Managing Work Teams, *Journal of Cross-Cultural Psychology*, 32 (5): 597–617.

Klimoski, Richard & Mohammed, Susan (1994): Team Mental Model: Construct or Metaphor?, *Journal of Management*, 20 (2): 403–437.

Kluckhohn, Florence R. & Strodtbeck, Fred L. (1961): *Variations in Value Orientations*, Evanston, etc.: Row, Peterson and Company.

Kolb, David A. (1976): Management and the Learning Process, *California Management Review*, 18 (3): 21–31.

Kotter, John P. (1990): A Force for Change, How Leadership Differs from Management, New York: Free Press.

Kotter, John P. & Cohen, Dan S. (2002): *The Heart of Change*, Boston: Harvard Business School Press.

Kozlowski, Steve W. J. & Klein, Katherine J. (2000): A Multilevel Approach to Theory and Research in Organizations, Contextual, Temporal, and Emergent Processes, in: Klein, Katherine J. & Kozlowski, Steve W. J. (Hrsg.), *Multilevel Theory, Research, and Methods in Organizations*, San Francisco: Jossey-Bass Publishers, 3–90.

Kunda, Gideon (1992): Engineering Culture, Control and Commitment in a High-Tech Corporation, Philadelphia: Temple University Press.

Larsen, Randy J. & Diener, Edward (1992): Promises and Problems with the Circumplex Model of Emotion, in: Clark, Margaret S. (Hrsg.): *Emotion*, Newbury Park, etc.: Sage Publications, 25–59.

Lawler, Edward E. III (1992): *The Ultimate Advantage, Creating the High-Involvement Organization*, San Francisco: Jossey-Bass Publishers.

Lawrence, Thomas B. & Hardy, Cinthia (1999): Building Bridges for Refugees, Toward a Typology of Bridging Organizations, *Journal of Applied Behavioral Science*, 35 (1): 48–70.

Lee, Allen S. (1989): A Scientific Methodology for MIS Case Studies, *MIS Quarterly*, 13 (1): 32–50.

Levine, John M. & Moreland, Richard L. (1991): Culture and Socialization in Work Groups, in: Resnick, Lauren B., Levine, John M. & Teasley, Stephanie D. (Hrsg.): *Perspectives on Socially Shared Cognition*, Washington: American Psychological Association, 257–279.

Levinson, Harry (1972): *Organizational Diagnosis*, Cambridge: Harvard University Press.

Levy, Amir & Merry, Uri (1986): Organizational Transformation, Approaches, Strategies, Theories, New York, etc.: Praeger.

Lewin, Kurt, Lippitt, Ronald & White, Ralph K. (1939): Patterns of Aggressive Behavior in Experimentally Created «Social Climates», *Journal of Social Psychology*, 10: 207–299.

Lewis, David (1998): Nongovernmental Organizations, Business, and the Management of Ambiguity, *Nonprofit Management & Leadership*, 9 (2): 135–151.

Lewis, David (2002): Organization and Management in the Third Sector Toward a Cross-Cultural Research Agenda, *Nonprofit Management & Leadership*, 13 (1): 67–83.

Lewis, David (2003): Theorizing the Organization and Management of Non-Governmental Development Organizations, Towards a Composite Approach, *Public Management Review*, 5 (3): 325–344.

Lewis, Marianne W. & Grimes, Andrew J. (1999): Metatriangulation: Building Theory from Multiple Paradigms, *Academy of Management Review*, 24 (4): 672–690.

Lincoln, Yvonna S. (1995): Emerging Criteria for Quality in Qualitative and Interpretive Research, *Qualitative Inquiry*, 1 (3): 275–289.

Locke, Edwin A. & Latham, Gary P. (1990): *A Theory of Goal Setting & Task Performance*, New Jersey: Prentice-Hall.

Losada, Marcial & Heaphy, Emily (2004): The Role of Positivity and Connectivity in the Performance of Business Teams, *American Behavioral Scientist*, 47 (6): 740–765.

Lykken, David T. (2005): Mental Energy, *Intelligence*, 33 (4): 331–335.

Lytle, Anne L., Brett, Jeanne M., Barsness, Zoe I., Tinsley, Catherine H. & Janssens, Maddy (1995): A Paradigm for Confirmatory Cross-Cultural Research in Organizational Behavior, *Research in Organizational Behavior*, 17: 167–214.

Malloy, David C. & Agarwal, James (2001): Ethical Climate in Nonprofit Organizations, *Nonprofit Management & Leadership*, 12 (1): 39.

Marks, Michelle A., Mathieu, John E. & Zaccaro, Stephen J. (2001): A Temporally based Framework and Taxonomy of Team Processes, *Academy of Management Review*, 26 (3): 356–376.

Marks, Stephen R. (1977): Multiple Roles and Role Strain: Some Notes on Human Energy, Time and Commitment, *American Sociological Review*, 42 (6): 921–936.

Martin, Joanne (1992): *Cultures in Organizations: Three Perspectives*, New York: Oxford University Press.

Maslow, Abraham H. (1943): A Theory of Human Motivation, *Psychological Review*, 50 (4): 370–396.

Mathieu, John E., Heffner, Tonia S., Goodwin, Gerald F., Salas, Eduardo & Cannon-Bowers, Janis A. (2000): The Influence of Shared Mental Models on Team Process and Performance, *Journal of Applied Psychology*, 85 (2): 273–283.

May, Douglas R., Gilson, Richard L. & Harter, Lynn M. (2004): The Psychological Conditions of Meaningfulness, Safety and Availability and the Engagement of the Human Spirit at Work, *Journal of Occupational and Organizational Psychology*, 77 (1): 11–37.

Mayring, Philipp (2002): Einführung in die qualitative Sozialforschung, Eine Anleitung zu qualitativem Denken, 5. Aufl., Weinheim, etc.: Beltz Verlag.

Meyerson, Debra (1991): Acknowledging and Uncovering Ambiguities in Cultures, in: Frost, Peter J., Moore, Larry F., Louis, Merly R., Lundberg, Craig C. & Martin, Joanne (Hrsg.), *Reframing Organizational Culture*, Newbury Park, etc.: Sage Publications, 254–270.

Miller, Danny & Friesen Peter (1980): Archetypes of Organizational Transition, *Administrative Science Quarterly*, 25 (2), 268–299.

Miller, Kathrine I. & Monge, Peter R. (1986): Participation, Satisfaction, and Productivity: A Meta-Analytical Review, *Academy of Management Journal*, 29 (4): 727–753.

Minkoff, Debra C. & Powell, Walter W. (2006): Nonprofit Mission: Constancy, Responsiveness, or Deflection, in: Powell, Walter W. & Steinberg, Richard (Hrsg.), *The Nonprofit Sector, Research Handbook*, 2. Aufl., New Haven, etc.: Yale University Press, 591–611.

Mirvis, Philip H. & Hackett, Edward J. (1983): Work and Work Force Characteristics in the Nonprofit Sector, *Monthly Labor Review*, 106 (4): 3–12.

Mitroff, Ian I. & Kilmann, Ralph H. (1975): Stories Managers Tell: A New Tool for Organizational Problem Solving, *Management Review*, 67 (7): 18–28.

Moorman, Christine (1995): Organizational Market Information Processes: Cultural Antecedents and New Product Outcomes, *Journal of Marketing Research*, 32 (3), 318–335.

Morgeson, Frederick P. & Hofmann, David A. (1999): The Structure and Function of Collective Constructs: Implications for Multilevel Research and Theory Development, *Academy of Management Review*, 24 (2): 249–265.

Mowday, Richard T., Steers, Richard M. & Porter, Lyman W. (1979): The Measure of Organizational Commitment, *Journal of Vocational Behavior*, 14 (2): 224–247.

Nanus, Burt (1992): Visionary Leadership, Creating a Compelling Sense of Direction for your Organization, San Francisco: Jossey-Bass Publishers.

Nelson, Tyler & Burns, Frank L. (1998): High Performance Programming: A Framework for Transforming Organizations, in: Adams, John D. (Hrsg.), *Transforming Work*, 2. Aufl., Alexandria: Miles River Press, 262–281.

O'Reilly, Charles A. (1989): Corporations, Cultures, and Commitment: Motivation and Social Control in Organizations, *California Management Review*, 31 (4): 9–25.

O'Reilly, Charles A. & Chatman, Jennifer A. (1996): Cultures as Social Control: Corporations, Cults, and Commitment, *Research in Organizational Behavior*, 18: 157–200.

O'Reilly, Charles A., Chatman, Jennifer A. & Caldwell, David F. (1991): People and Organizational Culture: A Profile Comparison Approach to Assessing Person-Organization Fit, *Academy of Management Journal*, 34 (3): 487–516.

O'Reilly, Charles III & Chatman, Jennifer A. (1986): Organizational Commitment and Psychological Attachment: The Effects of Compliance, Identification, and Internalization on Prosocial Behavior, *Journal of Applied Psychology*, 71 (3): 492–499.

Organ, Dennis W. & Greene, Charles N. (1981): The Effects of Formalization on Professional Involvement: A Compensatory Process Approach, *Administrative Science Quarterly*, 26 (2): 237–252.

Osborne, Stephen P., McLaughlin, Kate & Chew, Celine (2008): The Innovative Capacity of Voluntary and Community Organizations, Exploring the Organizational and Environmental Contingencies, in: Osborne, Stephen P. (Hrsg.): *The Third Sector in Europe, Prospects and Challenges*, London, etc.: Routledge, 134–155.

Ouchi, William G. & Price, Raymond L. (1978): Hierarchies, Clans, and Theory Z: A New Perspective on Organization Development, *Organizational Dynamics*, 7: 25–44.

Parker, Barbara & Selsky, John W. (2004): Interface Dynamics in Cause-Based Partnerships: An Exploration of Emergent Culture, *Nonprofit and Voluntary Sector Quarterly*, 33 (3): 458–488.

Paton, Rob (1996): How are Values Handled in Voluntary Agencies?, in: Billis, David, Harris, Margaret (Hrsg.), *Voluntary Agencies, Challenges of Organisations and Management*, Houndsmills: Macmillan Press Ltd., 29–44.

Pedler, Mike (1997): Interpreting Action Learning, in: Burgoyne, John & Reynolds Michael (Hrsg.), *Management Learning, Integrating Perspectives in Theory and Practice*, London, etc.: Sage Publications, 248–264.

Pettigrew, Andrew M. (1979): On Studying Organizational Cultures, *Administrative Science Quarterly*, 24 (4): 570–581.

Pfeffer, Jeffrey (1981): Management as Symbolic Action: The Creation and Maintenance of Organizational Paradigms, *Research in Organizational Behavior*, 3: 1–52.

Pinder, Craig C. (2008): *Work Motivation in Organizational Behavior*, 2. Aufl., New York, etc.: Psychology Press.

Pines, Ayala & Elliot, Aronson (1988): *Career Burnout, Causes and Cures*, New York, etc.: Free Press.

Punch, Maurice (1994): Politics and Ethics in Qualitative Research, in: Denzin, Norman K. & Lincoln, Yvonna S. (Hrsg.), *Handbook of Qualitative Research*, Thousand Oaks, etc.: Sage Publications, 83–97.

Putnam, Robert D. & Goss, Kristin A. (2001): Einleitung, in: Putnam, Robert D. (Hrsg.), *Gesellschaft und Gemeinsinn*, Gütersloh: Verlag Bertelsmann Stiftung, 15–43.

Quinn, Robert E. (1988): Mastering the Paradoxes and Competing Demands of High Performance, San Francisco, etc.: Jossey-Bass Inc.

Quinn, Robert E. & Kimberly, John R. (1984): *Managing Organizational Transition*, Homewood: Richard D. Irwin Inc.

Quinn, Robert E. & Rohrbaugh, John (1983): A Spatial Model of Effectiveness Criteria: Towards a Competing Values Approach to Organizational Values, *Management Science*, 29 (3): 363–377.

Quinn, Ryan W. & Dutton, Jane E. (2005): Conversation as Energy-In-Conversation, *Academy of Management Review*, 30 (1): 36–57.

Reynolds, Paul D. (1986): Organizational Culture as Related to Industry, Position and Performance: A Preliminary Report, *Journal of Management Studies*, 23 (3): 333–345.

Richardson, Laurel (1991): Postmodern Social Theory: Representational Practices, *Social Theory*, 9 (2): 173–179.

Rizzo, John R., House, Robert J. & Lirtzman, Sidney I. (1970): Role Conflict and Ambiguity in Complex Organizations, *Administrative Science Quarterly*, 15 (2): 150–165.

Rose-Ackerman, Susan (1996): Altruism, Nonprofits, and Economic Theory, *Journal of Economic Literature*, 34 (2): 701–728.

Rothschild, Joyce (2000): Creating a Just and Democratic Workplace: More Engagement, Less Hierarchy, *Contemporary Sociology*, 29 (1): 195–213.

Rothschild-Whitt, Joyce (1979): The Collectivist Organization: An Alternative to Rational-Bureaucratic Models, *American Sociological Review*, 44 (4): 509–527.

Ryan, Richard M. & Frederick, Christina (1997): On Energy, Personality and Health: Subjective Vitality as a Dynamic Reflection of Well-Being, *Journal of Personality*, 65 (3): 529–565.

Sackmann, Sonja (1992): Culture and Subcultures: An Analysis of Organizational Knowledge, *Administrative Science Quarterly*, 37: 140–161.

Salamon, Lester M. & Anheier, Helmut K. (1992): In Search of the Nonprofit Sector I: The Question of Definitions, *Voluntas: International Journal of Voluntary and Nonprofit Organizations*, 3 (2): 125–151.

Salamon, Lester M. & Anheier, Helmut K. (1999): Der Dritte Sektor, Aktuelle internationale Trends – Eine Zusammenfassung, The Johns Hopkins Comparative Nonprofit Sector Project, Phase II, Gütersloh: Verlag Bertelsmann Stiftung.

Salamon, Lester M., Hems, Leslie C. & Chinnock, Kathryn (2000): *The Nonprofit Sector: For What and for Whom?*, Working Papers of the Johns Hopkins Comparative Nonprofit Sector Project, Nr. 37, Baltimore: The Johns Hopkins Center for Civil Society Studies.

Salancik, Gerald R. & Pfeffer, Jeffrey (1978): A Social Information Processing Approach to Job Attitudes and Task Design, *Administrative Science Quarterly*, 23 (2): 224–253.

Sathe, Vijay & Davidson, Jane E. (2002): Toward a New Conceptualization of Culture Change, in: Ashkanasy, Neal M., Wilderom, Celeste P. M. & Peterson, Mark F. (Hrsg.): *Handbook of Organizational Culture and Climate*, Thousand Oaks: Sage Publications, 279–296.

Sawyer, John E. (1992): Goal and Process Clarity: Specification of Multiple Constructs of Role Ambiguity and a Structural Equation Model of Their Antecedents and Consequences, *Journal of Applied Psychology*, 77 (2): 130–142.

Schein, Edgar H. (1991): What is Culture?, in: Frost, Peter J., Moore, Larry F., Louis, Merly R., Lundberg, Craig C. & Martin, Joanne (Hrsg.), *Reframing Organizational Culture*, Newbury Park, etc.: Sage Publications, 243–253.

Schein, Edgar H. (1992): *Organizational Culture and Leadership*, 2. Aufl., San Francisco: Jossey-Bass Publisher.

Schein, Edgar H. (1995): *Unternehmenskultur, Ein Handbuch für Führungskräfte*, Frankfurt, etc.: Campus-Verlag.

Schein, Edgar H. (2000): Sense and Nonsense about Culture and Climate, in: Ashkanasy, Neal M., Wilderom, Celeste P.M. & Peterson, Mark F. (Hrsg.): *Handbook of Organizational Culture and Climate*, Thousand Oaks, California: Sage Publications, xxiii–xxx.

Schlüter, Dieter (1971): Akt / Potenz, in: Ritter, Joachim (Hrsg.), *Historisches Wörterbuch der Philosophie*, Bd. 1, Darmstadt: Wissenschaftliche Buchgesellschaft, 134–142.

Schneider, Benjamin (2000): The Psychological Life of Organizations, in: Ashkanasy, Neal M., Wilderom, Celeste P. M. & Peterson, Mark F. (Hrsg.): *Handbook of Organizational Culture and Climate*, Thousand Oaks: Sage Publications, xvii–xxi.

Schneider, Benjamin (Hrsg.) (1990): *Organizational Climate and Culture*, San Francisco, etc.: Jossey-Bass Publishers.

Schuppert, Gunnar F. (1995): Zur Autonomie und Analyse des Dritten Sektors, *Die Verwaltung*, 28 (2): 137–200.

Schwandt, Thomas A. (1998): Constructivist, Interpretivist Approaches to Human Inquiry, in: Denzin, Norman K. & Lincoln, Yvonna S. (Hrsg.), *The Landscape of Qualitative Research, Theories and Issues*, Thousand Oaks, etc.: Sage Publications, 221–259.

Schwartz, Howard & Davis, Stanley M. (1981): Matching Corporate Culture and Business Strategy, *Organizational Dynamics*, 10 (1), 30–48.

Schwarz, Peter, Purtschert, Robert, Giroud, Charles & Schauer, Reinbert (2005): *Das Freiburger Management-Modell für Nonprofit-Organisationen (NPO)*, 5. Aufl., Bern, etc.: Haupt Verlag.

Senge, Peter M. (1990): The Fifth Discipline, The Art and Practice of the Learning Organization, New York, etc.: Doubleday.

Shamir, Boas, House, Robert, J. & Arthur, Michael B. (1993): The Motivational Effects of Charismatic Leadership: A Self-Concept based Theory, *Organization Science*, 4 (4), 577–594.

Sheldon, Kennon M. & Elliot, Andrew J. (1998): Not all Personal Goals are Personal, Comparing Autonomous and Controlled Reasons for Goals as Predictors of Effort and Attainment, *Personality and Social Psychology Bulletin*, 24 (5): 546–557.

Simsa, Ruth (2001): Einflussstrategien von Nonprofit Organisationen: Ausprägungen und Konsequenzen für das Personalmanagement, *Zeitschrift für Personalforschung*, 15 (3): 284–305.

Six, Bernd & Felfe, Jörg (2004): Einstellungen und Werthaltungen im organisationalen Kontext, in: Schuler, Heinz (Hrsg.): *Enzyklopädie der Psychologie, Organisationspsychologie, Grundlagen und Personalpsychologie*, Bd. 3, Göttingen: Hogrefe, 597–672.

Smircich, Linda (1983): Concepts of Culture and Organizational Analysis, *Administrative Science Quarterly*, 28 (3): 339–358.

Smith, David H. (1999): The Effective Grassroots Association II: Organizational Factors that Produce External Impact, *Nonprofit Management & Leadership*, 10 (1): 103–116.

Smith, David H. (2000): *Grassroots Associations*, Thousand Oaks, etc.: Sage Publications.

Spreitzer, Gretchen M. (1995): Individual Empowerment in the Workplace: Dimensions, Measurement, and Validation, *Academy of Management Journal*, 38 (5): 1442–1465.

Spreitzer, Gretchen M. (1996): Social Structural Characteristics of Psychological Empowerment, *Academy of Management Journal*, 39 (2): 483–504.

Spreitzer, Gretchen M. & Sonenshein Scott (2003): Positive Deviance and Extraordinary Organizing, in: Cameron, Kim S., Dutton, Jane E. & Quinn, Robert E. (Hrsg.), *Positive Organizational Scholarship, Foundations of a New Discipline*, San Francisco: Berrett-Koehler Publishers, 207–224.

Spreitzer, Gretchen M., Sutcliff, Kathleen, Dutton, Jane, Sonenshein, Scott, Grant, Adam M. (2005): A Socially Embedded Model of Thriving at Work, *Organization Science*, 16 (59): 537–549.

Stackman, Richard W., Pinder, Craig C. & Connor, Patrick E. (2000): Redirecting Research on Values in the Workplace, in: Ashkanasy, Neal M., Wilderom, Celeste P. M. & Peterson, Mark F. (Hrsg.): *Handbook of Organizational Culture and Climate*, Thousand Oaks: Sage Publications, 37–54.

Stebbins, Robert A. (1996): Volunteering: A Serious Leisure Perspective, *Nonprofit and Voluntary Sector Quarterly*, 25 (2): 211–224.

Steel, Gary, Lewis, Paul & Brügger, Erika (2006): Firmenspezifische Führungsphilosophie und deren konsequente Umsetzung: Das Beispiel ABB, in: Bruch, Heike, Krummenaker, Stefan & Vogel, Bernd (Hrsg.), *Leadership – Best Practices and Trends*, Wiesbaden: Gabler, 193–208.

Steinberg, Richard (1987): Nonprofit Organizations and the Market, in: Powell, Walter W. (Hrsg.), *The Nonprofit Sector, A Research Handbook*, New Haven, etc.: Yale University Press, 118–138.

Stout, Renée J., Cannon-Bowers, Janis A., Salas, Eduardo & Milanovich, Dana M. (1999): Planning, Shared Mental Models, and Coordinated Performance: An Empirical Link is Established, *Human Factors: The Journal of the Human Factors and Ergonomics Society*, 41 (1): 61–71.

Strachwitz, Rupert (2004): Gemeinnützigkeit als Organisationsproblem, in: Anheier, Helmut K. & Then, Volker H. (Hrsg.), *Zwischen Eigennutz und Gemeinwohl, Neue Formen und Wege der Gemeinnützigkeit*, Gütersloh: Verlag Bertelsmann Stiftung, 93–112.

Strauss, Anselm L. & Corbin, Juliet M. (1990): *Basics of Qualitative Research: Grounded Theory Procedures and Techniques*, Newbury Park, etc.: Sage Publications.

Strauss, Anselm L. & Corbin, Juliet M. (1994): Grounded Theory Methodology, An Overview, in: Denzin, Norman K. & Lincoln, Yvonna S. (Hrsg.), *Handbook of Qualitative Research*, Thousand Oaks, etc.: Sage Publications, 273–285.

Suddaby, Roy (2006): What Grounded Theory is Not, *Academy of Management Journal*, 49 (4): 633–642.

Sutton, Robert I. (1991): Maintaining Norms about Expressed Emotions: The Case of Bill Collectors, *Administrative Science Quarterly*, 36 (2): 245–268.

Sutton, Robert I. & Staw, Barry M. (1995): What Theory is Not, *Administrative Science Quarterly*, 40 (3): 371–384.

Thayer, Robert E. (1989): *Biopsychology of Mood and Arousal*, New York: Oxford University Press.

Thayer, Robert E. (1996): The Origin of Everyday Moods Managing Energy, Tension, and Stress, New York: Oxford University Press.

Theuvsen, Ludwig (2004): Doing Better While Doing Good: Motivational Aspects of Pay-for-Performance Effectiveness in Nonprofit Organizations, *Voluntas: International Journal of Voluntary and Nonprofit Organizations*, 15 (2): 117–136.

Thomas, Kenneth W. & Velthouse, Betty A. (1990): Cognitive Elements of Empowerment: An «Interpretive» Model of Intrinsic Task Motivation, *Academy of Management Review*, 15 (4): 666–681.

Trice, Harrison & Beyer, Janice M. (1993): *The Culture of Work Organizations*, Englewood Cliffs: Prentice Hall.

Ulrich, Hans (1984): *Management*, Bern, etc.: Verlag Paul Haupt.

Vaill, Peter B. (1982): The Purposing of High-Performing Systems, *Organizational Dynamics*, 11 (2): 23–39.

Van Maanen, John (1988): *Tales of the Field, On Writing Ethnography*, Chicago, etc.: University of Chicago Press.

Volberda, Henk W. (1996): Toward the Flexible Form: How to Remain Vital in Hypercompetitive Environments, *Organization Science*, 7 (4): 359–374.

Wagner, John A. III (1994): Participation's Effect on Performance and Satisfaction: A Reconsideration of Research Evidence, *Academy of Management Review*, 19 (2): 312–330.

Walck, C. L. (1996): Management and Leadership, in: Hammer, Allen L. (Hrsg.), *MBTI Applications, A Decade of Research on the Myers-Briggs Type Indicator*, Palo Alto: Consulting Psychologists Press, 55–79.

Warren, Mark E. (2004): What Is the Political Role of Nonprofits in a Democracy?, in: Frumkin, Peter & Imber, Jonathan B. (Hrsg.), *In Search of the Nonprofit Sector*, New Brunswick, etc.: Transaction Publisher, 37–47.

Weick, Karl E. (1995): *Sensemaking in Organizations*, Thousand Oaks, etc.: Sage Publications.

Weick, Karl E. & Roberts, Karlene H. (1993): Collective Minds in Organizations: Heedful Interrelating on Flight Decks, *Administrative Science Quarterly*, 38 (3) 357–381.

Weisbrod, Burton A. (1988): *The Nonprofit Economy*, Cambridge, etc.: Harvard University Press.

Zaheer, Akbar & Zaheer, Srilata (2001): Catching the Wave: Alertness, Responsiveness, and Market Influence in Global Electronic Networks, *Management Science*, 43 (11): 1493–1509.

Zammuto, Raymond F., Gifford, Blair & Goodman, Eric A. (2000): Managerial Ideologies, Organization Culture, and Outcomes of Innovation, in: Ashkanasy, Neal M., Wilderom, Celeste P. M. & Peterson, Mark F. (Hrsg.): *Handbook of Organizational Culture and Climate*, Thousand Oaks: Sage Publications, 261–278.

Zauner, Alfred (2002): Über Solidarität zu Wissen, Ein systemtheoretischer Zugang zu Nonprofit Organisationen, in: Badelt, Christoph (Hrsg.), *Handbuch der Nonprofit Organisationen*, 3. Aufl., Stuttgart: Schäffer-Poeschel, 153–177.

Zauner, Alfred & Simsa, Ruth (2002): Konfliktmanagement in NPOs, in: Badelt, Christoph (Hrsg.), *Handbuch der Nonprofit Organisationen*, 3. Aufl., Stuttgart: Schäffer-Poeschel, 433–456.

Verzeichnis der Sekundärmaterialien

Caritas Schweiz 2008, Mitarbeitenden-Befragung, Präsentation

Caritas Schweiz, Bereich Internationale Zusammenarbeit, IZA-Strategie 2010 vom 30. Juni 2006

Caritas Schweiz, Für eine Welt, die sich von Solidarität, Gerechtigkeit und Frieden leiten lässt, Strategie Caritas Schweiz 2010

Caritas Schweiz, Integration als Positionierung im Themenfeld Migration, Richtlinien für die Öffentlichkeitsarbeit

Caritas Schweiz, Jahresbericht 2005

Caritas Schweiz, Jahresbericht 2006

Caritas Schweiz, Jahresbericht 2007

Caritas Schweiz, Leitbild

Caritas Schweiz, Strategie 2006-2010 der Abteilung Katastrophenhilfe

Krummenacher, Jürg: Caritas Schweiz – Ein Generalunternehmen der Solidarität

Schweizerisches Rotes Kreuz Kanton St. Gallen, Finanzbericht 2007

Schweizerisches Rotes Kreuz Kanton St. Gallen, Führungsgrund- und Organisationsgrundlagen, Entwurf vom 9. Mai 2005

Schweizerisches Rotes Kreuz Kanton St. Gallen, Jahresbericht 2006

Schweizerisches Rotes Kreuz Kanton St. Gallen, Jahresbericht 2007

Schweizerisches Rotes Kreuz Kanton St. Gallen, Leitbild

Schweizerisches Rotes Kreuz Kanton St. Gallen, Pädagogische Leitgedanken vom 12. Juni 2006

https://doi.org/10.1515/9783110555271-011

Maecenata Schriften

Zuletzt in dieser Reihe erschienen:

Band 13
Zivilgesellschaftliche Organisationen ohne Jugend?
Eine organisationsbezogene Betrachtung zum Engagement junger Menschen
Mareike Alscher, 2017
ISBN 978-3-11-052655-4, e-ISBN (PDF) 978-3-11-052907-4,
e-ISBN (EPUB) 978-3-11-052662-2

Band 12
Lebenssinn und Erbe
Kai J. Jonas/Rupert Graf Strachwitz, 2015
ISBN 978-3-8282-0622-9, e-ISBN (PDF) 978-3-11-049927-8

Band 11
25 Years After.
Mapping Civil Society in the Visegrád Countries
Christian Schreier (Hrsg.), 2015
ISBN 978-3-8282-0616-8, e-ISBN (PDF) 978-3-11-050938-0

Band 10
Towards A Voice in The Public Sphere?
Deliberation with Muslim Civil Society in Berlin
Jennifer Eschweiler, 2013
ISBN 978-3-8282-0588-8, e-ISBN (PDF) 978-3-11-051160-4

www.degruyter.com

www.ingramcontent.com/pod-product-compliance
Lightning Source LLC
Vergne TN
W082342011026
60LV00025B/1584